Anne Haertel

Adlerweg

Vom Wilden Kaiser zum Arlberg

24 Etappen

ROTHER
BERGVERLAG

ROTHER WANDERFÜHRER

Aargau
Abruzzen
Achensee
Adlerweg
Ahrsteig
Alb Südrand-Weg HW2
Albanien
Albsteig
Algarve
Allgäu 1, 2, 3, 4
Allgäuer Alpen
AlpeAdriaTrail
Altmühltal
Altmühltal-Panoramaweg
Andalusien Süd
Annapurna Treks
Antholz - Gsies
Aostatal

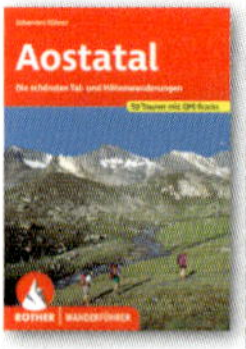

Appenzellerland
Apulien
Ardennen
Arlberg - Paznaun
Arnoweg
Asturien
Augsburg
Außerfern
Australien
Auvergne
Azoren
Baskenland
Bayerische Alpen Trekking
Bayerischer Wald
Berchtesgaden - Lienz
Berchtesgadener Land
Bergisches Land
Berlin
Bern
Berner Oberland Ost
Berner Oberland West
Bodensee Nord, Süd
Bodensee - Rätikon
Böhmerwald
Böhmische Schweiz
Bolivien
Bornholm
Bosnien u. Herzegowina
Bozen - Kaltern
Brandnertal
Bregenzerwald
Bremen - Oldenburg
Brenta
Bretagne
Bulgarien
Burgund
Cevennen
Chalkidiki - Thassos
Champagne - Ardennen
Chiemgau
Chiemsee
Chur - Hinterrhein
Cilento
Cinque Terre
Comer See
Cornwall-Devon
Costa Blanca
Costa Brava
Costa Daurada
Côte d'Azur
Dachstein-Tauern Ost
Dachstein-Tauern West
Dänemark-Jütland
Dalmatien
Dauphiné Ost, West
Davos - Prättigau
Dolomiten 1, 2, 3, 4, 5, 6, 7, 8
Dolomiten-Höhenwege 1-3, 4-7, 8-10
Donausteig
E1 Deutschland Nord
E1 Deutschland Süd
E5 Konstanz - Verona
Ecuador
Eifel
Eifelsteig
El Hierro
Elba
Elbsandsteingebirge
Elsass
Emmental
Ober-, Unterengadin
England Mitte, Nord, Ost, Süd
Fichtelgebirge
Fränkische Schweiz
Fränkischer Gebirgsweg
Frankfurt
Franziskusweg
Freiburg
Friaul-Julisch Venetien
Fuerteventura
Galicien
Gardaseeberge
Garhwal - Ladakh
Garmisch - Brixen
Gasteinertal
Genfer See
Georgien
Gesäuse
Glarnerland
Glockner-Region
Goldsteig
La Gomera
Gotthardweg
Gran Canaria
Grazer Hausberge
Grenzgänger-Weg
Griechenland - Pindosgebirge
Gruyère - Diablerets
GTA
Hamburg
Harz
Haute Route
Hawaii
Hochkönig
Hochschwab
Hohenlohe
Hunsrück
Ibiza
Innsbruck
Irland
Isarwinkel
Island
Israel
Istrien
Italienische Riviera
Jakobsweg - Camino Primitivo
Jakobsweg - Caminho Português
Jakobsweg - Camino del Norte
Französischer Jakobsweg Le Puy - Pyrenäen, Straßburg - Le Puy
Jakobsweg Marburg - Vézelay
Jakobswege Österreich
Jakobswege Schweiz
Spanischer Jakobsweg
Südfranzösischer Jakobsweg - Via Tolosana
Südwestdeutsche Jakobswege
Julische Alpen
Jura, Französischer
Jura, Schweizer
Kärntner Seen
Kalabrien
Kanadische Rocky Mountains
Kapverden Nord
Karawanken
Karnischer Höhenweg
Karwendel
Kaunertal
Kitzbüheler Alpen
Kleinwalsertal
Korfu
Korsika
Korsika - GR 20
Korsika - Mare e Monti
Kraichgau
Kreta
La Palma
La Réunion
Lago Maggiore
Lahnwanderweg
Languedoc-Roussillon
Lanzarote
Lappland
Lechweg
Lesbos - Chios
Limesweg
Lofoten
Lothringen
Lungau
Luxemburg - Saarland
Madeira
Mallorca
Malta - Gozo
Marken - Adriaküste
Marokko
Masuren
Maximiliansweg
Mecklenburgische Seenplatte
Menorca
Meran
Meraner Höhenweg
Mittelsachsen
Mont Blanc
Montafon
Montenegro
Mosel
Moselhöhenweg
Moselsteig
Mühlviertel
München
München - Venedig
Münsterland
Nationalpark Kalkalpen
Neanderlandsteig
Golf von Neapel
Neckarweg
Neuseeland
Neusiedler See
Niedere Tauern Ost
Niederlande
Niederrhein
Nockberge
Nordhessen
Normandie
Norwegen Mitte, Süd, Jotunheimen
Nürnberg
Oberlausitz
Oberpfälzer Wald
Oberschwaben
Odenwald
Odenwald Mehrtagestouren
Öland
Ötscher
Ötztal
Ötztal - Pitztal Trekking
Ossola
Ostfriesland
Ostseeküste
Ost-Steiermark
Osttirol Nord, Süd

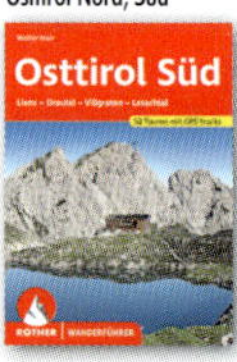

Patagonien
Peaks of the Balkans
Peloponnes
Peru
Pfälzer Weinsteig
Pfälzerwald
Pfaffenwinkel
Picardie
Picos de Europa
Piemont Nord, Süd
Pinzgau
Pitztal
Portugal Nord
Provence
Pyrenäen 1, 2, 3, 4
Pyrenäen - GR 11

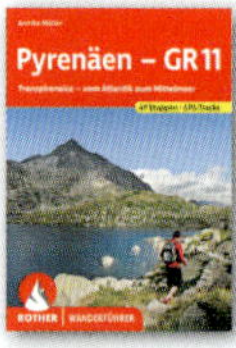

Regensburg
Rhein-Neckar
Rheinhessen
Rheinsteig
Rhodos
Rhön
Riesengebirge
Rom - Latium
Rota Vicentina
Route de Ländle
Rügen
Ruhrgebiet
Rumänien - Ostkarpaten
Rumänien - Südkarpaten
Saar-Hunsrück-Steig
Salzalpensteig
Salzburg
Salzburg - Triest
Salzkammergut Ost, West
Sardinien
Sauerland
Savoyen
Schaffhausen
Schottland
Schwabenkinder-Wege Oberschwaben, Schweiz - Liechtenstein, Vorarlberg
Schwäbische Alb Ost
Schwäbische Alb West
Schwarzwald Fernwanderwege
Schwarzwald Mehrtagestouren Mitte/Nord, Süd/Mitte
Schwarzwald Nord, Süd
Schweden Mitte, Süd
Seealpen
Seefeld - Leutasch
Sentiero della Pace
Sierra de Gredos
Sierra de Guadarrama
Sizilien
Spessart
Steigerwald
Steirisches Weinland
Sterzing
Stubai - Wipptal
Trekking im Stubai
Stuttgart
Südafrika West
Südniedersachsen
Surselva
Sylt, Amrum, Föhr
Tannheimer Tal
Tasmanien
Hohe Tatra
Niedere Tatra
Tauern-Höhenweg
Hohe Tauern Nord
Tauferer Ahrntal
Taunus
Tegernsee - Sterzing
Tegernseer und Schlieseer Berge
Teneriffa
Tessin
Teutoburger Wald
Thüringen Mitte/Nord
Thüringer Wald
Tiroler Höhenweg
Toskana Nord, Süd
Türkische Riviera
Uckermark
Umbrien
Ungarn West
USA Südwesten
Usedom
Vanoise
Veltlin
Vía de la Plata
Via Francigena
Via Gebennensis
Vierwaldstättersee
Vinschgau
Vizentiner Alpen
Vogelsberg
Vogesen
Vogesen Mehrtagestouren
Vogesen-Durchquerung
Vogtland
Vom Gletscher zum Wein
Trekking in Vorarlberg
Wachau
Waldviertel
Wales
Oberwallis
Unterwallis
Walliser Alpen
Weinviertel
Welterbesteig Wachau
Weserbergland
West Highland Way
Westerwald
Wien
Wien - Lago Maggiore
Wiener Alpenbogen
Wiener Hausberge Nord, Süd
Wilder Kaiser
Zillertal
Trekking im Zillertal
Zürichsee
Zugspitze
Zypern Süd & Nord

Vorwort

Wer träumt nicht manchmal davon, wie ein Adler hoch oben über den Dingen zu schweben? Dies ist einer der Gründe, die mich in den letzten Jahren auf den bekannten Fernwanderwegen von Nord nach Süd über die Alpen führten. Dabei stieß ich immer wieder auf Wegmarkierungen, Etappenschilder und Übersichtspläne des Adlerwegs. Meine Neugier war schnell geweckt und der Entschluss, die Alpen einmal von Ost nach West zu durchstreifen, bald gefasst.
In 24 Etappen quer durch Tirol zu wandern – diese Idee sollten auch Wanderer in die Tat umsetzen, die meinen, das Land schon gut zu kennen. Parallel zur deutsch-österreichischen Grenze entdecken wir eine Gegend voller Natur und Kultur. Grüne Almen, steinige Wildnis und entzückende Anwesen in farbenfroher Blütenpracht gehören ebenso dazu wie pfeifende Murmeltiere, liebevoll umsorgte Berghütten und ein Schwätzchen am Wegesrand mit den Einheimischen. Eine Fernwanderung auf dem Tiroler Adlerweg ist so abwechslungsreich, dass man immer wieder gern vom Tal auf die Höhe steigt, um zu sehen, was wohl dahinter folgt. Der Weg bietet sich für die verschiedensten Wandervorhaben an. Er ist hervorragend ausgeschildert, beinhaltet leichte, mittelschwere sowie schwierige, hochalpine Etappen und steigert seine Schwierigkeit in seinem Verlauf parallel zu unserer Konditionssteigerung. Von St. Johann am Wilden Kaiser geht es in 24 Etappen nach St. Christoph am Arlberg. Auf den circa 320 Kilometern gibt es Touren, die im Frühjahr und Herbst begangen werden können und Etappen, die nur im Hochsommer möglich sind. Auch Tageswanderer finden in diesem Buch viele Anregungen und detailliert beschriebene Quereinstiege. Dennoch bleibt das Erwandern der gesamten Strecke am Stück das intensivste Erlebnis.
Im Buch wird die aktuelle Strecke vorgestellt, dazu werden zahlreiche Varianten beschrieben, um eine flexible Tourenplanung zu ermöglichen. Mein Dank gilt dem Bergverlag Rother dafür, dass er sich von meiner Begeisterung für dieses Buch anstecken ließ sowie allen Mitwanderern, Gesprächspartnern, den Korrekturlesern und dem Lektorat.
Ich wünsche Ihnen viele schöne Erlebnisse auf Ihrem Weg quer durch Tirol und freue mich über jeden Hinweis und jede Anregung zu diesem Buch, die der Verlag gerne entgegennehmen wird.

Berlin, im Sommer 2021 — Anne Haertel

Inhaltsverzeichnis

Symbole

	Ort mit Einkehrmöglichkeit		Pass, Sattel
	Einkehrmöglichkeit		Kirche, Kapelle, Marterl/Bildstock
	Übernachtungsmöglichkeit		Burg, Schloss, Ruine
	unbewirtschaftete Hütte/Unterstand		Höhle
P	eingerichteter Parkplatz		Picknickplatz
	Fahrt mit Bus bzw. Bahn		Aussichtsplatz
	Fahrt mit Seilbahn/Sessellift		Wasserfall
†	Gipfel		Quelle
			Bademöglichkeit

Wandern auf dem Adlerweg

»Auf den Schwingen des Adlers« führt der Adlerweg durch ganz Tirol von Ost nach West, von St. Johann im Wilden Kaiser nach St. Christoph am Arlberg, durch die schönsten Regionen des Landes. Wer den Wegverlauf auf einer Karte betrachtet, erkennt sofort, woher der Name kommt: Die Route zeichnet mit ihren 24 Etappen die Schwingen eines Adlers nach. Sie führt über sechs Gebirgsgruppen quer durch Tirol und vermittelt uns dabei traumhafte Einblicke in die unterschiedlichsten Landschaften. Wir wandern in den Brandenberger Alpen durch einsame und liebliche Gegenden, passieren imposante Felswände wie die Laliderer Wände im Karwendel und tauchen in den Lechtaler Alpen schließlich in eine steinige, schroffe Bergwelt ein. Unterwegs verlocken urige Almen und gastfreundliche Berghütten mit der vorzüglichen Tiroler Küche zur Einkehr, und manch am Wegesrand aufragender Gipfel kann erklommen werden. Doch der Reiz liegt nicht allein in der Ge-

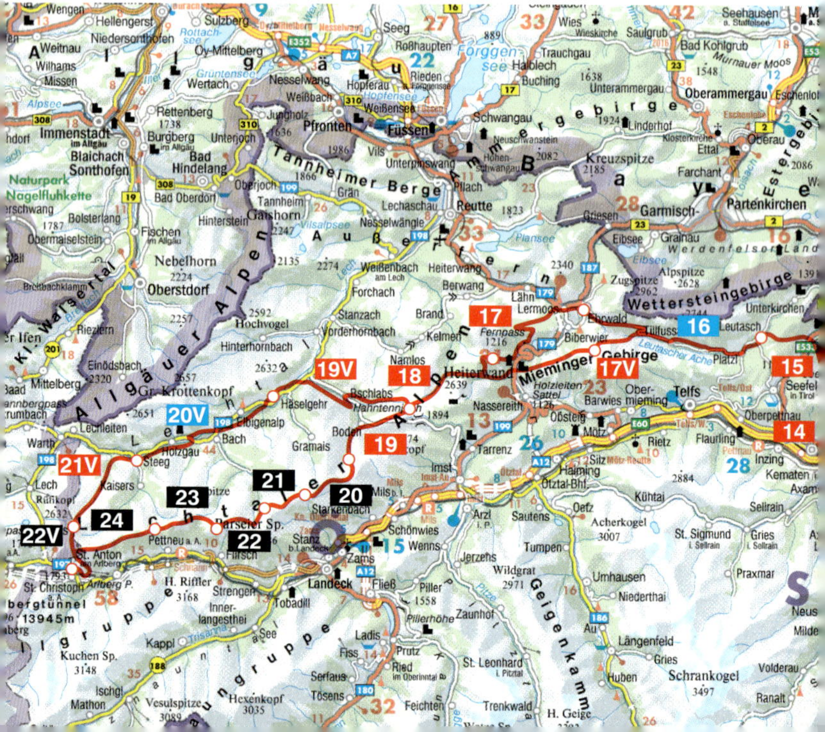

birgslandschaft, auch die Täler mit ihren blumenreichen Bergwiesen, den grünen Wäldern und den schäumenden Gebirgsbächen ziehen den Wanderer in ihren Bann. Der 2005 eingerichtete Adlerweg ist einer der Hauptwanderwege durch Tirol. Er verläuft auf gepflegten Pfaden, ist einheitlich beschildert und gut markiert. Der Adlerweg ist jedoch kein komplett neuer Weg. Er führt immer wieder über bekannte Höhenwege, wie den E4, den Nordalpenweg und den Lechtaler Höhenweg und verbindet diese in neuer Weise.

ADLERWEG

Das offizielle Adlerweg-Logo.

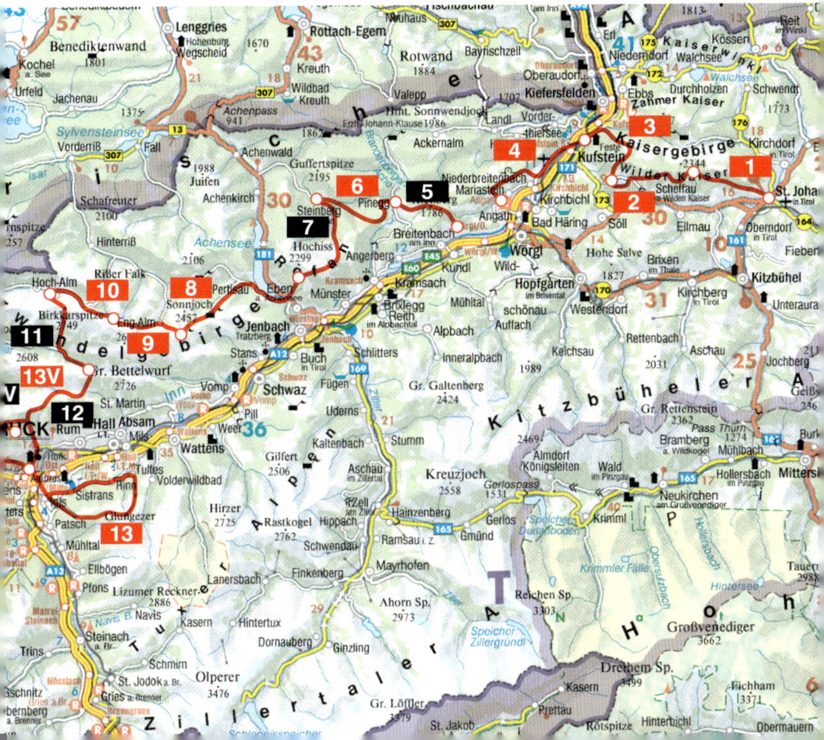

Ein roter Adler mit goldener Krone und goldenen Flügelspangen im silbernen Schild ist das Wappentier von Tirol. Und mit etwas Glück werden wir am Adlerweg tatsächlich einen Adler beim Rundflug über seinem Revier beobachten können.
Wir laden Sie ein, mit unserem Wanderbuch auf der Route des Adlerweges von St. Johann nach St. Christoph am Arlberg zu wandern. Sie brauchen dazu 24 Tage am Stück oder Sie unterteilen den Weg in einzelne Mehrtagesetappen. Viele Etappen lassen sich auch als einzelne Tagestouren gehen. Hinwei-

Etappenübersicht

Etappe		Schwierigkeit	Auf-/Abstieg (Hm)	Strecke (km)	Gehzeit (Std.)
1	St. Johann – Gaudeamushütte	🟥	↑1000 ↓400	12,7	5.30
2	Gaudeamushütte – Hintersteiner See	🟥	↑570 ↓910	14,1	6.00
3	Hintersteiner See – Kufstein	🟥	↑710 ↓370	11,3	5.00
4	Kufstein – Gasthof Schlossblick	🟥	↑1360 ↓1250	16,6	5.50
5	Gasthof Schlossblick – Pinegg	⬛	↑1300 ↓1250	13,7	7.30
6	Pinegg – Steinberg am Rofan	🟥	↑1070 ↓740	18,1	6.00
7	Steinberg am Rofan – Erfurter Hütte	⬛	↑1600 ↓770	18,4	8.00
8	Erfurter Hütte – Lamsenjochhütte	🟥	↑1040 ↓40	16,7	5.30
9	Lamsenjochhütte – Falkenhütte	🟥	↑760 ↓860	11,5	4.30
10	Falkenhütte – Karwendelhaus	🟥	↑400 ↓490	8,4	3.15
11	Karwendelhaus – Hallerangerhaus	⬛	↑1530 ↓1530	13,5	9.00
12	Hallerangerhaus – Innsbruck	⬛	↑950 ↓450	11,9	5.50
13	Innsbruck – Zirbenweg	🟥	↑240 ↓140	7,6	2.30
13 V	Pfeishütte – Höttinger Alm	🟥	↑350 ↓780	9,9	4.00
14	Innsbruck – Solsteinhaus	🟥	↑900 ↓15	7,0	3.15
14 V	Höttinger Alm – Solsteinhaus	⬛	↑1240 ↓920	9,8	6.00
15	Solsteinhaus – Leutasch	🟥	↑840 ↓1500	20,4	8.00
16	Leutasch – Ehrwald	🟦	↑610 ↓750	23,9	7.00
17	Ehrwald – Loreahütte	🟥	↑1200 ↓1190	19,0	7.00
17 V	Coburger Hütte – Nassereither Alm	🟥	↑570 ↓1550	15,5	7.00
18	Loreahütte – Anhalter Hütte	🟥	↑1200 ↓1180	16,4	7.00
19	Anhalter Hütte – Hanauer Hütte	🟥	↑780 ↓900	12,4	5.00
19 V	Anhalter Hütte – Häselgehr	🟥	↑85 ↓1120	22,6	6.30
20	Hanauer Hütte – Württemberger Haus	⬛	↑1150 ↓860	11,4	7.00
20 V	Häselgehr – Steeg	🟦	↑170 ↓55	18,5	5.45
21	Württemb. Haus – Memminger Hütte	⬛	↑650 ↓630	7,1	5.00
21 V	Steeg – Stuttgarter Hütte	🟥	↑1350 ↓170	13,8	5.00
22	Memminger Hütte – Ansbacher Hütte	⬛	↑1020 ↓880	10,4	6.00
22 V	Stuttgarter Hütte – Arlberg	⬛	↑570 ↓1080	12,6	6.00
23	Ansbacher Hütte – Kaiserjochhaus	⬛	↑480 ↓540	8,4	5.00
24	Kaiserjochhaus – Arlberg	⬛	↑740 ↓1260	17,4	7.00

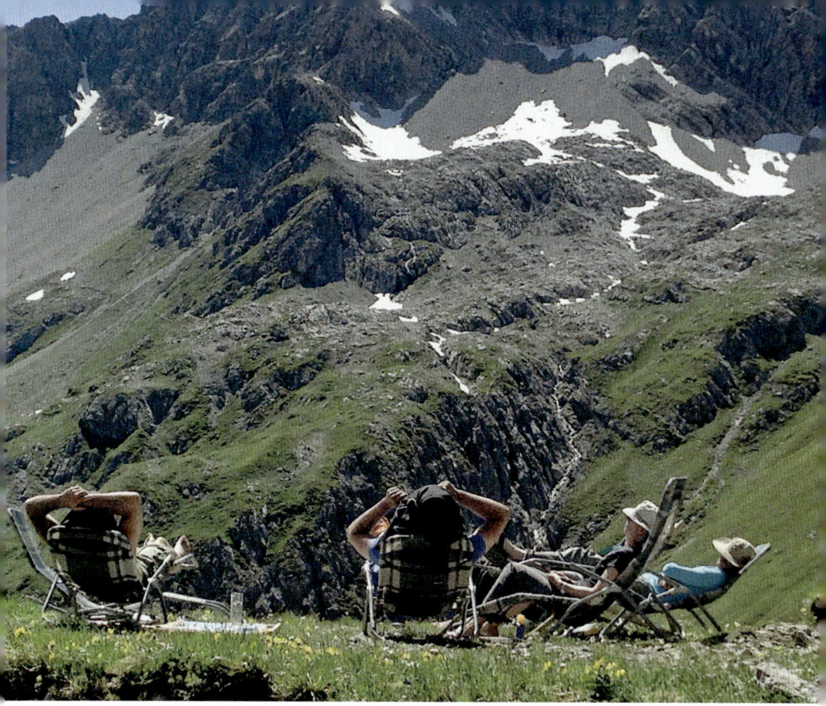

Verdiente Entspannung am Württemberger Haus (Etappe 20).

se auf individuelle Zustiege finden Sie im Serviceteil jeder einzelnen Tour. Jede im Buch beschriebene Tour ist eine nach unserer Erfahrung machbare Tagesetappe auf dem Fernwanderweg. Es lassen sich aber auch, je nach Wunsch, Etappen zusammenlegen, überspringen oder teilen.
Für die Etappen 13 und 14, 16 und 17 und ab der Etappe 19 bieten wir Ihnen Varianten zur Originalroute an, auf denen es allerdings kaum Stempelstellen und überdies keine Adlerweg-Beschilderung gibt. Diese Varianten bieten in den Etappen 13 und 14 sowie 16 und 17 die Möglichkeit, Städte wie Innsbruck und Ehrwald zu umgehen und im Hochgebirge zu bleiben. Ab der Etappe 19 führt die Originalroute über den hochalpinen, anspruchsvollen Lechtaler Höhenweg (für Geübte mit Trittsicherheit und Schwindelfreiheit) in insgesamt 24 Tagen nach St. Christoph. Unsere Variante führt stattdessen erst hinunter ins Lechtal und schwingt sich dann zur Stuttgarter Hütte und Valluga noch einmal hochalpin auf, ehe sie nach bereits 22 Wandertagen ebenfalls am Arlberg ankommt.

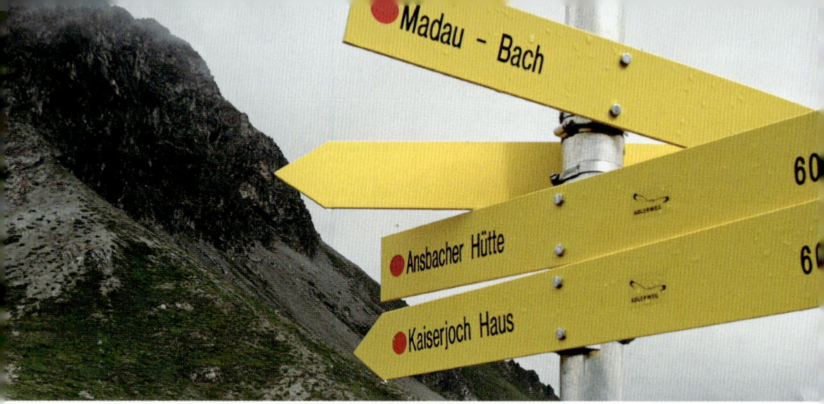

Wegweiser mit Adlerwegzeichen (Etappe 23).

Anforderungen

Auf dem Adlerweg bewegen wir uns vorwiegend im Hochgebirge. Die Weitwanderung bietet eine gute Möglichkeit, sich auf eine der großen Alpenüberquerungen vorzubereiten. Wir haben unterwegs Menschen mit den unterschiedlichsten Voraussetzungen getroffen, vom Kind bis zum Rentner, vom Leistungssportler bis zum Gelegenheitswanderer. Aber auch wenn einige leichtere Etappen dabei sind: Für ein erfolgreiches Gelingen der kompletten Weitwanderung sind Bergerfahrung und eine gute sportliche Kondition unbedingt nötig. Die Farbe der Tourennummer im Titelbalken gibt einen ersten Hinweis auf das Schwierigkeitsniveau der einzelnen Etappen. Die Klassifizierung orientiert sich dabei am Wander- und Bergwegekonzept des Landes Tirol. Es werden drei Kategorien unterschieden:

Leicht Wanderungen, auf denen weder Bergerfahrung noch eine bestimmte Ausrüstung vorausgesetzt werden. Die Wege sind breit und ohne nennenswerte Steigungen oder Gefälle. Auch konditionell nicht übermäßig fordernd.

Mittel Einige schmale und steile, aber versicherte Geh- und Kletterpassagen warten auf Wanderer. Eine solide Trittsicherheit, eine ausreichende Fitness und eine Mindestausrüstung sind daher Bedingung.

Schwierig Wer sich auf einen schwarzen Bergweg macht, muss mit längeren gesicherten Geh- und Kletterpassagen rechnen. Die Wege sind schmal, fast zur Gänze steil und ausgesetzt. Eine gute alpine Erfahrung, entsprechende Ausrüstung, Trittsicherheit und Schwindelfreiheit werden vorausgesetzt.

Wegmarkierung

Der Adlerweg ist hervorragend ausgeschildert und leicht zu identifizieren, sodass das Wandern großen Spaß macht. Zu Beginn einer jeden Etappe informiert eine weiße Tafel über Start- und Zielpunkt, die Weglänge, die Gehzeit, den Höhenunterschied und den Schwierigkeitsgrad. Auf den üblichen gelben Tiroler Wegweisern markieren Aufkleber mit dem Adlerweg-Logo und mit der Bezeichnung Adlerweg unseren Weg. Üblicherweise ist der Weg rot-weiß markiert, mal als rot-weißer Kreis, mal als rot-weißer Strich.

Karten

Alle Kartenausschnitte, die für die Tour benötigt werden, sind in diesem Wanderführer im Maßstab 1:75.000 abgedruckt. Sie sind jeweils den einzelnen Touren zugeordnet. Das spart Gepäck. Dazu gibt es eine Überblickskarte. Wer dennoch gern Wanderkarten mitnehmen möchte, findet die Angaben dazu im dazugehörigen Serviceteil der einzelnen Touren. Wir haben dort die Nummern der Wanderkarten (Maßstab: 1:50.000) von den Verlagen Freytag & Berndt (WK 241, 301, 321, 322, 352, 351) und Kompass (5, 9, 24, 26, 28, 36) angegeben. Außerdem können wir die Alpenvereinskarten (Maßstab: 1:25.000) empfehlen.

Gehzeiten

Unsere Gehzeiten sind mittlere Werte eines durchschnittlich schnell bzw. langsam laufenden Wanderers. Wir haben sie mit den Angaben auf den Schildern abgeglichen und festgestellt, dass wir, bis auf zwei Ausnahmen, gut in der Zeit lagen und übereinstimmten. Wo es unrealistische Abweichungen gibt, haben wir es in der entsprechenden Tour notiert. Wir empfehlen, zu Beginn die eigenen Gehzeiten mit den Angaben im Wanderführer abzugleichen und so einen Eindruck zu gewinnen, ob Sie sich eher bei den langsameren oder bei den schnelleren Wanderern einordnen und wie Sie entsprechend Ihre Tour planen. Viele kennen die Berechnung von ca. vier bis fünf Kilometer pro Stunde im Flachland und

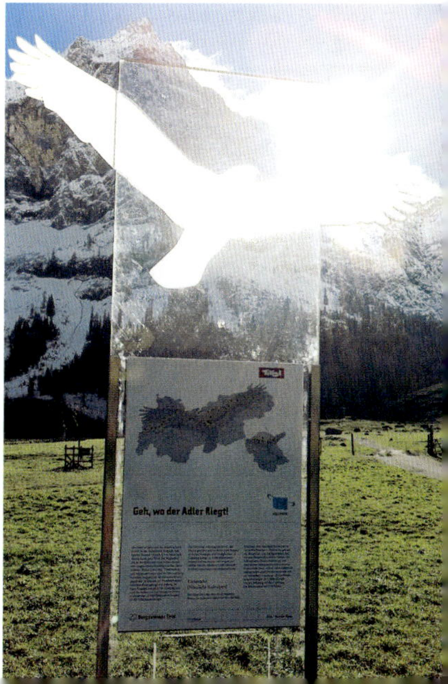

Infotafel zum Adlerweg.

ca. 300 bis 400 Höhenmeter pro Stunde im Gebirge. Da aber die Gehzeiten im Hochgebirge unbedingt vom Wetter, von der Beschaffenheit des Untergrundes, von der Steigung und von der eigenen Tagesform abhängen, lohnen sich allgemeingültige Prognosen nicht. Sie werden sehen, dass Sie in 6 Stunden mal 7 km oder mal 17 km schaffen werden.

Stempelstellen

Das Tiroler Tourismusbüro lädt entlang des Weges zum Sammeln von Stempeln ein. Die Stempelstellen sind in jeder Tourenbeschreibung im Serviceteil aufgeführt. Alle Stempelstellen und Hütten am Weg gibt es auch im Downloadbereich unter www.tirol.at/reisefuehrer/sport/wandern/adlerweg. Für Anfang und Ende des Weges bekommt man jeweils einen zusätzlichen Stempel. Zwei Stempel zählen als ein Punkt.

- 5 Punkte: Adler-Pin in Bronze und Adlerweg-Urkunde
- 15 Punkte: Adler-Pin in Silber und Adlerweg-Urkunde
- 24 Punkte: Adler-Pin in Gold und Adlerweg-Urkunde

Das Adlerweg-Starterpaket mit dem Stempelblatt kann auf der Internetseite www.tirol.at/adlerweg bestellt werden. Dieses kostet mit Erste-Hilfe-Set 34,90 €, ohne Erste-Hilfe-Set 17,90 €. Alternativ gibt es eine digitale Stempel-App: die SummitLynx App. Diese kann man einfach im Appstore oder im Google Play Store downloaden und sich registrieren. Bei eingeschaltetem GPS erhält man an der entsprechenden Stelle auch den zusätzlichen Start-

Wandern oberhalb von Innsbruck (Etappe 14V).

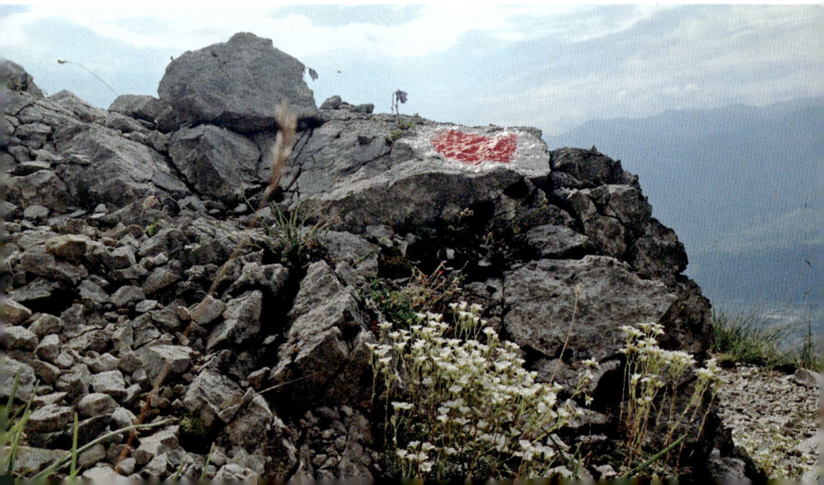

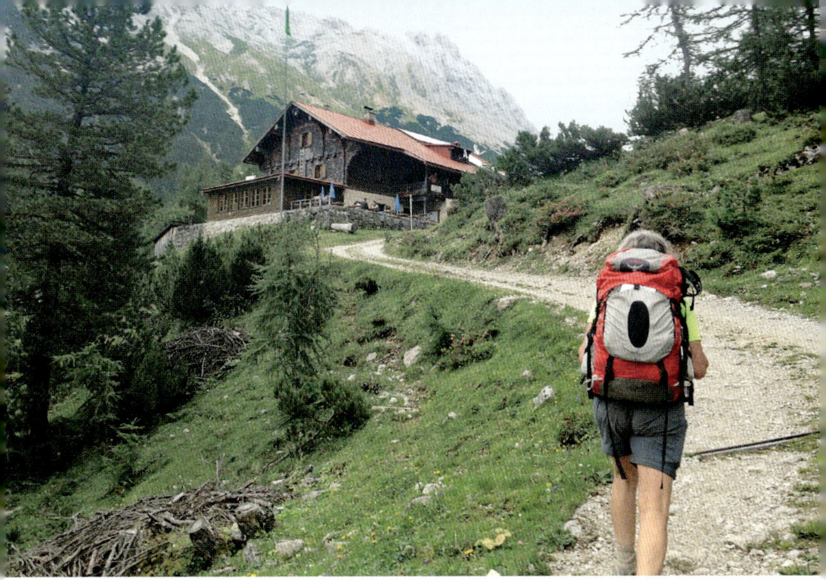

Die letzten Meter bis zum Hallerangerhaus (Etappe 11).

und Zielpunkt. Den Adler-Pin für den erwanderten Weg erhalten Sie im Tourismusbüro St. Anton oder Sie schicken das ausgefüllte Stempelblatt an:
Tirol Werbung, Adlerweg-Prämien, Maria-Theresien-Straße 55, 6020 Innsbruck.

Reisezeit

In der Regel ist der Adlerweg zwischen Mitte Juli und Mitte September komplett begehbar. Vorher und nachher sind die höchstgelegenen Pässe möglicherweise noch nicht ausreichend schnee- und eisfrei. Dazu gehören folgende Überquerungen:

- Überschreitung des Schafsteigsattels zwischen Steinberg/Rofan und Erfurter Hütte (Etappe 7)
- Überschreitung der Birkkarspitze vom Karwendelhaus zum Hallerangerhaus (Etappe 11)
- Überquerung des Stempeljochs zwischen Hallerangerhaus und Pfeishütte (Etappe 12)
- Überquerung von Frau Hitt zwischen Höttinger Alm und Solsteinhaus (Etappe 13V)
- alle Hochgebirgstouren auf dem Lechtaler Höhenweg zwischen Hanauer Hütte und Ulmer Hütte bzw. auf der Alternative zwischen Stuttgarter und Ulmer Hütte (Etappen 20–24 und 22V)

GPS-Tracks und Koordinaten der Ausgangspunkte

Zu diesem Wanderführer stehen auf www.rother.de GPS-Tracks und Koordinaten der Ausgangspunkte zum kostenlosen Download bereit.
02. Auflage, Passwort: 449002ymr
Sämtliche GPS-Daten wurden von der Autorin im Gelände erfasst und anhand digitaler Karten nachbearbeitet. Verlag und Autorin haben die Tracks und Wegpunkte nach bestem Wissen und Gewissen überprüft. Dennoch können wir Fehler oder Abweichungen nicht ausschließen, außerdem können sich die Gegebenheiten vor Ort zwischenzeitlich verändert haben. GPS-Daten sind zwar eine hervorragende Planungs- und Navigationshilfe, erfordern aber nach wie vor sorgfältige Vorbereitung, eigene Orientierungsfähigkeit sowie Sachverstand in der Beurteilung der jeweiligen (Gelände-)Situation. Man sollte sich für die Orientierung auch niemals ausschließlich auf GPS-Gerät und -Daten verlassen.

Wollen Sie den gesamten Adlerweg am Stück begehen, empfehlen wir als Wanderzeit Mitte Juli bis Mitte September. Schneefälle sind dann selten. Richten Sie sich darauf ein, dass es in den Alpen häufig und plötzlich zu Wetterumschwüngen kommen kann und seien Sie für alle Eventualitäten ausgestattet. Von der kurzen Hose über Regenkleidung bis zu Mütze und Handschuhen sollte alles dabei sein. Beginnen Sie den Wandertag früh und kommen Sie lieber eher an, da Gewitter sich gern am Nachmittag einstellen. Fragen Sie in den Hütten nach dem lokalen Wetterbericht. Oft hängen die Hüttenwirte ihn in der Hütte aus. Und geben Sie bei schlechtem Wetter nicht gleich auf: Hinter dem nächsten Berg kann es ganz anders aussehen!
In der Sommerferienzeit herrscht reges Treiben auf den Hütten, sodass Sie unbedingt vorreservieren sollten. Manche Hütten, wie zum Beispiel das Solsteinhaus, sind dann durch Gruppen fast voll gebucht. An den Wochenenden betrifft das zusätzlich die Hütten, die leicht zu erreichen sind, wie zum Beispiel rund um Innsbruck, im Karwendelgebirge und in den Lechtaler Alpen. Kommen Sie aber nicht, denken Sie daran, Ihre Hüttenreservierung zu stornieren.
Einzelne Gebirge und verschiedene Touren lassen sich auch je nach Jahr schon ab Juni und bis Anfang Oktober gut bewandern und sind eine schöne und ruhigere Alternative, wenn Sie den Weg nicht am Stück laufen wollen. Dazu gehören die Touren vom Kaisergebirge bis nach Steinberg am Rofan (Etappen 1–6), der Zirbenweg bei Innsbruck, die Tour über Leutasch nach Ehrwald durchs Wettersteingebirge (Etappen 13–16) sowie die Erwanderung des Lechtals (Etappen 19V und 20V).
Egal, wann Sie einzelne Touren oder den gesamten Weg bewandern wollen: Rechnen Sie immer damit, dass ein Wetterwechsel von Hitze zu Schneesturm vorkommen kann. Haben Sie Zeit, ist ein verkürzter Wandertag oder

ein Tag auf der Hütte bei Regen oft die bessere Alternative als ein Abstieg oder eine Umgehung.

An- und Abreise

Sie erreichen St. Johann wie auch den Arlberg mit dem eigenen Fahrzeug oder mit den Zügen der Deutschen Bahn und der Österreichischen Bundesbahn über München oder Reutte. Wir können die Bahnanreise nur empfehlen. Sie entspannen schon vom Alltag, stellen sich auf die kommende Wanderung ein, und Sie brauchen sich keine Sorgen machen, ob und wie Sie das Auto nach der Wanderung wiederfinden. Auf www.bahn.de können Sie den österreichischen Zielort in die Suchmaske eingeben und finden dann die passenden Verbindungen inklusive eventueller Busverbindungen. Ähnlich haben wir es auch mit den Rückfahrtverbindungen gemacht, wenn die Schalter der österreichischen Bundesbahn geschlossen waren. Achtung, die Automaten in Österreich bieten keine Auslandsfahrkarten an. Sie kaufen dann bis zum letzten österreichischen oder ersten deutschen Ort und fragen den Schaffner. Mit öffentlichen Verkehrsmitteln kann man alle Orte erreichen. Bei jeder Tourenbeschreibung gibt es Informationen darüber, wie Sie zum Ausgangspunkt gelangen können und wie Sie das Ziel am gleichen bzw. in der Regel am nächsten Tag wieder verlassen können.

Gasthof Waldhäusl in Steinberg am Rofan (Etappe 6).

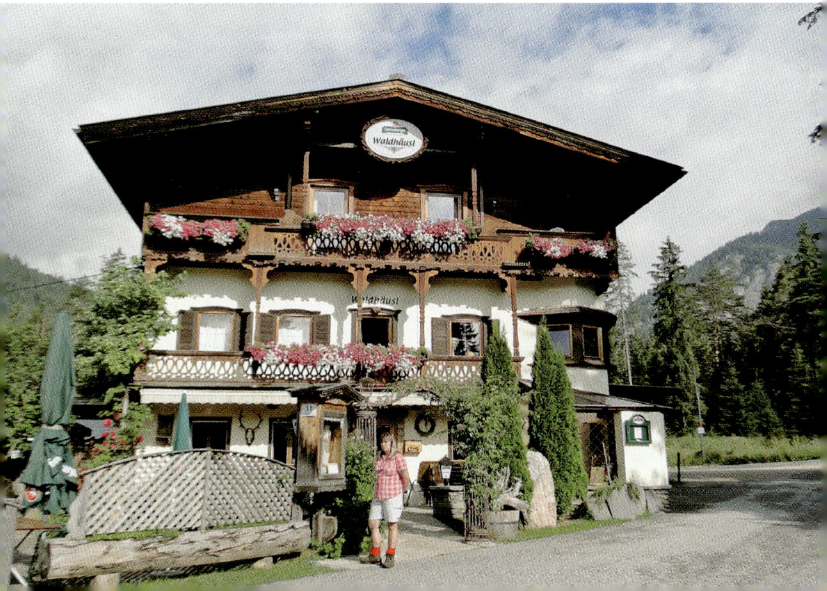

Allgemeine Informationen

Tourenvorbereitung/Ausrüstung

Wer sich zum ersten Mal einen Fernwanderweg vornimmt, dem raten wir zu einer Vorbereitungswanderung mit Gepäck. Wir stellen Ihnen gern unsere Packliste zur Verfügung und empfehlen folgendes Vorgehen: Legen Sie alles, was Sie mitnehmen wollen, vor sich hin und sortieren sie dann nochmal aus, es sei denn, Sie haben sich wirklich streng an unsere Packliste gehalten. Noch ein paar Tipps: Funktionsshirts können sie bequem am Abend waschen, am nächsten Morgen sind sie wieder trocken. Lange Leggins eignen sich als lange Unterhose für kalte Tage, als Schlafhose für noch kältere Nächte und außerdem als trockene Nothose für abends.

Packliste

- Wanderrucksack (30–45 l)
- Regenüberzug für den Rucksack oder Regencape für Mensch und Rucksack
- Regenjacke
- Regenhose
- Wanderstöcke
- Wanderschuhe
- **Wanderkleidung:** 1 Wanderhose, 1 Wandershirt kurz, 1 leichter Fleecepullover, Fleecejacke lang zum Drüberziehen, 1 x Unterwäsche, 1 Paar Wandersocken
- **Wechselwäsche für abends und zusätzliches:** 1 zweite (Wander-)Hose, 1 T-Shirt, 1 T-Shirt zum Schlafen, 1 Paar Leggins zum Schlafen u. a., 1 langärmliges Shirt oder Pullover, 1 x Unterwäsche + Zusatzunterhose, 2 Paar Socken (1 x dünn, 1 x dick)
- Badelatschen, Flipflops oder Sandalen (die auch für die Dusche geeignet sind)
- Hüttenschlafsack (Wolldecken sind vorhanden)
- warme Fleecejacke
- Stirnband oder Mütze
- Handschuhe
- Tuch für Hals und für Schweiß
- Sonnenhut
- Badezeug
- Handtuch (Microfaser)
- Waschlappen (für kalte Dusch- bzw. Waschtage)
- Waschtasche mit Duschgel oder Haarwaschmittel, Zahnbürste, Zahnpasta, Rasierzeug, Creme, Wäschewaschpaste
- Klopapier, Feuchttücher (wer mag), Sonnencreme, Mückenschutzmittel
- Hygieneutensilien und Ohropax
- kleine Rucksackapotheke mit Pflaster, Schmerztabletten
- Besteck: Messer für Brot, Löffel für Joghurts
- Bargeld, Bankkarten
- wichtige Adressen
- DAV-Ausweis (wenn vorhanden)
- Personalausweis
- Impfpass und Krankenversicherungsnachweis
- Handy und Ladekabel
- Kamera und Ladegerät
- diesen Wanderführer
- zusätzliche Wanderkarten
- Stifte, Papier, Plastiktüten
- Zeitung, Buch für unterwegs
- Stirn- oder kleine Taschenlampe
- Süßes wie Traubenzucker, Müsliriegel, Bonbons,
- Teebeutel für Teewasser
- Trinkflasche(n)

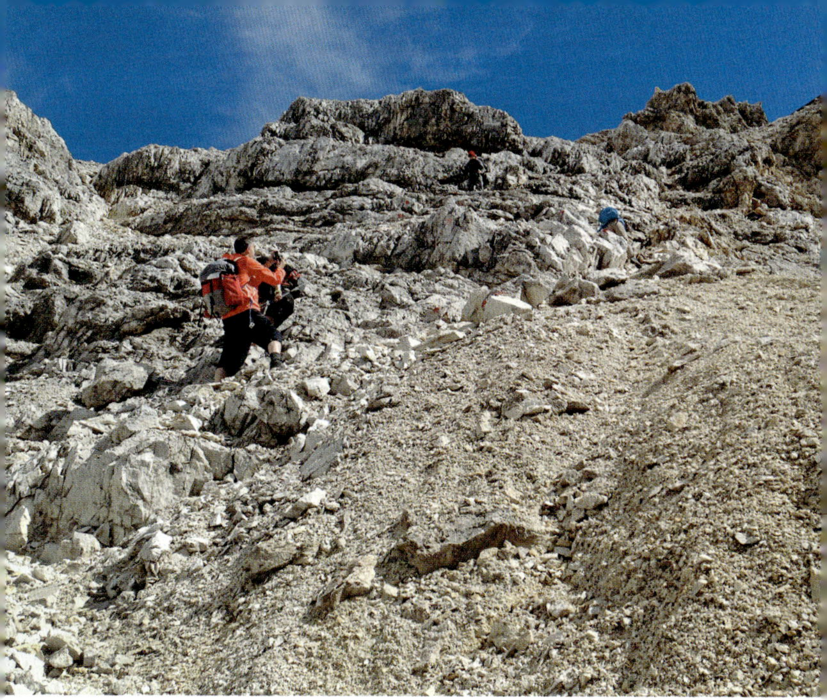

Abstieg vom Schlauchkarsattel unter der Birkkarspitze (Etappe 11).

Kosten

Eine genaue Finanzplanung für unterwegs ist wichtig, denn wer mehrere Tage hintereinander auf der Hütte übernachtet, kommt selten an einem Geldautomaten vorbei und braucht somit ausreichend Bargeld. Auch wenn sich unterwegs in den Bergen kaum Gelegenheiten zum Shopping bieten, ist eine Fernwanderung kein billiger Urlaub. Für eine Übernachtung mit Frühstück, Abendessen und Getränken rechnen wir auf einer Berghütte ca. 60 € bis 70 €. Diese sind üblicherweise nur in bar zu bezahlen. Eine Mitgliedschaft im Alpenverein (DAV) ist von Vorteil. Sie verringert den Übernachtungspreis und bietet auch weitere kleine Vergünstigungen (Bergsteigeressen, Teewasser). In Pensionen und Hotels liegen Übernachtungen mit Frühstück zwischen 30 € und 50 € pro Person oder mehr, wobei das Abendessen noch hinzukommt. Zusätzliche Ausgaben ergeben sich bei Seilbahn-, Bus- und Bahnfahrten. Ermäßigungen gibt es eventuell mit einer Gästekarte, die man in den Pensionen erhält.

Übernachtung

Wir haben möglichst alle Unterkünfte am Wegesrand in den Tourenbeschreibungen erwähnt, so dass Sie flexibel in Ihrer Tourenplanung sind und so zum Beispiel auch halbe Etappen an Regentagen gehen können. Bei Hütten mit dem Zusatz DAV oder OEAV handelt es sich um Alpenvereinshütten. In Ortschaften mit mehr als drei Übernachtungsmöglichkeiten informieren Sie sich am besten bei der Touristeninformation. Sollte diese geschlossen sein, finden Sie dort in der Regel eine elektronische Anzeige, an der Sie herausfinden können, welche Übernachtungen wo zur Verfügung stehen. An einem kleinen leuchtenden Kasten können Sie kostenfrei in der Unterkunft anrufen und reservieren. Haben Sie Handyempfang, bietet sich natürlich auch die digitale Unterkunftssuche an. Für alle Übernachtungen empfehlen wir, ein bis drei Tage vorher zu reservieren. Manche Hütten bieten ein spezielles Reservierungsportal. Sollten Sie mehr als vier Personen sein, mehrere Tage auf einer Hütte zubringen wollen oder an Wochenenden wandern, empfehlen wir für die Ferienzeit eine noch zeitigere Reservierung. Eine wochenlange Vorausreservierung lohnt sich für Fernwanderer jedoch nicht, da sich aufgrund des Wetters oder anderer Faktoren ihre Übernachtungsorte und

Anhalter Hütte (Etappe 19A).

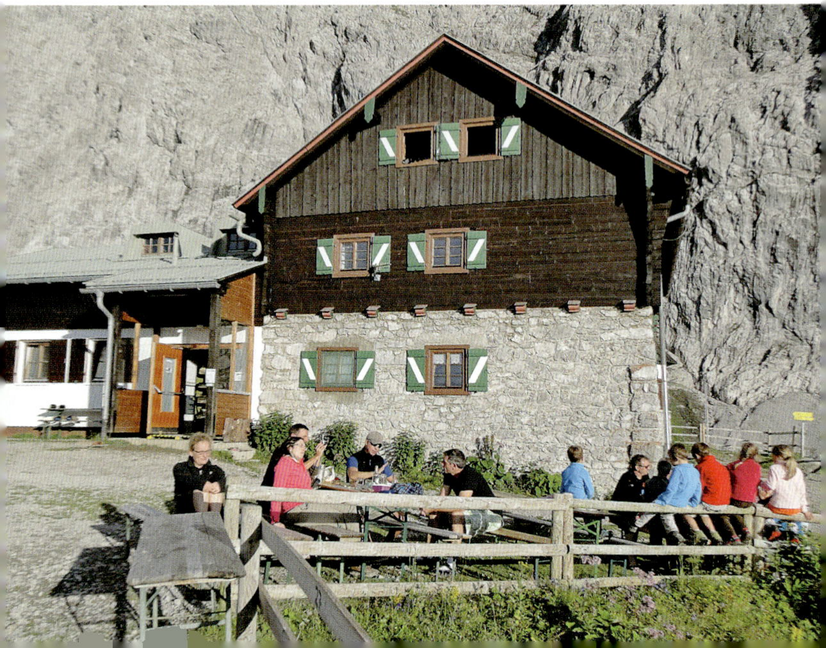

-tage ändern können. Denken Sie unbedingt daran, vorgebuchte Übernachtungen wieder abzusagen, wenn Sie sie nicht nutzen werden. Das ist nämlich für die Kalkulation der Schlafplätze und der Essensportionen auf den Hütten sehr wichtig. Auch mancher Wirt macht sich Sorgen und lässt möglicherweise nach Ihnen suchen. Aus diesem Grund verlangen einige Hütten inzwischen eine Anzahlung. Eine Notschlafmöglichkeit sollte Ihnen aber immer gewährt werden.

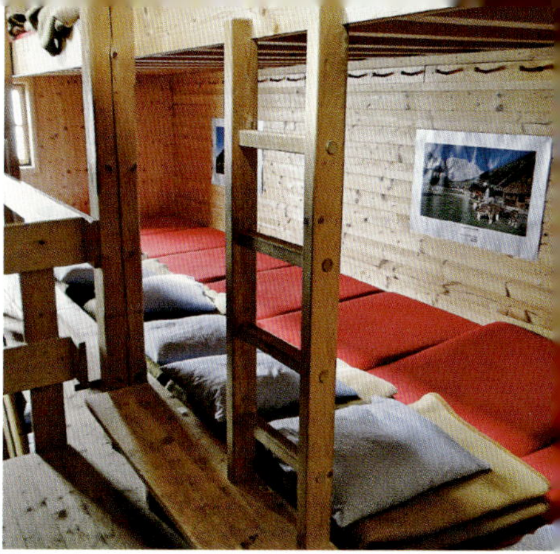

Schlaflager in der Falkenhütte (Etappe 9).

Hüttenleben

Eine Übernachtung in einer Berghütte – das gehört zu einer Fernwanderung einfach dazu und ist ein besonderes Erlebnis. Den Komfort eines Hotels im Tal dürfen Sie allerdings nicht erwarten, auch wenn einige Hütten neben den traditionellen Matratzenlagern inzwischen Zwei- und Mehrbettzimmer anbieten. Eine warme Dusche gibt es nicht immer und überall, und Ihre Bettwäsche, den Hüttenschlafsack und das Handtuch müssen Sie selbst mitbringen. Das warme Abendessen und auch das Frühstück gibt es oft zu einer festgelegten Zeit, deshalb am besten danach fragen. Die meisten Hütten sind Alpenvereinshütten (DAV oder OEAV), die von den Sektionen für ihre Mitglieder und natürlich auch für alle Bergfreunde als Schutzhütten gebaut wurden. Daher ergibt sich in den Hütten oft ein geselliges und familiäres Treiben, das Sie, ob allein oder zu mehreren, unbedingt genießen sollten. So sitzen Sie mit anderen Wanderern an einem Tisch, werten den Tag aus, beraten die neue Tour, lesen oder spielen Karten.

Auf den Alpenvereinshütten gelten feste Regeln: So dürfen z. B. die Schlafräume nicht mit Bergschuhen betreten werden, und ab 22 Uhr herrscht Hüttenruhe. Hier macht sich gegenseitige Rücksichtnahme bezahlt, weil unter Umständen sich die Ersten am nächsten Morgen schon mal ab vier Uhr zum Abmarsch bereit machen.

Die Energieressourcen auf den Hütten sind oft sehr eingeschränkt. Wer sich mit den Wirtsleuten darüber unterhält, wie ihr Haus mit Wasser, Abwasser, Strom und Müllabfuhr bewirtschaftet wird, entwickelt schnell Verständnis für die Regeln auf den Hütten. So wird man gebeten, Strom und Wasser zu sparen, seinen Müll wieder mit ins Tal zu nehmen und auch, wenn möglich, seine Kleidung im Tal zu waschen.

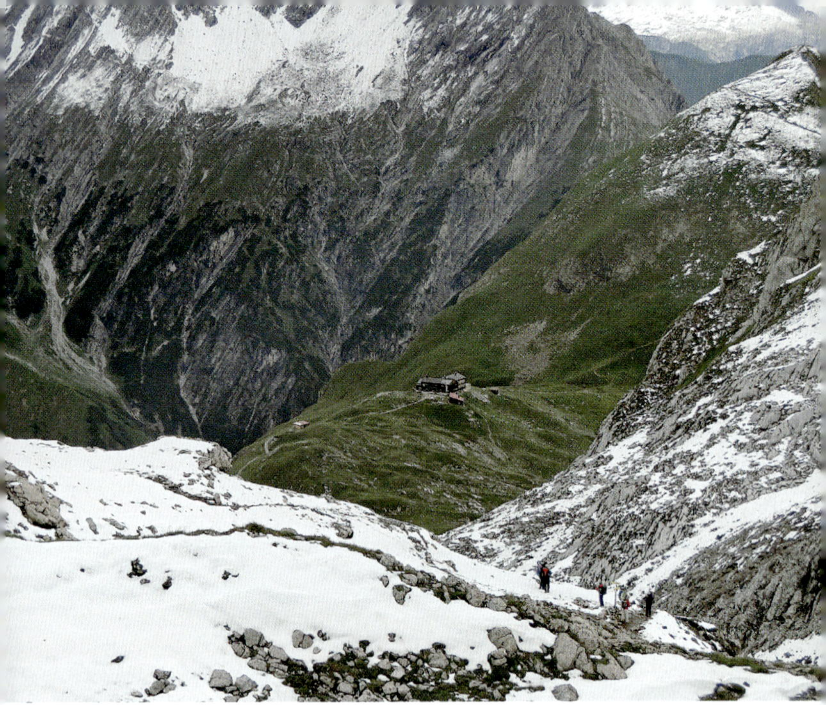

Abstieg zur Memminger Hütte (Etappe 21 A).

Verpflegung

Wer sich jeden Tag körperlich am Berg verausgabt, braucht dafür auch eine energiereiche Kost. Die österreichische Küche lässt da keine Wünsche offen, und selbst was auf den mit dem Hubschrauber belieferten Berghütten auf den Tisch kommt, kann sich sehen lassen. Viele Köche verwenden regionale Produkte aus der einheimischen Landwirtschaft, und manchmal führt unser Weg auch direkt über die Alm, die gern ihre Produkte verkauft.

Für die tägliche Wanderung benötigen wir ausreichend Wasser, das wir unterwegs beim Einkehren, an Wasserstellen oder Bächen auffüllen. Alle anderen Getränke verstärken nur den Durst. Die Tourenbeschreibungen sagen aus, ob und wann eine Einkehr kommt. Eine kleine Essensreserve (Apfel, Keks oder Müsliriegel) für einen neuerlichen Energieschub vor dem nächsten Anstieg ist zu empfehlen. Sollte unterwegs keine Einkehr sein, können wir bei der Übernachtung ein Lunchpaket bestellen, denn die Frühstücke auf den Hütten sind so bemessen, dass Sie nichts übrig lassen. Bei jeder Tour haben wir die Einkaufsmöglichkeiten aufgelistet. Wer ein paar Tage voraus liest, kann gut planen. Der Einkauf im Tal ist in jedem Falle preiswerter als die mehrfache Jause am Tag.

Wandern mit Kindern

Unterwegs begegnen wir immer wieder Kindern. Kinder machen bei Wanderungen, insbesondere bei Fernwanderungen, großartige Erfahrungen und erhalten damit Rüstzeug für ihr ganzes Leben. Vor allem das Hüttenleben lieben die Kinder. Deshalb empfehlen wir, Kinder schon von klein an auf Wanderungen mitzunehmen. Bei der Wahl der Tour sollten die Kondition, die Gebirgserfahrung und die Ausrüstung der Kinder genauso kritisch betrachtet werden wie bei Erwachsenen. Auch Kinder brauchen ordentliche Bergschuhe, die über die Knöchel reichen. Entsprechend der Voraussetzungen können dann leichte, mittlere oder auch schwere Touren ausgewählt werden. Starten Sie leicht und beobachten Sie, wie das Kind schwierigeren Anforderungen gerecht wird. Bei den schweren (schwarzen) Touren bedenken Sie, dass für Kletterpassagen und Schneefelder auch die Beinlänge eine Rolle spielt. Hier empfehlen wir ein Mindestalter von zwölf Jahren. Wir empfehlen Touren, die unterwegs Einkehrmöglichkeiten sowie kürzere und längere Alternativen anbieten. Planen Sie Zeit für Pausen und Ruhetage ein. Schaffen Sie Anreize unterwegs, wenn die Motivation sinkt.

Auf dem Ganghoferweg durchs Gaistal (Etappe 16).

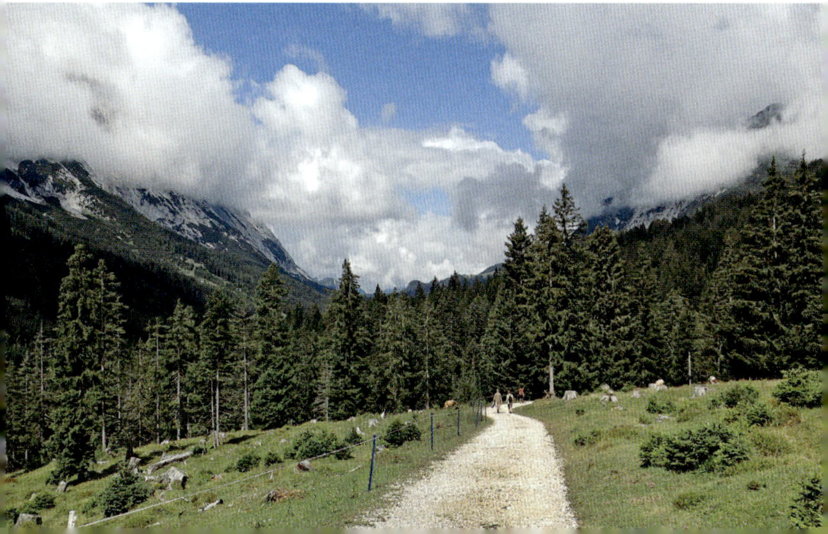

Telefonieren

Das Telefonieren kann im Gebirge zur Herausforderung werden. Nicht überall haben wir Empfang. Wer im Gebirge Ruhe und Entschleunigung sucht, wird dafür dankbar sein. Ein Handy für Reservierungen und Notfälle sollte dennoch immer dabeisein. Die Akkus können auf den Hütten aufgeladen werden. Steckdosen sind dort allerdings rar, sodass ein sparsamer Einsatz von Vorteil ist. Denken Sie daran, Ihr Handy, falls nötig, im Ausland freizuschalten.

Alpine Gefahren

Schlechtes Wetter (Gewitter, Regen, Kälte, Nebel oder Schneefall), Schneefelder und absturzgefährliches Gelände sind die Haupt-Gefahrenquellen im Gebirge. Viele Notsituationen entstehen durch Selbstüberschätzung, Unvorsichtigkeit, Fehlplanung oder aufgrund mangelnder Ausrüstung. Es ist keine Schande, am Berg umzukehren, auch wenn es schwer fällt!

Notfall/Bergrettung

Egal wie erfahren oder unerfahren wir beim Wandern und Bergsteigen sind, jeder von uns kann in eine Notsituation geraten oder Zeuge eines Notfalls werden und muss darauf reagieren. Im Notfall gilt es, einen kühlen Kopf zu bewah-

Wolken über der Nordkette (Etappe 12).

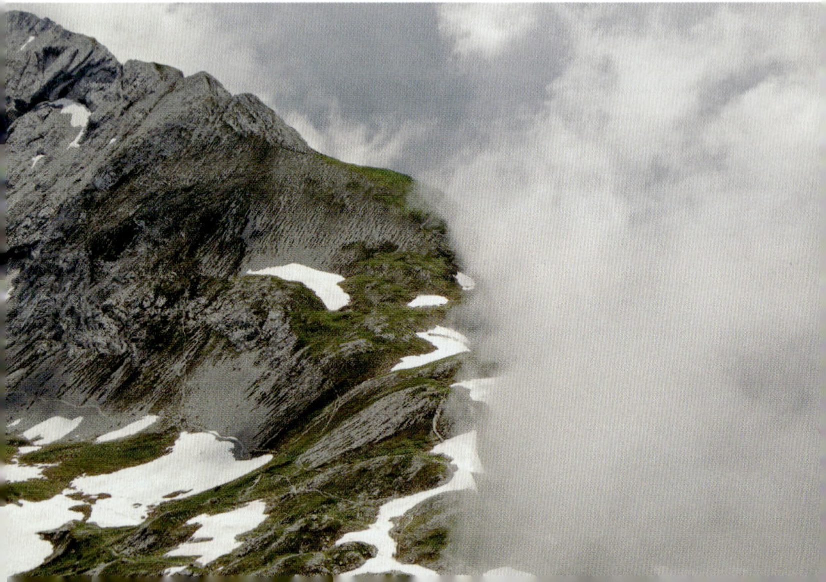

ren; Panik hilft nicht weiter. Lassen Sie den Verletzten auf keinen Fall allein. Versuchen Sie, mit dem Handy Hilfe zu holen. Ist dies nicht möglich, machen Sie durch Rufen und Bewegung sowie durch das Alpine Notsignal auf sich aufmerksam. Wenn Sie mindestens zu dritt sind, kann einer beim Verletzten bleiben, während der andere Hilfe holt. Ist keine Hütte in nächster Nähe, steigen Sie soweit ab, bis Sie wieder Handy-Empfang haben.
Alpines Notsignal: sechs Mal pro Minute optisches oder akustisches Signal (Rufen, Winken, Trillerpfeife, Taschenlampe), eine Minute Pause, dann wiederholen. Wurden Sie entdeckt, bekommen Sie ein Zeichen zurück (drei Mal innerhalb einer Minute).

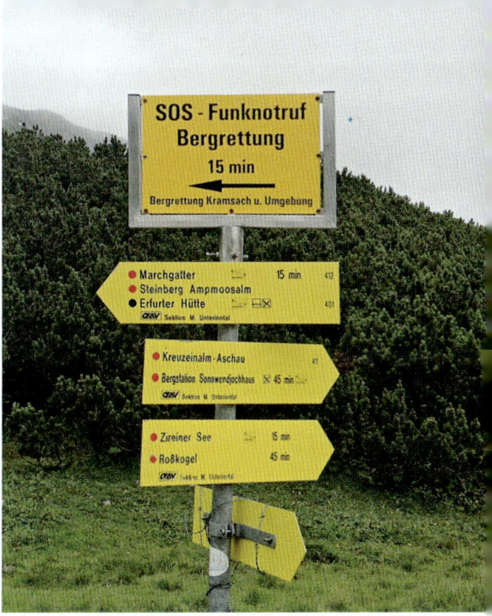

Wegweiser zwischen Zireiner See und Marchgatterl (Etappe 7).

Wichtige Telefonnummern und Adressen

Internetseiten zum Adlerweg

www.tirol.at/adlerweg;
www.adlerweg.com

Notruf

Bergrettung Deutschland und alle europäischen Länder: 112
Bergrettung Österreich: 140
Polizei Deutschland: 110
Polizei Österreich: 133

Alpine Wetterberichte

Wetterbericht des Deutschen Alpenvereins für das gesamte Alpengebiet: www.alpenverein.de (Link Bergwetter)
www.alpenwetter.com, www.wetter.com, http://wetter.orf.at/tirol/prognose

Öffentliche Verkehrsmittel

Deutsche Bahn (DB): www.bahn.de; +49 030 2970
Österreichische Bundesbahnen (ÖBB): www.oebb.at; Tel. 0043 5 1717

Ländervorwahlen

Nach Deutschland: 0049
Nach Österreich: 0043
(die folgende »0« der Ortsvorwahl dann jeweils weglassen)

Alpenvereine

Deutscher Alpenverein DAV: www.alpenverein.de
Österreichischer Alpenverein ÖAV: www.alpenverein.at

Folgende Doppelseite: Blick von der Seescharte auf den Mittleren Seewisee, die Memminger Hütte und den Seekogel.

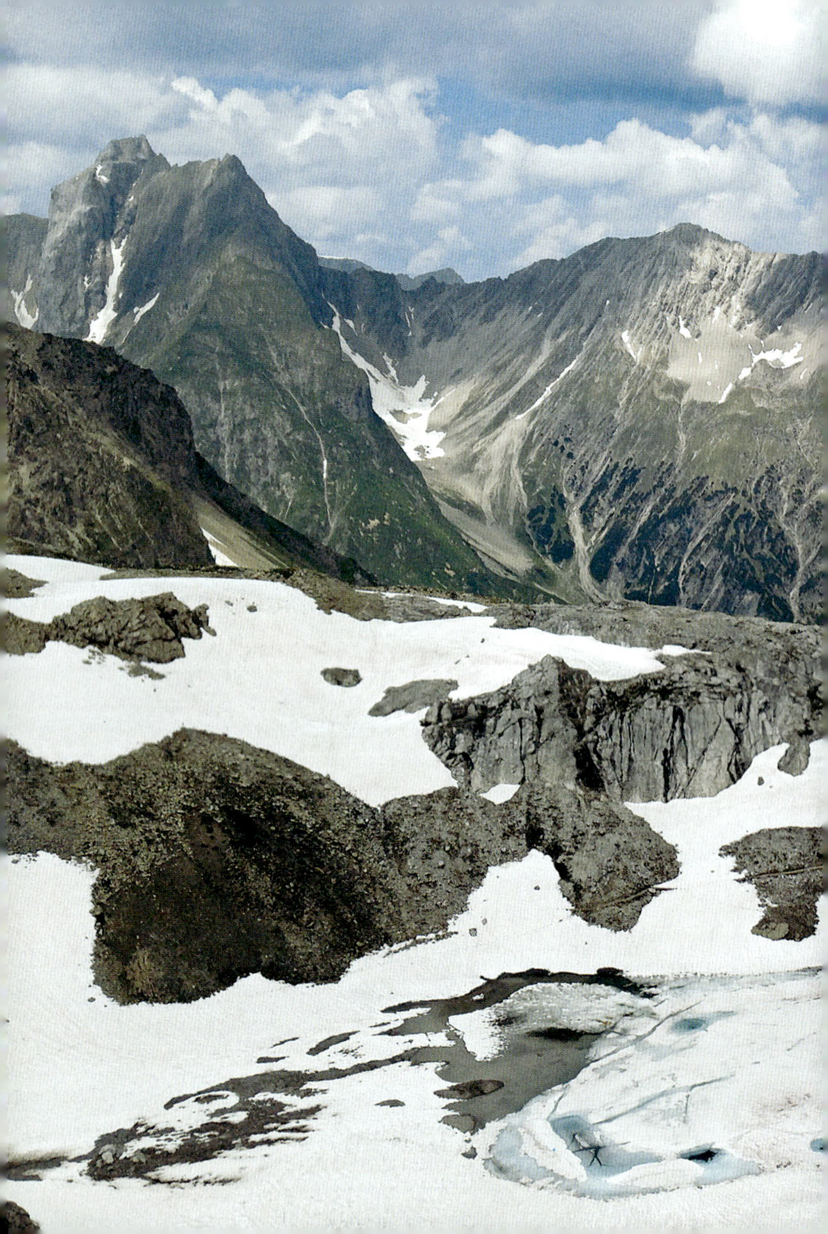

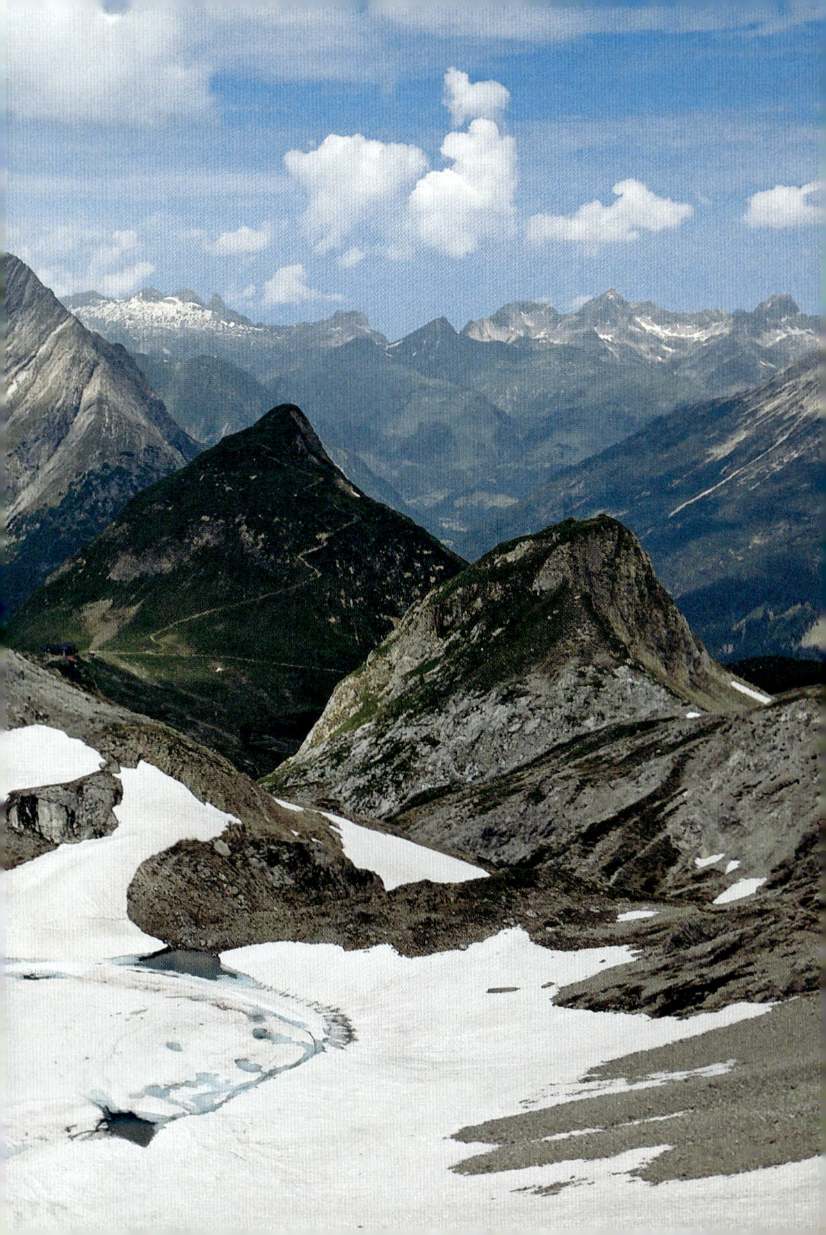

1 St. Johann – Gaudeamushütte

5.30 Std.

↑1000 ↓400

Auf in den Wilden Kaiser!

Ein gelungener Auftakt. Während wir aus dem gemütlichen St. Johann hinausgehen, haben wir den Wald und die Felsen des Wilden Kaisers vor Augen. Hier wollen wir eintauchen und steigen Stück für Stück auf angenehmen breiten und schmalen Wegen auf. Große Bauernhöfe lassen wir hinter uns. Wir treffen auf Höhlen, in denen früher Diebesgut versteckt wurde (die Diebsöfen) und erreichen bald darauf den Schleierwasserfall. Hier lohnt es sich, bei einer Pause den meist zahlreichen Kletterern unter dem Wasserfall zuzusehen. Weiter geht es hinauf und schon vor der Gaudeamushütte sind wir von den über 1500 m hohen Felswänden vor uns fasziniert. Morgens noch in der Ebene, sind wir nun in der Ruhe des Gebirges angekommen!

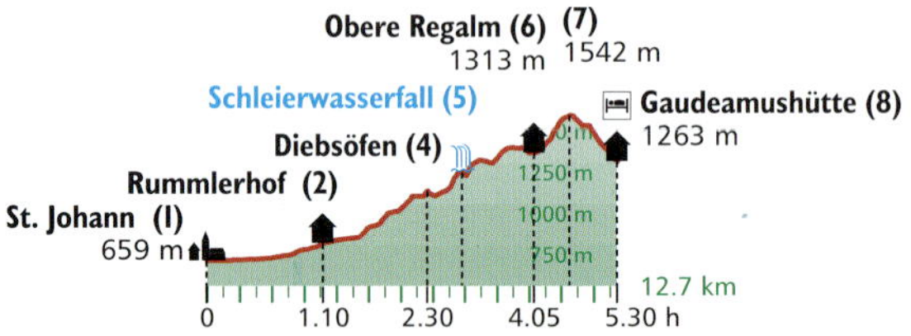

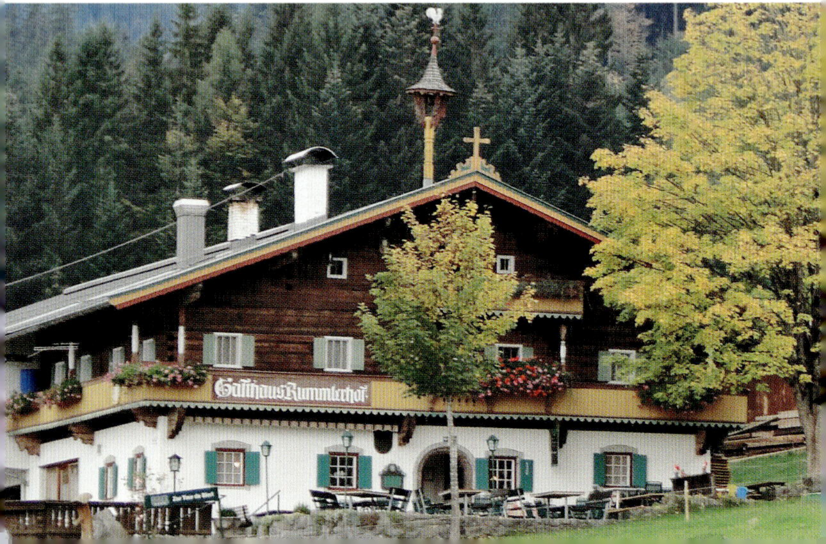

Blick auf den Wilden Kaiser.

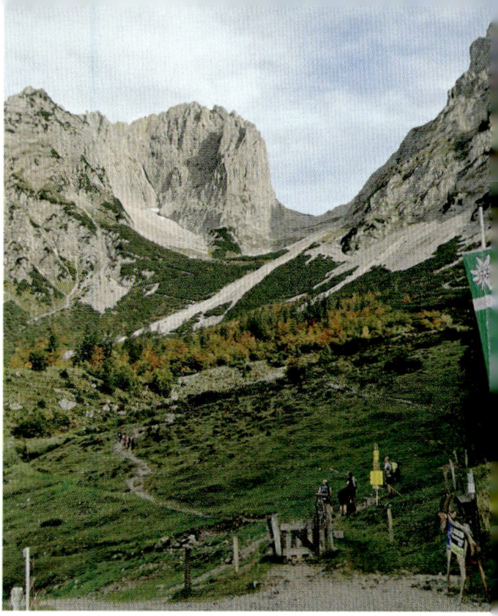

Ausgangspunkt: St. Johann, Bahnhof, 659 m.
Anforderungen: Unschwierige Wanderung auf asphaltierten Wegen, Forstwegen, breiten Wanderwegen und Steigen.
Karten: Freytag & Berndt WK 301 (1:50.000); Kompass 09 (1:25.000).
Stempelstellen: Rummlerhof, Gaudeamushütte.
Einkehr: Landcafé Hinterkaiser, Tel. +43 5352 63325, www.hinterkaiser.at, Mi–So, 10–20:30 Uhr; **Rummlerhof,** Tel. +43 5352 63650, www.rummlerhof.at, Di–So, 11–23 Uhr, Nov. geschlossen; **Obere Regalm,** Tel. +43 5358-44204 oder +43 664 1309164, www.regalm.at, Juni bis Anf. Okt., Mi und Wochenende Almausschank, Gaudeamushütte.
Unterkunft: St. Johann (siehe Information); **Gaudeamushütte:** 1263 m, Mitte Mai bis Mitte Okt., Tel. +43 5358 2262 oder +43 664 3449311, www.dav-main-spessart.de.
Einkauf: St. Johann.
Verkehrsmittel: S-Bahn- und Zuganbindung nach St. Johann mehrmals täglich aus Richtung Wörgl Hbf und Salzburg Hbf. Abstieg ins Tal von der Gaudeamushütte nach Going möglich.
Information: Tourismusinformation, Poststr. 2, 6380 St. Johann, Tel. +43 5352 633350, www.kitzalps.cc, www.treffpunkt-stjohann.at, www.st.johann.tirol.

Unsere erste Etappe startet am **Bahnhof von St. Johann (1)**, 659 m. Es lohnt sich, vor der Wanderung einen Blick in das sehenswerte Städtchen und seine hochbarocke Kirche Zur Himmelfahrt Mariens mit ihrem Doppelturm zu werfen.
Vom Bahnhof folgen wir erst schräg links dem Wegweiser »Fußweg« ins Zentrum, wenden uns dann an der Querstraße Speckbacher Straße nach rechts und biegen am Beginn der Fußgängerzone nach links in die Poststraße ein. Dieser folgen wir immer geradeaus in die Kaiserstraße über die Kitzbüheler Ache an der Information vorbei bis zum Kreisverkehr. Auf der gegenüberliegenden Seite führt uns der erste Wegweiser »Adlerweg« geradeaus in den Hinterkaiserweg. Dieser schmalen Straße folgen wir nun auf den nächsten Kilometern am Landcafé Hinterkaiser und am **Rummlerhof (2)**, 765 m, vorbei, bis wir am letzten Haus neben dem **Maurer Brunnen (3)**, 802 m, stehen. Hier verlässt der Weg die Asphaltstraße und führt links neben dem Haus und rechts vom Bach die Wiese hinauf. Oben leitet der Weg an einer Sitzecke links in den Wald hinein und ist ab hier mit einem rot-weiß-roten Band Nr. 822 markiert.

Das Gasthaus Rummlerhof.

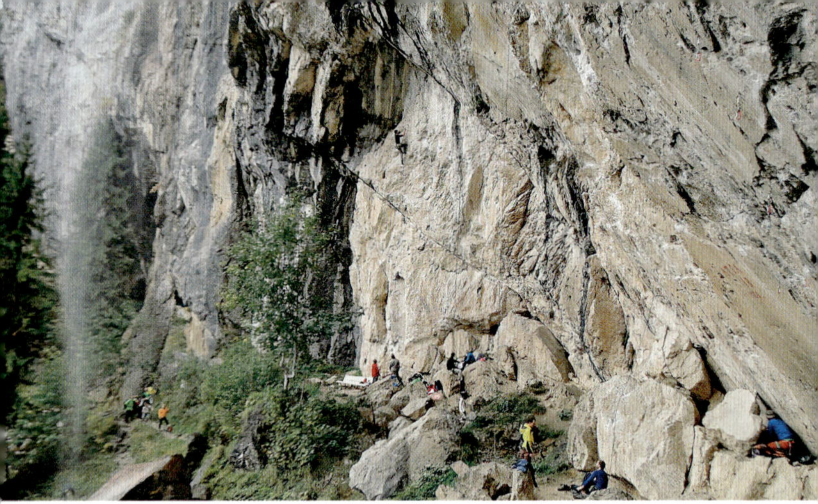

Kletterer am Schleierwasserfall.

Wir folgen nun dem schönen Waldweg, überqueren zwei Forstwege und steigen immer weiter bergauf. Nach einer freien Stelle mit schöner Aussicht ins Tal gehen wir dem beschilderten Weg nach links in Richtung Schleierwasserfall und erreichen nach ca. 30 Min. die **Diebsöfen (4)**, 1083 m. Von hier führt der Weg erst durch das Bachbett und dann an einer Felswand entlang. Bald erreichen wir den **Schleierwasserfall (5)**, 1194 m. Hier sind wir hin- und hergerissen zwischen der genialen Aussicht ins Tal und dem Blick auf

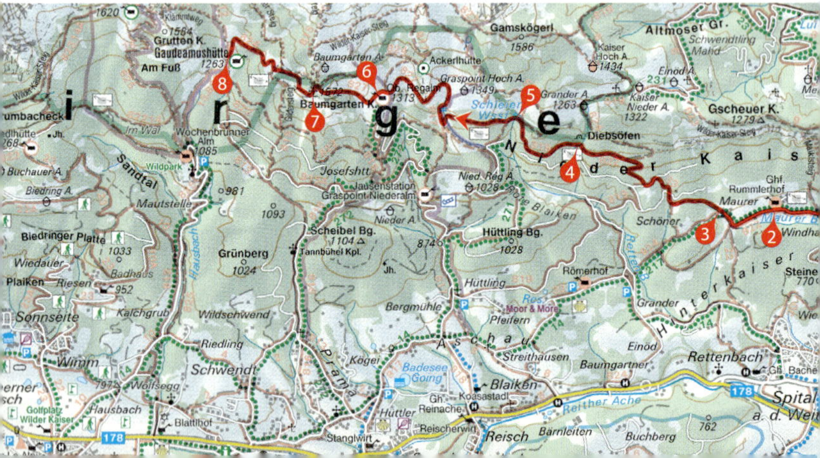

i ***St. Johann in Tirol*** *(659 m; 8800 Einwohner) wurde bis zum Ende des 19. Jahrhunderts »St. Johann im Leukental« genannt und war seit dem Mittelalter das religiöse Zentrum dieser Gegend. Kupfer- und Silberbergbau verhalfen dem Ort ab 1540 zu großem Reichtum. Einige Zeugnisse erzählen von der kirchenhistorischen Bedeutsamkeit des Leukentales. So lässt in St. Johann die Fassade der Dekanatskirche »Zur Himmelfahrt Mariens« mit ihrem Doppelturm eher einen Dom als eine Pfarrkirche vermuten. In der St.-Nikolaus-Kirche kann das älteste erhaltene Fenster mit Glasmalereien in Tirol bewundert werden, das 1470 von Johannes Strauß geschaffen wurde. In der Antoniuskapelle verziert ein Fresko von 1803 mit der damaligen Ortsansicht von St. Johann, gemalt von Joseph Schöpf, die Decke. Und schließlich hängen in der ehemaligen Spitalskirche in der Weitau die ältesten Glocken Tirols. Sie wurden 1262 gegossen.*

die Kletterer, die hier fast immer an den Felsen hängen. Weiter geht es parallel zur Felswand steil hinauf, dann ebener, bis wir auf eine Wiese treffen. Wir folgen dem Weg in die scheinbar falsche Richtung nach links, bis kurz darauf ein schmaler Pfad rechts hinaufführt. Am Steigenbachwasserfall vorbei erreichen wir eine Hochebene. Nun liegen die ersten Bergspitzen direkt vor uns und wir genießen die Ruhe. Wir sehen rechts die Graspoint Hochalm, über uns die Ackerlhütte (OeAV) und folgen dem Panoramaweg Nr. 827 links am Berg entlang bis wir die **Obere Regalm (6)**, 1313 m, erreichen. Hier können wir am Wochenende die ersten Almköstlichkeiten genießen. An den anderen Tagen finden sich für durstige Wanderer Getränke in der Garage.

Kurz vor der Regalm steigt rechts unser Weg (Nr. 827/17) im Gras hoch in Richtung Gaudeamushütte. Bald geht es durch eine Rinne steil und ermüdend hinauf, bis es endlich links um den Berg herum wieder allmählich flacher wird. Wir erreichen den höchsten Punkt der Tour, den **Wegweiser »Baumgartenköpfl« (7)**, 1542 m. Von hier lohnt sich ein kleiner Abstecher nach links zum Gipfel des Baumgartenköpfl (5 Min., 1572 m) und rechts ein kleiner Abstecher zum Bergsteigergrab am Brennenden Palven. Vom Wegweiser geht es nur noch bergab, wobei wir uns tendenziell links halten. Oben rechts sehen wir bald die Gruttenhütte. Die Gaudeamushütte – unser Ziel – versteckt sich jedoch noch lange. Links um den Berg herum führt unser Weg dann direkt auf die Terrasse der **Gaudeamushütte (8)**, 1263 m, von der man einen überwältigenden Blick ins Tal und auf die Kitzbühler Alpen hat.

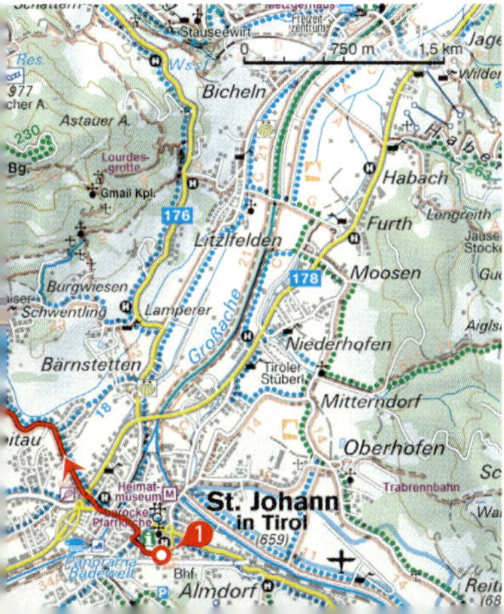

2 Gaudeamushütte – Hintersteiner See

6.00 Std.

↑570 ↓910

Auf dem Wilden-Kaiser-Steig zum Hintersteiner See

Dieser Tag verspricht schöne Aussichten – am besten mit einem Picknick in der Tasche. Erst führt uns der Weg von der Gaudeamushütte durch das Klammerl, eine schmale Rinne, hinauf zur Gruttenhütte. Dann wandern wir über den Wilden-Kaiser-Steig mit Blick auf den Hintersteiner See. Wir umrunden auf ca. 1400 m Höhe im konzentrierten Auf und Ab den Treffauer, 2304 m, genießen dabei das herrliche Panorama der Kitzbühler und Brandenberger Alpen und blicken ins darunter liegende Tal. Ein Picknick lohnt sich an der fast 400 Jahre alten Kaiser Hochalm. Ab der folgenden Steiner Hochalm geht es dann bergab durch den Wald zum Gasthof Bärnstatt und zur sehenswerten St.-Leonhard-Kapelle. Nach fünfzehn Minuten erreichen wir den herrlich gelegenen Hintersteiner See, den wir auf dem Weg zum Gasthof Maier umrunden. Sollte der Weg über die Gruttenhütte nicht begehbar sein, empfehlen wir die Variante über den Ellmauer Steinkreis.

Ausgangspunkt: Gaudeamushütte, 1263 m.
Anforderungen: Trittsicherheit und Schwindelfreiheit erforderlich. Der erste Abschnitt über Gruttenhütte und Klammerl ist seilgesichert, Steighilfen, kurze Leiter. Sonst teils schmale Steige, Geröllquerungen, Forstwege.

Karten: Freytag & Berndt WK 301 (1:50.000); Kompass 09 (1:25.000).
Stempelstelle: Gasthof Bärnstatt, Seestüberl, Gasthof Maier.
Einkehr: Gruttenhütte, Riedlhütte, **Steiner Hochalm:** Getränke und kleine Jause, Mitte Mai bis Mitte Oktober; Gasthof Bärnstatt, Seestüberl, Gasthof Maier.

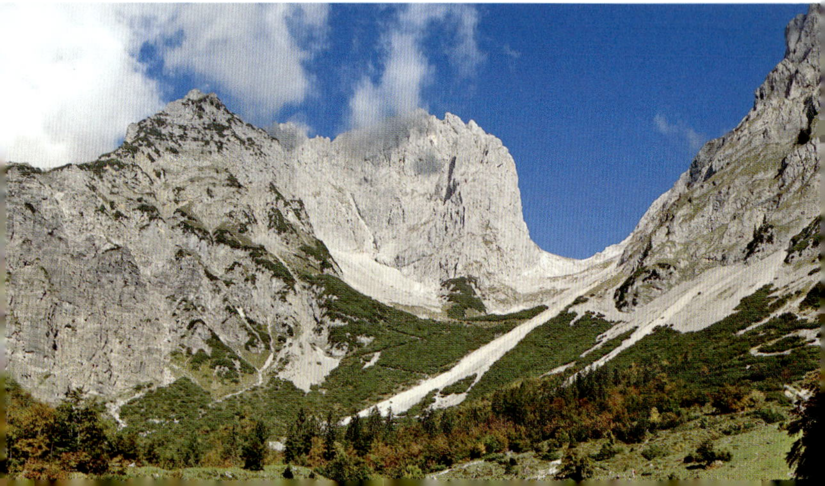

Unterkunft: **Gruttenhütte (DAV):** 1620 m, Pfingsten bis Mitte Oktober, Tel. +43 5358 43389, www.gruttenhuette.at; **Riedlhütte:** privat, 1268 m, (ca. 10 Min. vom Abzweig auf der Variante) Mai bis Oktober täglich, Tel. +43 664 2770697, www.riedlhuette.at; **Gasthof Bärnstatt:** Tel. +43 5358 8113, www.baernstatt.at; **Seestüberl:** 892 m, Tel. +43 5358 8191, www.seestueberl.info; **Gasthof Maier:** Biobauernhof Schiestlhof, 922 m, Tel. +43 5358 8203, www.pension-maier.at.
Einkauf: Unterwegs keine Möglichkeit.
Verkehrsmittel: Quereinstieg per Auto über Mautstraße von Ellmau zur Wochenbrunneralm, von dort Fußweg zur Gaudeamushütte (30 Min. Aufstieg, 20 Min. Abstieg) oder von Wörgl Hbf./St. Johann Bhf. mit dem Postbus Nr. 4060 nach Going Blattlhof, dann ca. 2 Std. Aufstieg zur Gaudeamushütte; **Hintersteiner See:** Fahrstraße zwischen Scheffau und Hintersteiner See, Hintersteiner Seebus, Mitte Mai bis Mitte Oktober, fünfmal täglich; Wander- und Bäderbus Kaiserjet und KaiserExpress (www.wilderkaiser.info), Mitte Mai bis Mitte Oktober, Fahrplan siehe www.wilderkaiser.info (Scheffau).
Information: Tourismusverband Wilder Kaiser (Going, Ellmau, Scheffau, Söll), Dorf 35, 6352 Ellmau, Urlaubs-Hotline: Tel. +43 50509, www.wilderkaiser.info.
Tipp: Sehr erfrischend ist ein Bad im Hintersteiner See gegenüber vom Seestüberl (bis 19 Uhr geöffnet, Eintritt).

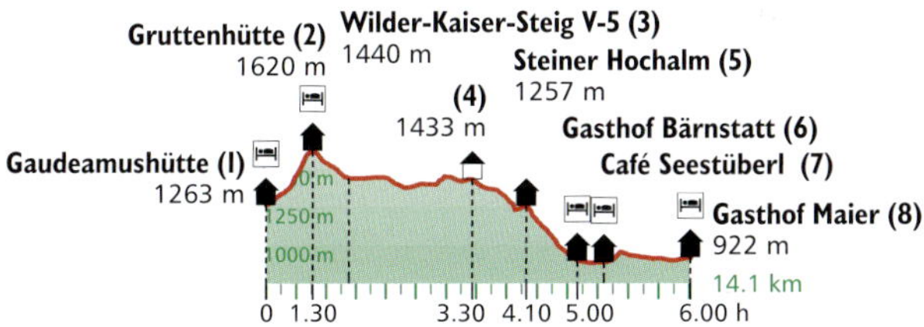

Von der Terrasse der **Gaudeamushütte (1)**, 1263 m, führt unser Weg aufwärts in Richtung Ellmauer Tor und Gruttenhütte. Nach ca. 500 Metern biegen wir an einem Wegweiser nach links ab und steigen nun steiler an. Unser Weg 824/ 813 führt hier durch eine schmale Rinne, Klammerl genannt. Teils seilversichert, teils über Leitern geht es eine kurze Zeit über brüchiges Gestein hinauf. Bald darauf erreichen wir den höchsten Punkt des Tages, die traumhaft gelegene **Gruttenhütte (2)**, 1620 m. Wir gehen auf einem breiten Fahrweg entlang, bis wir noch vor dem Wald an einem gelben Wegweiser **(3)**, 1440 m, nach rechts in den Wilden-Kaiser-Steig abbiegen.
Im stetigen Auf und Ab wandern wir nun nach Westen (Weg 823) und umrunden dabei zur Hälfte das Tuxeck, 2226 m, mit dem Treffauer, 2304 m, dahinter. Wir übersteigen Latschenkiefern und Blockwerk. Links sehen wir in einem einzigartigen Panorama die Gipfel der Kitzbühler und der Zillertaler Alpen, und unten im Tal reiht sich Dorf an Dorf. Wir erreichen einen Abzweig nach Wegscheid. Von hier ist es zur Kaiser Hochalm noch eine Stunde. Ach-

Blick von der Gaudeamushütte zum Ellmauer Tor.

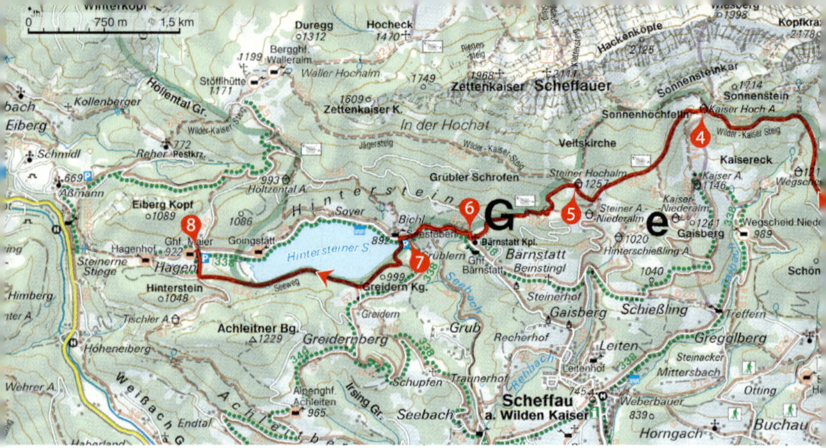

tung, falsch ausgeschilderte Wegzeit! Kurz darauf biegt rechts ein Weg zu einem Wasserfall ab (der kleine Abstecher dauert etwa 30 Minuten). Danach passieren wir seilversicherte Stellen und gehen um den Sonnenstein, 1714 m, herum, bis wir die **Kaiser Hochalm (4)**, 1433 m, erreichen. Die Alm aus dem 17. Jahrhundert wird nicht mehr bewirtschaftet, aber man kann hier nach Herzenslust rasten, sofern die häufig anzutreffenden Kühe nicht allzu neugierig werden. Unser Weg führt geradeaus weiter über die Wiese und

Wandern mit Blick auf den Hintersteiner See.

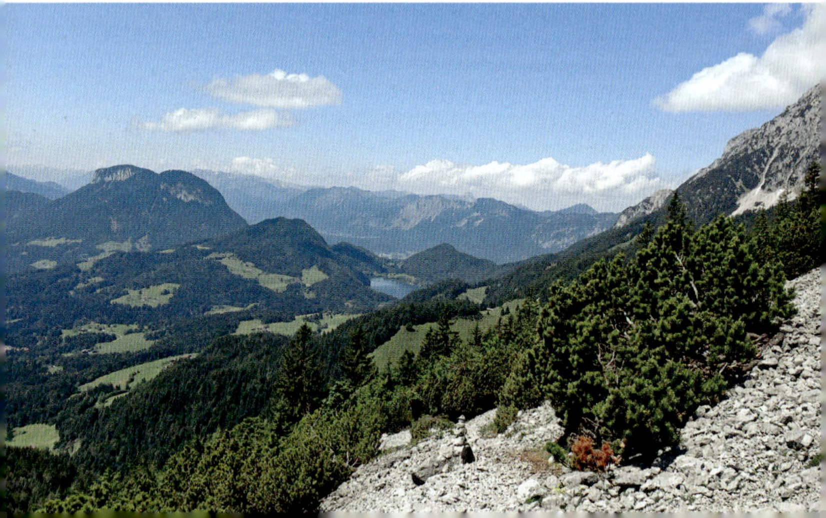

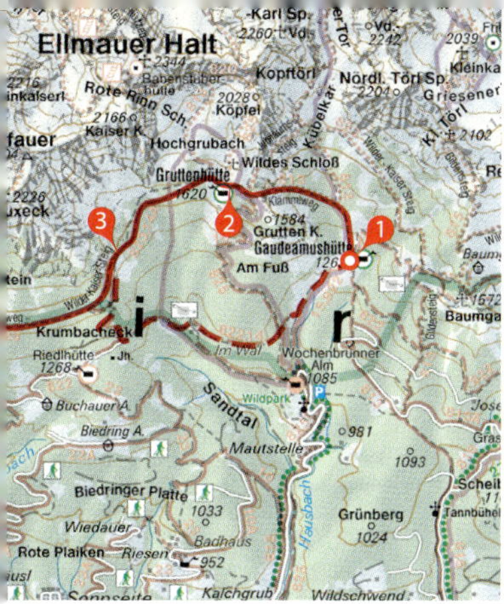

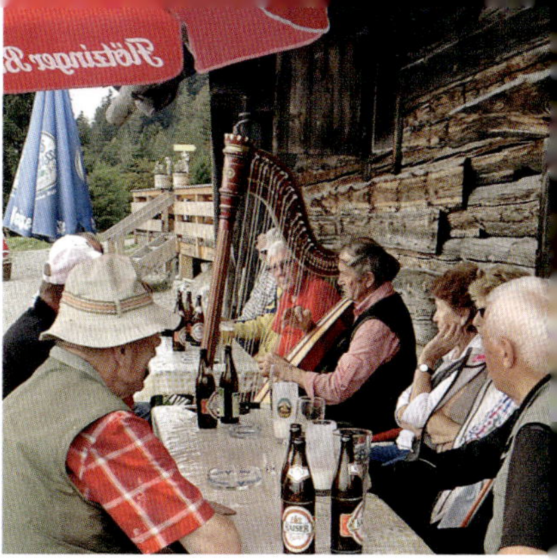

Harfenspiel auf der Steiner Hochalm.

erreicht einen breiteren Forstweg. Wir folgen ihm am Berg entlang bis zur nächsten Kreuzung. Dort führt unser Weg nun geradeaus in den Wald hinein, während der Forstweg nach links zur Kaiseralm führt. Es geht nun immer stärker hinab, auf weichem Waldboden durch einen märchenhaften Buchenwald. Die Steine am Wegesrand sind mit Moos überzogen, und wenn die Sonne durch die Bäume scheint, erhält der Wald einen besonders warmen Schimmer. Der Weg geht später in einen Wiesenweg über, der uns Schritt für Schritt insgesamt ca. 450 Höhenmeter herab zur **Steiner Hochalm (5)**, 1257 m, bringt. Wenn wir Glück haben, sitzt der Wirt mit seiner Harfe unter den Gästen und lässt die Sehnsucht durch die Ohren ziehen.

Hinter dem kleinen Anwesen genießen wir den Blick auf den idyllisch liegenden Hintersteiner See und tauchen dann auf einem schmalen Pfad in den Wald ein. Über eine Felsnase steigen wir steil zum Hintersteiner See ab und treffen unten auf einen Fahrweg, der uns nun in nur noch 15 Minuten nach Bärnstatt bringt. (Als leichtere Alternative bietet sich ab der Steiner Hochalm der breite Fahrweg in Richtung Steiner Alm Niederleger an. Nach einigen Minuten führt der Weg an einem gelben Schild rechts ab. Durch eine Gattertür, unter einem mächtigen Baum hindurch, gelangt man auf den oben beschriebenen Weg und wandert hinab nach Bärnstatt.) Dort, wo wir aus dem Wald heraustreten, liegt linker Hand, gegenüber vom **Gasthof Bärnstatt (6)**, 901 m, die kleine Kapelle St. Leonhard, der wir unbedingt einen Besuch abstatten sollten. Die Straße rechts hinunter führt uns in einer Viertelstunde zum Hintersteiner See. Wir erreichen ihn am **Café Seestüberl (7)**, 892 m. Gleich gegenüber kann, wer will, ein herrliches Bad im privaten See nehmen. Bei den 36 Metern Seetiefe wird der Sprung ins Wasser sehr erfrischend. An anderen Stellen am See ist das Baden nicht gestattet. Auch wenn wir hier schon übernachten können, führt unser Weg (ca. 45 Minuten) zum Gasthof Maier weiter. Wir empfehlen dafür den See-

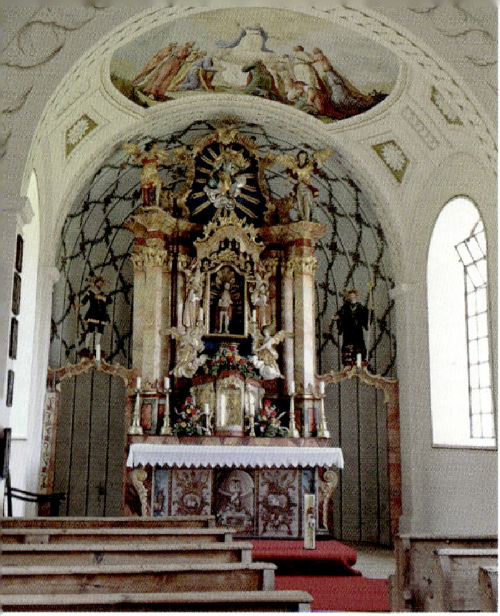

Kapelle St. Leonhard, Bärnstatt.

rundweg, der am Bad/Ecke Parkplatz in den Wald hineinführt. Zunächst geht es etwas auf und ab, aber der Blick über den See, vor allem am Nachmittag, ist einmalig. Am Ende des Sees steigen wir leicht an und folgen bald im spitzen Winkel wieder nach rechts in Richtung Seeufer. An dessen Ende wendet sich der Weg hinauf, dann nach rechts und führt direkt zum **Gasthof Maier (8)**, 922 m.

Variante: Bei Regen oder Schnee ist der Weg durchs Klammerl rutschig. Hier empfehlen wir die alte Adlerwegroute über den Ellmauer Steinkreis. Dafür geht es von der Gaudeamushütte auf dem breiten Fahrweg den Berg hinab in Richtung Anna-Grotte/Riedl-Hütte. Nach ca. 15 Minuten biegt an einer Bank ein schmaler Pfad mit der Nr. 822 nach rechts in den Wald ab, dem wir 15 Minuten bis zum Ellmauer Steinkreis folgen. Wir überqueren die mit Steinen gespickte Wiese und steigen nun steiler in Richtung des Wilden Kaisers an. Am Abzweig Riedlhütte folgen wir dem Hauptweg und halten uns danach jeweils rechts. Kurz vor einer Quellwasserstelle führt links ein mit rotem Punkt markierter Pfad hinauf. Oben weist der Weg auf einem recht verwitterten Schild zum Tuxer Joch. Wir können diesem Pfad oder dem breiten Weg folgen und biegen an einem gelben Wegweiser **(3)**, 1440 m, links in den Wilden-Kaiser-Steig ab.

Die Bärnstatt-Sage

Am Hintersteiner See, wo am dunklen Waldessaum ein weißgetünchtes, liebliches Kirchlein steht, liegt die Bärenstatt, die ihrer Namensbedeutung nach, mit dem Bärental und dem Bärenbad im nördlichen Kaiser zusammenhängen soll. Als die Bären noch wenig gestört waren und in den Schlupfwinkeln des Bärentales mit ihren Familien lebten, kamen sie je nach Stellung und Stand nach Vorder- oder Hinterbärenbad, um ein kühlendes Bad zu genießen. Hier in Bärenstatt, wo sich ihnen eine weite, belebte Alpenwelt öffnete, gingen sie danach gern »zu Tisch« und empfingen auch ihre Besucher, die ihnen drüben in den engen, unwirtschaftlichen Tälern des Nordkaisers nicht so zugänglich waren. Voller Genuss verspeisten sie sie.

5.00 Std.

↑710 ↓370

Hintersteiner See – Kufstein

3

Auf grünen Almen verlassen wir den Kaiser

Vom Hintersteiner See steigen wir an der gut besuchten Walleralm und der Stöfflhütte vorbei, um den Wilden Kaiser herum. Das kauende Almvieh sorgt hier von Mai bis Oktober für frische Milch und gesunde Butter. Am Kreuz auf dem Hochegg, 1470 m, erreichen wir den höchsten Punkt unserer heutigen Wanderung. Von hier aus genießen wir einen einmalig schönen Blick über die Weite der grünen Almen. Nun liegen schon die Gipfel des Kaisergebirges hinter uns. Vor uns geht es über Wiesen hinab, an der Steinbergalm und der Kaindlhütte vorbei, in einem großen Bogen zum Brentenjoch. Jenseits liegt – kaum zu glauben – das Inntal mit dem geschäftigen Kufstein. Der Kaiserlift bringt uns von der Bergstation schnell die 800 Höhenmeter hinunter ins Tal. Doch wer es nicht eilig hat, gönnt sich den Fußweg ins Tal hinab, der erst entlang des befestigten Weges, dann aber gemütlich durch den idyllischen Elfenhain führt. Die Höhe verlieren wir erst am Ende. Nach zahllosen Serpentinen stehen wir plötzlich in Kufstein.

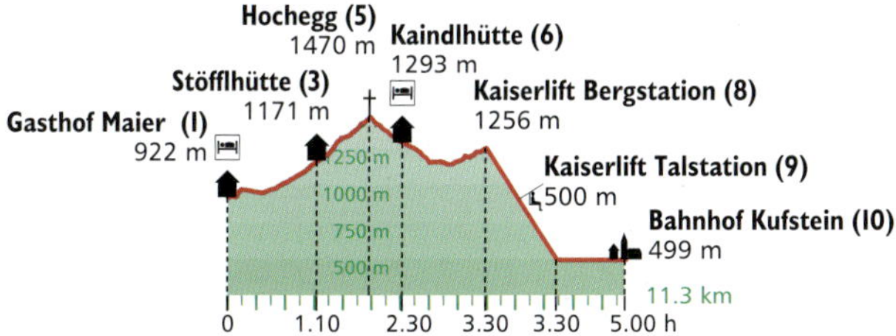

Die Blockhäuser der Walleralm.

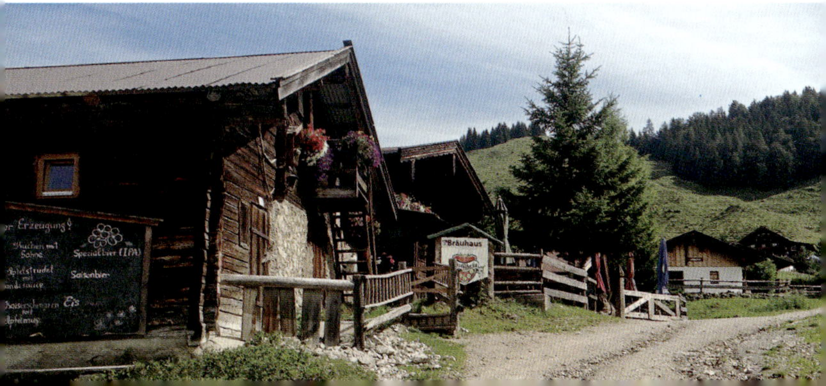

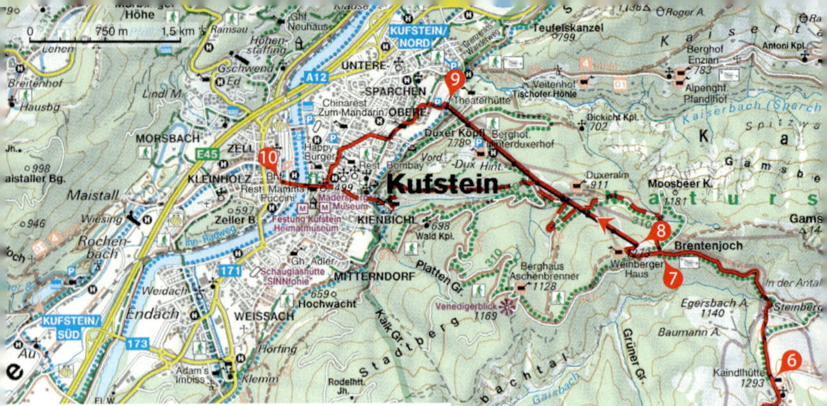

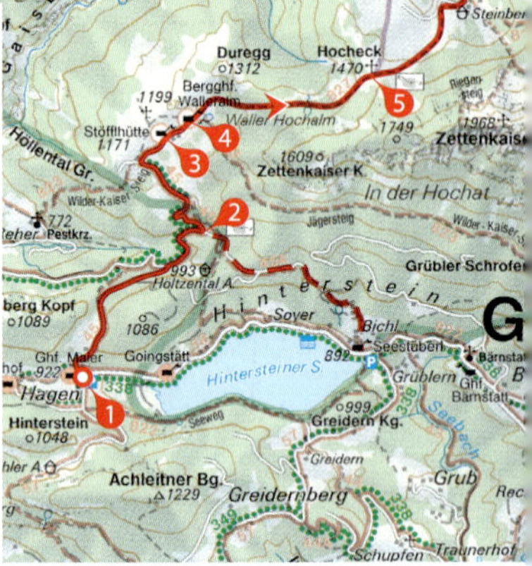

Ausgangspunkt: Gasthof Maier, 922 m.
Anforderungen: Leichte bis mittelschwere Wanderung auf Forststraßen, Waldwegen und Steigen.
Karten: Freytag & Berndt WK 301 (1:50.000); Kompass 09 (1:25.000)
Stempelstellen: Kaindlhütte.
Einkehr: **Stöfflhütte** auf der Walleralm, 1171 m, Produkte aus eigener Landwirtschaft, April bis Oktober täglich (die Stöfflhütte öffnet im Winter auch am Wochenende und für Gruppen nach Voranmeldung), Tel. +43 664 52494414 (Stöfflhütte, Walleralm), www.walleralm.at; **Kaindlhütte** auf der Steinbergalm; Weinbergerhaus; **Brentenjochalm,** 1240 m, im Sommer Getränke und Brotzeit, geöffnet 9–17 Uhr, Tel. +43 537258313; **Duxer Alm,** Jausenstation, Tel. +43 664 2667506, geöffnet Do–So ab 10 Uhr, www.duxeralm.at.
Unterkunft: Kaindlhütte auf der Steinbergalm: 1293 m, privat, Mai bis Oktober, Tel. +43 664 1686568, www.kaindlhuette.com; **Weinbergerhaus:** 1273 m, privat, Mai bis Oktober, Tel. +43 664 2564760, www.weinbergerhaus.at; diverse Unterkünfte in **Kufstein**.
Einkauf: Unterwegs keine Möglichkeit.
Verkehrsmittel: Kaiserlift vom Brentenjoch nach Kufstein (Sessellift), 1. Mai bis 31. Oktober, 8.30–16.30 Uhr, www.kaiserlift.at; Hintersteiner See: Fahrstraße zwischen Scheffau und Hintersteiner See, **Hintersteiner Seebus,** Mitte Mai bis Mitte Oktober, fünfmal täglich; Wander- und Bäderbus **Kaiserjet und KaiserExpress,** Mitte Mai bis Mitte Oktober, Fahrplan siehe www.wilderkaiser.info (Scheffau); **Kufstein:** Bahnhof Kufstein, Züge Richtung München und Innsbruck, www.oebb.at.
Information: Unterer Stadtplatz 8, 6330 Kufstein, Tel: +43 5372 62207, www.kufstein.at, info@kufstein.com, www.kufstein.com.
Tipp: Stadtbesichtigung Kufstein mit Festung auf dem Dolomitfelsen, Römerhofgasse, Tiroler Glashütte und Nähmaschinenmuseum.

Unser Wandertag startet am **Gasthof Maier (1)**, 922 m, und führt durch die Häuser nach rechts auf den breiten Forstweg Nr. 45, einsam durch den Wald. Wo wir aus dem Wald heraustreten, trifft bald, von rechts kommend, die Variante 1 (siehe unten) vom Café Seestüberl auf unseren Weg **(2)**, 1073 m. Von hier sind es noch zwanzig Minuten bis zu unserem ersten Etappenziel, den kleinen Häusern der Walleralm. Erst wandern wir an der **Stöfflhütte (3)**, 1171 m, vorbei, dann erreichen wir die **Walleralm (4)**, 1199 m. Ob wir nun schon die erste Brotzeit genießen oder lieber die Frische des Tages für den weiteren Aufstieg nutzen wollen? Unser Weg führt geradeaus an den Hütten vorbei, den Berg hinauf. Dem breiten Weg, der sich nach rechts windet, folgen wir nicht. Über die Wiese am Bach hinauf gewinnen wir schnell an Höhe und sehen über uns den gelben Wegweiser, dem wir nach rechts und bald in den Wald hinein folgen. Gemächlicher geht es nun durch Wiesen und Wald und an der Kaiserquelle vorbei bis wir nach einem kurzen steileren Stück ein Gatter erreichen. Links von uns thront majestätisch das Kreuz des **Hocheggs (5)**, 1470 m. Wir haben den höchsten Punkt der Wanderung erreicht. Bei schönem Wetter genießen wir den herrlichen Blick nach rechts zu den Gipfeln des Wilden Kaisers, vor allem auf den majestätischen Scheffauer, 2111 m. Gegenüber erkennen wir in nordöstlicher Richtung die Gipfel des Zahmen Kaisers und gerade in nördlicher Richtung wartet auf uns das Brentenjoch, zu dem wir hinüber wollen. Unser Weg führt vom Gatter über die grünen Wiesen hinunter zur kleinen Kapelle. Dahinter kommt die urige **Kaindlhütte (6)**, 1293 m, in die man unbedingt einen Blick werfen sollte.

Die Kapelle an der Steinbergalm, dahinter die Kaindlhütte.

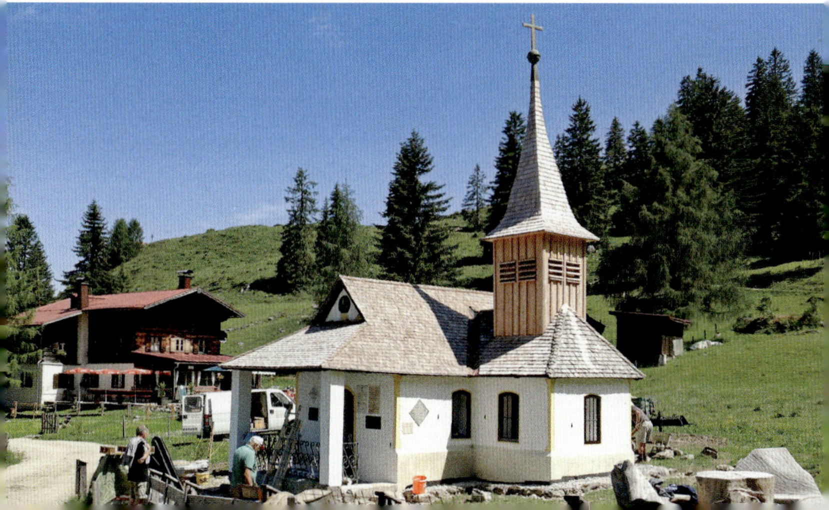

Die Kaindlhütte am Steinberg, 1293 m

Hätten sich die Kinder nicht aus Liebe gegen die zerstrittenen Eltern durchgesetzt und geheiratet, hätte sich der Michael (Much) nach Amerika eingeschifft und es gäbe die freundliche Kaindlhütte heute nicht. 1903 kaufte der Kaindl Much seinem Bruder die Alm am Steinberg ab. Dort baute er die Kaindlhütte und erwarb später noch das heutige Schlafhaus dazu. Zwischen 1890 und 1914 wurde im Kaisergebirge das Klettern zum beliebten Sport. Der Kaindl Much engagierte sich als Bergführer und gehörte zu den berühmtesten Kaiser-Kletterern seiner Zeit. Ihm gelangen zahlreiche Erstbesteigungen. 1909 wurde die schlanke Felsnadel am Zettenkaiser nach ihm benannt. Damals lebte auch die Familie schon ganzjährig auf dem Steinberg. Tragpferde, Schlitten oder die Kraxen auf dem Buckel brachten noch bis in die Fünfzigerjahre die notwendigen Güter aus dem Tal hinauf.

Wir folgen dem breiten Weg 814 an der Hütte vorbei und biegen bald links auf einen Wiesenpfad ab. Hinab geht es auf einem Pfad an der geschlossenen Steinberghütte vorbei Richtung Weinberger Haus, geradewegs hinunter zum Gaisbach und über eine kleine Brücke auf die andere Seite. Kurz darauf sind wir wieder auf dem Forstweg und nähern uns nun dem **Brentenjoch (7)**, 1230 m. Wer die ca. 800 Höhenmeter in zwanzig Minuten nach Kufstein im Sessellift ins Tal schweben möchte, folgt an der Kreuzung Brentenjoch dem Weg geradeaus, an der Brentenjochalm vorbei und dann rechts zur **Bergstation (8)**, 1256 m, Wer gern zu Fuß nach Kufstein wandert, hält sich an die Variante 2 (siehe unten). Nach der Talfahrt mit dem Kaiserlift wandern wir von der **Talstation (9)**, 500 m, beschwingt über den Parkplatz in die Straße Obere Sparchen hinein, der wir nach links in Richtung Innenstadt folgen. Wir gehen dann links durch die Hörfarter Straße, biegen rechts in die rechte Liststraße ab, folgen der Carl-Wagner-Straße geradeaus, biegen dann links in die Anton-Karg-Straße ab und wieder links in die Kaiserbergstraße, gehen rechts um den Kreisverkehr herum und folgen nun der Hans-Reisch-Straße bis wir an der Ecke Georg-Pirmoser-Straße rechts in die Fußgängerzone zum Unteren Stadtplatz mit der Touristeninformation abbiegen. Am anderen Ende geht es über die Innbrücke auf die jenseitige Innseite zum **Bahnhof (10)**, 499 m.

Variante 1: Vom Café Seestüberl am Hintersteiner See

Wer im Gasthof Bärnstatt oder im Café Seestüberl übernachtet hat, kann, statt um den See zu wandern, die Abkürzung über die alte Adlerwegroute Richtung Walleralm/Kaindlhütte nehmen. Sie führt rechts am Seestüberl, 892 m, den Berg hinauf und geht in den schmalen Pfad, Nr. 45a, über. Oft treffen wir hier schon am frühen Morgen auf beschwingte Wanderer, deren Ziel die Walleralm ist. Der Pfad mündet nach der Durchquerung des Waldes und der Überquerung einer Wiese auf die Forststraße der Hauptroute, der wir nach rechts zur Walleralm folgen.

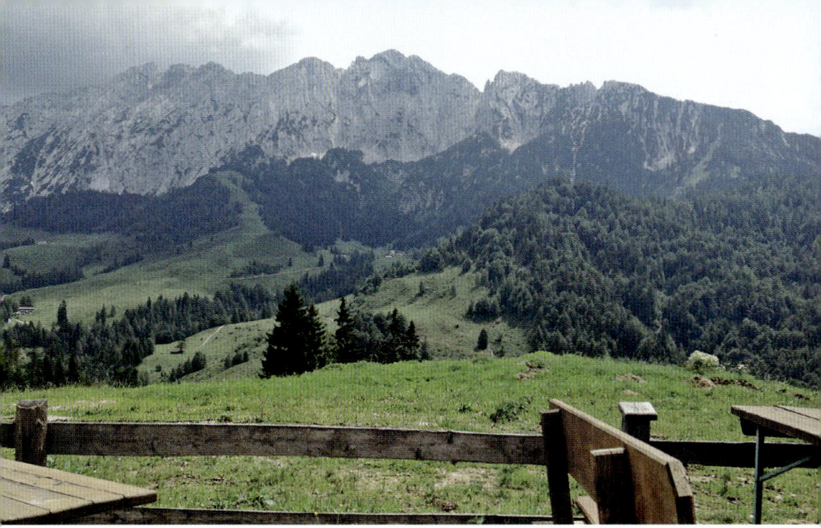

Blick zurück: von der Brentenjochalm auf den Wilden Kaiser.

Variante 2: Vom Brentenjoch zu Fuß nach Kufstein

Wer noch nicht genug hat, nimmt am **Brentenjoch (7)**, 1230 m, den Forstweg rechts hinunter und folgt ihm immer hinab. Nach einigen Metern können wir aber auch die große Schleife nach links über den nicht beschilderten Wiesenweg (Weg siehe Wanderkarte WK 301) abkürzen bis wir die Forststraße wieder erreichen. Das gleiche Abkürzungsprinzip funktioniert an der nächsten Möglichkeit nach rechts und nach der Duxer Alm, 911 m, noch einmal nach links. Wir treffen dann genau am Abzweig zum Elfenhain Duxersteig-Elfenhain-Kufstein zum letzten Mal auf die Forststraße (erster Wegweiser seit dem Brentenjoch) und gehen geradeaus in den Abzweig hinein. Wer die Forststraße entlang kommt, findet den Abzweig nach einer fast 180 Grad starken Linkskurve und verlässt sie hier nach rechts in den Wald. Achtung! Schon nach ca. 15 Metern biegt unser Weg unbezeichnet über ein paar Treppenstufen nach links in den Elfenhain ab. Wer sicher gehen will: Nach kurzer Zeit folgt wieder ein Wegweiser nach rechts, der aber von der Kreuzung noch nicht zu erkennen ist. Nun belohnt uns der angelegte Waldweg oberhalb der Kienbachklamm für unser Tagwerk. Er macht seinem Namen »Elfenhainweg« alle Ehre. Hier finden wir noch ein paar hübsche Rastplätze, bis wir uns schließlich in Serpentinen dem städtischen Trubel von Kufstein nähern und uns auf ein Eis und ein bisschen Kultur freuen können. Am Ende der letzten Stufen erreichen wir links die Straße und gehen nun rechts immer geradeaus die Kienbergstraße entlang, die uns zum **Bahnhof (10)**, 499 m, führt.

4 Kufstein – Buchackeralm

5.50 Std.

↑1360 ↓1250

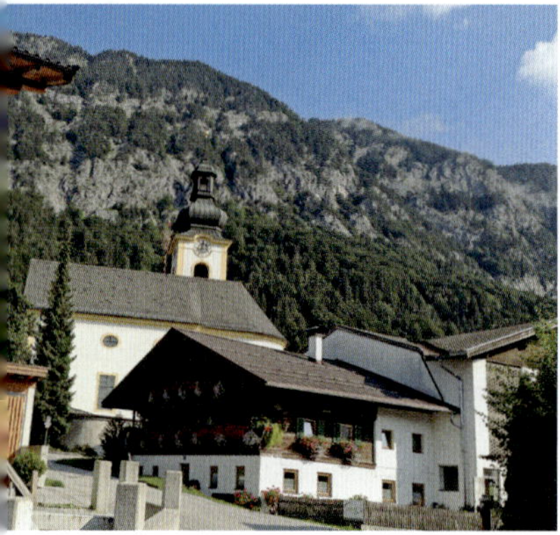

Unterlangkampfen.

Von der Höhe in die Tiefe

Unsere Wanderung beginnt an der Bahnstation Langkampfen, die wir mit dem Zug von Kufstein schnell erreichen. Wir queren das rege Örtchen und steigen durch dichten Laubwald zum Höhlensteinhaus, 1259 m, hinauf. Inmitten der Almwiesen lohnt sich eine Rast mit einer herrlich kühlen Erfrischung. Bei gutem Wetter und fester Trittsicherheit folgen wir dem Weg auf die Pendlinggruppe mit traumhaften Ausblicken über den Inn. Alternativ bietet sich der breite, gemütliche Weg über die Köglalm an. In der Pendlinggruppe besteigen wir erst das Köglhörndl, 1645 m, und dann das Hundsalmjoch, 1637 m. Am Ende der Gratwanderung steigen wir zu dem breiten Fahrweg ab, der von der Köglalm kommt. Am bald erreichten »Adlerhorst« zweigt der Weg zur Eishöhle ab. Wer zeitig genug dran ist, sollte sich eine Führung durch die Höhle nicht entgehen lassen. Vom Adlerhorst führt unser Weg in Kehren direkt zur schön gelegenen Buchackeralm.

Ausgangspunkt: Bahnhof Langkampfen, 501 m.
Anforderungen: Langer Aufstieg, Pfad über die Pendlingruppe mit einer seilversicherten Kletterstelle abwärts, Trittsicherheit und Schwindelfreiheit erforderlich; sonst Waldwege und Steige. Die Variante führt unschwierig über eine Forststraße.
Karten: Freytag & Berndt WK 321 (1:50.000); Kompass 28 (1:50.000).
Stempelstellen: Höhlensteinhaus, Buchackeralm, Gasthof Schlossblick.
Einkehr: Unterlangkampfen: Gasthof Altwirt, Bürgerstraße 6, täglich ab 9 Uhr außer Mittwoch, Tel. +43 5332 87570, www.altwirt-langkampfen.at; Gasthof Neuwirt, Bahnhofweg 2, Tel. +43 5332 81072; Höhlensteinhaus: 1259 m, Produkte aus eigener Landwirtschaft, Mai bis Oktober täglich, Tel. +43 664 5160380; Buchackeralm, Gasthof Schlossblick.
Unterkunft: In **Unterlangkampfen** mehrere Privatzimmer rund um den Spar-Markt, z. B. Maurerhof, Fam. Lackner, Bürgerstraße 32, Langkampfen, Tel. +43 5332 88024, maurerhof@utanet.at; **Buchackeralm**, täglich 8-18 Uhr, Tel. +43 664 3852580, www.buchackeralm.at; **Gasthof Schlossblick,** Embach 1, 6320 Angerberg, Mo u. Di geschlossen Tel.: +43 5332 56329, www.schlossblick.at.
Einkauf: In Unterlangkampfen ein Spar linker Hand am Weg.
Verkehrsmittel: Kufstein – Langkamp-

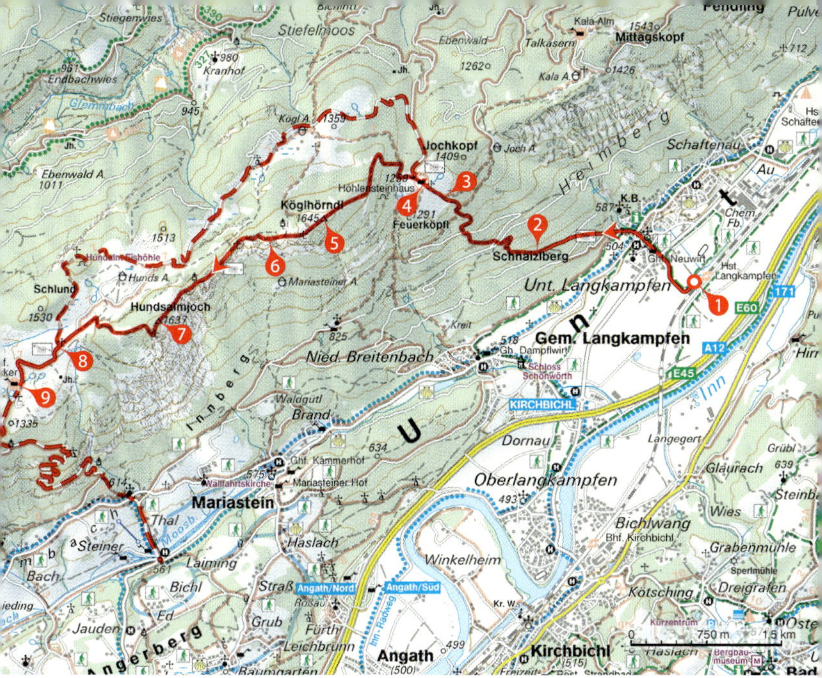

fen: stündliche Zugverbindung, Fahrtzeit 5 Min., derzeit ab 2,60 €, www.oebb.at.
Information: Unterer Stadtplatz 11, 6330 Kufstein, Tel: +43 5372 62207, www.kufstein.com, info@kufstein.com.

Tipp: Hundsalm Eis- und Tropfsteinhöhle, Besichtigung nur mit Führung, Eintritt: 8 €, Pullover empfehlenswert, Mitte Mai bis Ende September, Wochenende und Feiertage, 10–16 Uhr, Juli und August täglich.

Die Zugfahrt von Kufstein nach Langkampfen dauert fünf Minuten. Vom dortigen **Bahnhof (1)**, 501 m, geht es auf Asphalt parallel zu den Gleisen in Richtung Süden und nach einer 90-Grad-Kurve nach rechts über die Felder in den Ort hinein. Vor uns liegt die Pendlinggruppe, die bereits Teil der Brandenberger Alpen ist, und die wir gleich erklimmen werden. Zunächst folgen wir der Straße durch die Unterführung in den Ort und steigen geradeaus am Neuwirt, am Spar und an der Kirche vorbei, bergauf in die Windschnurstraße, die sich schließlich nach links wendet. Wir folgen ihr am Berg entlang, bis es an einem **Wegweiser (2)**, 603 m, rechts ab in den Wald in Richtung Höhlensteinhaus hinauf geht. Nach ca. 1½ Stunden Aufstieg, auf dem wir mehrfach Forstwege queren, treten wir durch ein Gatter aus dem Wald heraus auf das **Jöchl (3)**, 1245 m, und die wunderbare Alm rund um das gastfreundliche und beliebte **Höhlensteinhaus (4)**, 1259 m. Vor dem Weitergehen müs-

i Die Hundsalm Eis- und Tropfsteinhöhle

Tirols einzige Eis- und Tropfsteinhöhle ist ein wahrer Naturschatz. Sie bietet die grundlegenden Voraussetzungen für eine seltene Kombination von Eis- und Tropfsteingebilden und wurde bereits 1956 unter Naturschutz gestellt. Bei gleichbleibenden ca. 4°C schmilzt auch im Sommer das bis zu sieben Meter dicke Höhleneis nicht. Im Frühjahr bildet sich jährlich bei noch niedrigeren Temperaturen neues Eis. Erstmals 1921 und regelmäßig seit Mitte der Sechzigerjahre werden die Gegebenheiten wissenschaftlich erforscht. 1966 begann man mit dem Ausbau der Höhle zur einzigen öffentlich zugänglichen Schauhöhle Tirols. Der größte Raum der Höhle ist der sogenannte Eisdom mit 25 Metern Länge, in dem sich als markanteste Formation der sogenannte Christuskopf befindet. Einige der Tropfsteine sind bis zu 350.000 Jahre alt. Auf schmalen Leitern steigen die Besucher 122 Stufen mit einem Führer in die Tiefe hinab und können dabei die sich ständig verändernden, fantasieanregenden Eisgebilde und Tropfsteine bewundern.

sen wir uns entscheiden: »Adlerweg anspruchsvoll« oder »Adlerweg Wanderer« (siehe Variante). Der »Adlerweg anspruchsvoll« startet rechts hinter dem Haus und führt auf einem zunehmend besser erkennbaren, rot gepunkteten Pfad über die Wiese. Dieser wird im Wald Richtung Köglhörndl steiler. Wir genießen wundervolle Momente am Gipfelkreuz des **Köglhörndl (5)**, 1645 m, sitzen direkt über der Innschleife und finden auch später immer wieder tolle Ausblicke in das unter uns liegende Inntal. Das Hundsalmjoch liegt nun noch ca. 1,5 km Luftlinie vor uns. Wer sich dem folgenden Weg nicht gewachsen fühlt, steigt vorher vom Köglhörndl nach rechts zur Köglalm ab und wandert auf dem Fahrweg (Variante) weiter.

Der obere Pfad über die Pendlinggruppe ist gut erkennbar und ab dem Köglhörndl als schwarze Route gekennzeichnet. Beim Weiterwandern durch die duftenden Latschen und allerlei Gewächs lassen wir uns nicht davon irritieren, dass unser Weg zeitweise eher rückwärts und abwärts führt. Wenn der Zweifel am größten ist, wendet er sich mit Sicherheit wieder in unsere Zielrichtung. Achtung, unterwegs macht

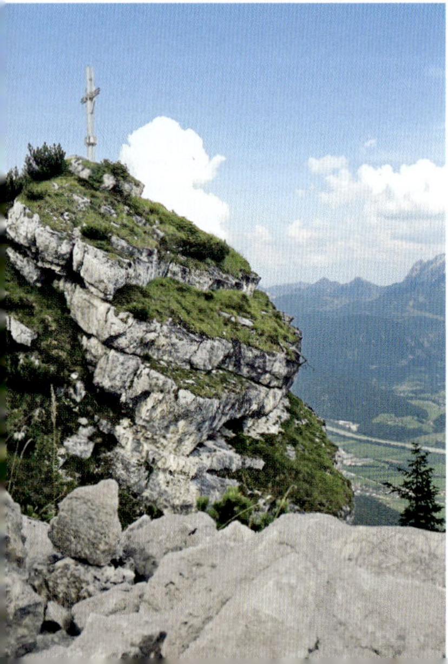

Das Hundsalmjoch über dem Inntal.

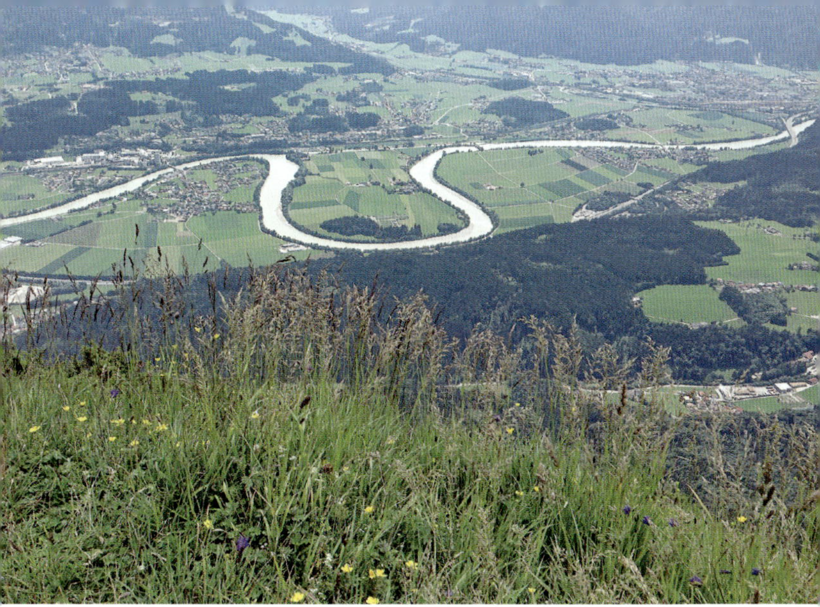

Die Innschleife bei Kirchbichl nahe Wörgl.

der Weg einen scharfen Linksknick **(6)**, 1560 m, der leicht übersehen werden kann. Vor dem **Hundsalmjoch (7)**, 1637 m, erwartet uns noch eine seilversicherte Stelle zum Abwärtsklettern. Vom Grat führt ein Pfad (Achtung, schwer ersichtlich!) hinunter zum Fahrweg, der von der Köglalm kommt. (Wer diese Stelle verpasst hat, folgt dem Schild »Adlerweg« mit der schwarzen Routenkennzeichnung weiter am Grat entlang und dann dem zum Teil kaum sichtbaren Pfad immer an dem mit Stacheldraht versehenen Weide-

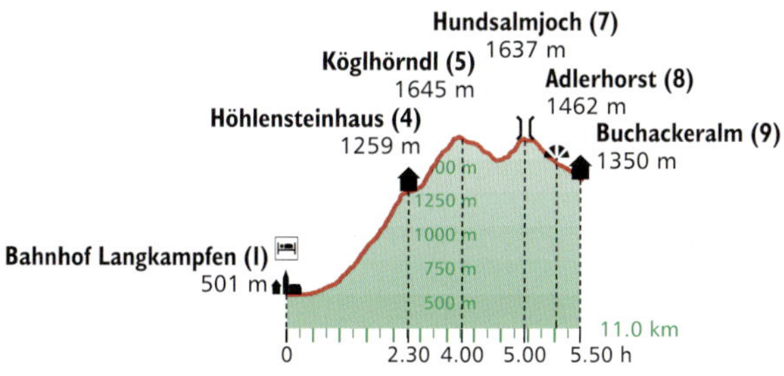

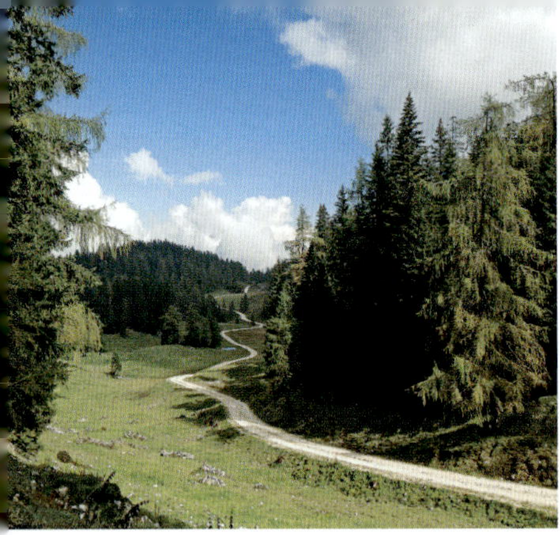

Die Variante über die Köglalm.

zaun entlang rechts hinunter. Nach einiger Zeit sehen wir unter uns den Fahrweg, der von der Köglalm kommt und den wir erreichen wollen, und erkennen auch schon deutlich den Adlerhorst mit dem Abzweig zur Hundsalmhöhle. Auf dem Fahrweg angekommen, führen wir unsere Wanderung nach links fort und wandern nun inmitten der Hochalm.

Am **Adlerhorst (8)**, 1462 m, einem kleinen Turm mit einer Aussichtsplattform, Holzadler und Informationen über die Region, zweigt rechts ein Weg ab, der in 30 Minuten zur Hundsalmhöhle, einer seltenen Eis- und Tropfsteinhöhle führt. An einem heißen Tag bietet sie zudem eine erfrischende Abkühlung (Öffnungszeiten beachten! Sie sind am Wegekreuz angegeben). Wer die Höhle nicht besucht, folgt dem Fahrweg, der sich hinter der Bergkuppe den Berg hinunter windet, geradeaus weiter. Wir kommen als nächstes zur **Buchackeralm (9)**, 1350 m, wo wir unsere Etappe für heute gemütlich beenden. Wer auf der Variante ins Tal und zum Gasthof Schlossblick möchte, gelangt auf der Forststraße in vielen Kehren, die sich immer wieder durch Pfade abkürzen lassen, bergab bis nach Thal. Beim Austritt aus dem Wald halten wir uns erst links, dann geradeaus auf der Straße bis zum **Gasthof Schlossblick (10)**, 620 m, an der Bushaltestelle Franzlerbrücke.

Variante über die Köglalm:

Wer nicht über die Pendlinggruppe wandern möchte (bei schlechtem Wetter zu empfehlen!), folgt am Höhlensteinhaus den Wegweisern und dem breiten Weg in Richtung Köglalm. Bald geht es abwärts und dann an einer Wegekreuzung links hinauf. Nach einem schleifenförmigen Anstieg erreichen wir die aus mehreren Hütten bestehende Alm (keine Einkehrmöglichkeit). Wir bleiben auf dem breiten Weg und streifen unbeschwert durch die Wiesen. Zur Hundsalmhöhle biegen wir am besten bereits kurz vor der Hundsalm auf den beschilderten Weg ab und erreichen nach ca. 30 Minuten die Höhle von der östlichen Seite. Von der Höhle nehmen wir dann den schönen Weg über den **Adlerhorst (8)** 1462 m, zur **Buchackeralm (9)**, 1350 m. Von dort kann wer möchte, weiter zum **Gasthof Schlossblick (10)** gehen.

Gipfelkeuz auf dem Plessenberg (Etappe 5).

7.30 Std.
↑1300 ↓1250

Buchackeralm – Pinegg

5

Durch die Brandenberger Alpen

Kaiser Franz Josef I. liebte diese Gegend, er ging hier auf die Jagd oder sah bei der Holztrift zu. Die heutige Wanderung führt uns durch die weniger bekannten Brandenberger Alpen, die das Rofangebirge mit einschließen. Auch wenn es »nur« auf 1743 m Höhe hinaufgeht, ist diese Etappe nicht zu unterschätzen: Es erwartet uns ein anspruchsvoller, teils seilversicherter Bergweg mit herrlichen Ausblicken über den Plessenberg und den Kienberg (bei Regen oder Nebel nicht zu empfehlen!). Die dazu beschriebene einfache Variante führt auf einem breiten Forstweg durch das Hasatal und auf dem E4 zur ausgewaschenen Kaiserklamm, am Gasthof Kaiserhaus vorbei. Hauptweg und Variante enden am »Gwercherwirt« in Pinegg im Hochtal.

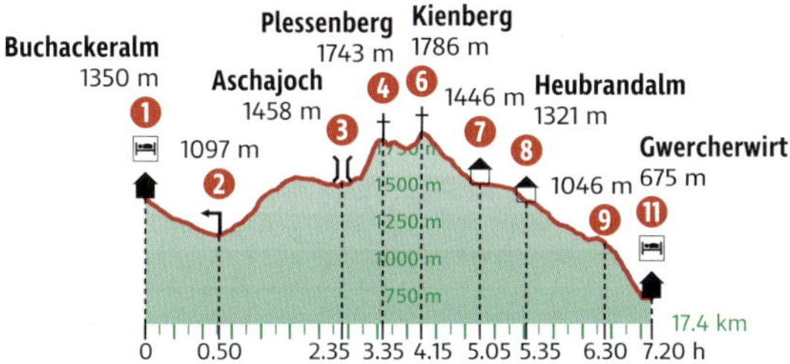

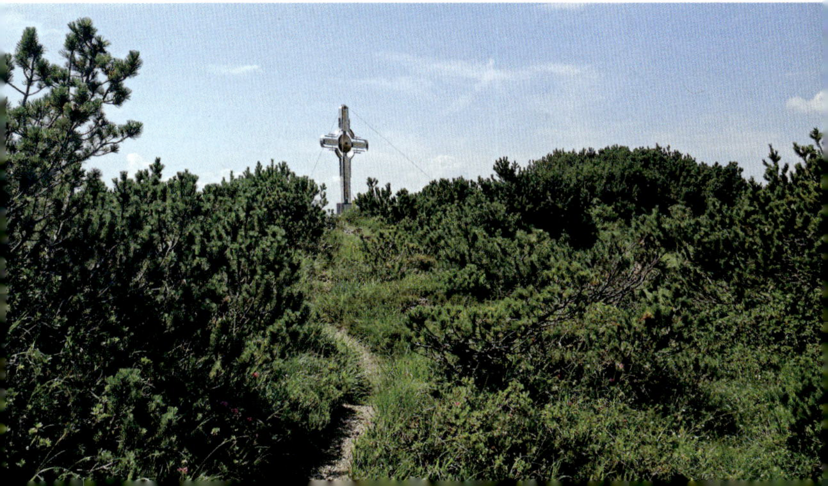

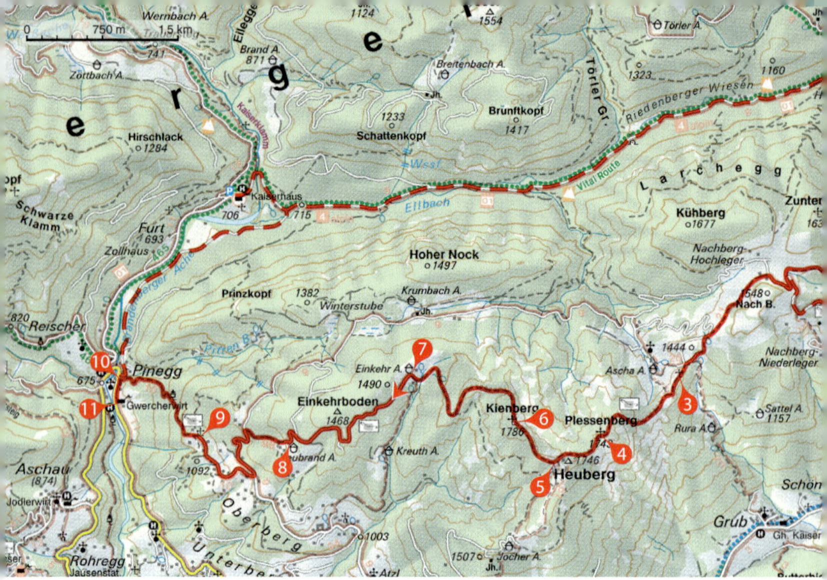

Ausgangspunkt: Buchackeralm, 1350 m.
Anforderungen: Hauptroute über den Plessenberg nach Pinegg: schwere Wanderung über Waldwege, Pfade und mit einer schwierigen seil- und hakengesicherten Stelle vor dem Plessenberg und einem steilen Abstieg am Schluss, Trittsicherheit und Ausdauer nötig, bei schlechtem Wetter nicht zu empfehlen; Variante über Hasatal und Kaiserhaus nach Pinegg: leicht (blau).
Karten: Freytag & Berndt WK 321 (1:50.000); Kompass 28 (1:50.000).
Stempelstelle: Gwercherwirt.
Einkehr: Auf der Hauptroute keine Einkehrmöglichkeit; auf der Variante Kaiserhaus.
Unterkunft: Gasthof Gwerchenwirt, Pinegg 64 in Pinegg (zu Brandenberg), Tel. +43 5331 5213, www.gwerchenwirt.com, auf der Variante: **Kaiserhaus**, Ende April bis Oktober, So–Do, 10–18 Uhr, Fr/Sa, 10–19 Uhr, Di Ruhetag außer Juli/August, Tel. +43 5331 5271, www.kaiserhaus.eu.
Einkauf: Unterwegs keine Möglichkeit.
Verkehrsmittel: Busverbindung 4070 Brandenberg – Pinegg mehrmals täglich, 20 Min. Fahrtzeit.
Information: Tourismusverband Ferienregion Hohe Salve, Innsbrucker Str. 1, 6300 Wörgl, Tel. +43 57507 7000, www.hohe-salve.com; **Tourismusbüro Brandenberg,** Mo–Fr 8.30-12.30 Uhr, Brandenberg 20, 6234 Brandenberg, Tel. +43 5337 2120080, www.alpbachtal.at/brandenberg.
Tipp: Besuch der Kaiserklamm in der Nähe des Kaiserhauses. Der Weg Nr. 11 führt über den einstigen Triftsteig durch die wildromantische, gut erhaltene Klamm. 600 Jahre lang war sie Schauplatz der Holztrift. An gefährlichen Stellen ist der Weg abgesichert.

Wir starten an der **Buchackeralm (1)**, 1350 m, und wandern den breiten Fahrweg abwärts, bis rechts der Abzweig zum Hasaboden abgeht und wir über den

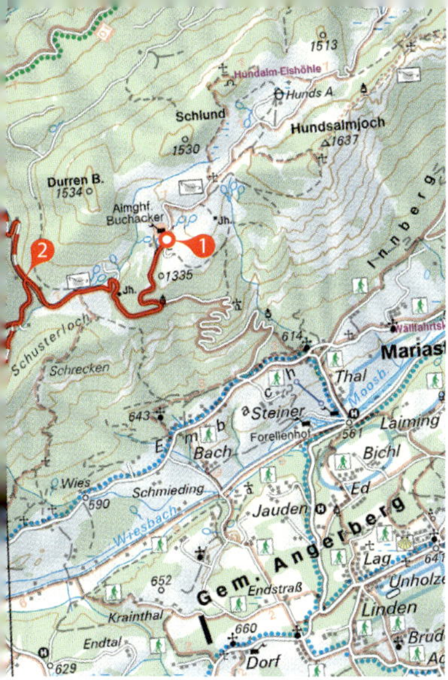

Hasaboden ins Hasatal hineinwandern. Bald nachdem wir den Wald betreten haben, teilen sich die beiden Wegvarianten **(2)**. Der schwere Weg biegt hier nach links in Richtung Nachbergalmen ab. Der breite Weg führt weiter leicht abwärts durchs Hasatal. Auf dem schwereren Hauptweg steigen wir nun zum Nachberg an. Wo sich der Weg teilt, folgen wir rechts-geradeaus dem schmalen Pfad parallel zum Reispalbach aufwärts. Der breite Weg links, macht ein paar allmählichere Kehren und ist dadurch länger, führt uns aber auch zum Ziel. Auf der Höhe erwarten uns ein paar Hütten des Nachberg Hochlegers, an denen uns auch ein Wegweiser gen Ascha und zum **Aschajoch (3)**, 1458 m, weist. Wir wandern über die Hochebene bis fast an die Bergkante. Bevor der Weg abwärts führt, geht rechts über die Wiese unser beschilderter Weg zum Plessenberg ab. Er ist nicht zu verfehlen. Steil und teils ausgesetzt geht es hinauf. Ein paar hohe Felsstufen sind seilgesichert. Oben angelangt, kommen wir durch Latschen und hohes Gras zum silbriggoldenen Gipfelkreuz des **Plessenbergs (4)**, 1743 m, auch »Blessinger« genannt: ein perfekter Platz für eine Pause mit Blick über das Inntal und die Brandenberger Alpen. Dann geht es hinab in Richtung Brandenberg. Am **Jöchle (5)**, 1717 m, unterhalb des Heubergs, zweigt nach rechts der Weg zum **Kienberg (6)**, 1786 m, ab. Der Weg führt links vom Grat aufwärts. Wir erreichen das Holzkreuz, genießen den Ausblick und steigen auf einem besser erkennbaren Pfad erst durch Latschen, dann durch Wiesen wieder abwärts. Nun

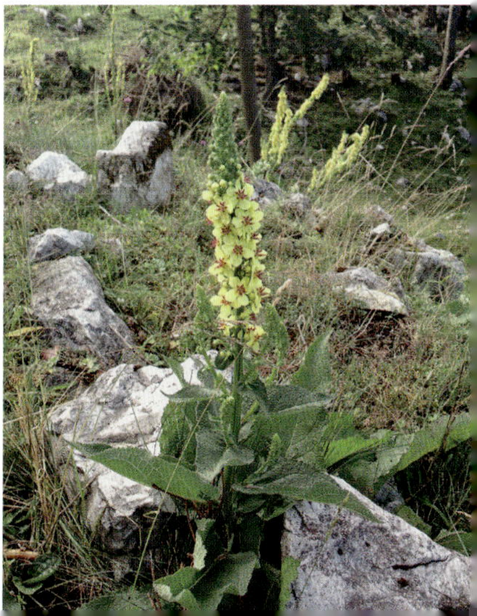

Königskerze (Verbascum).

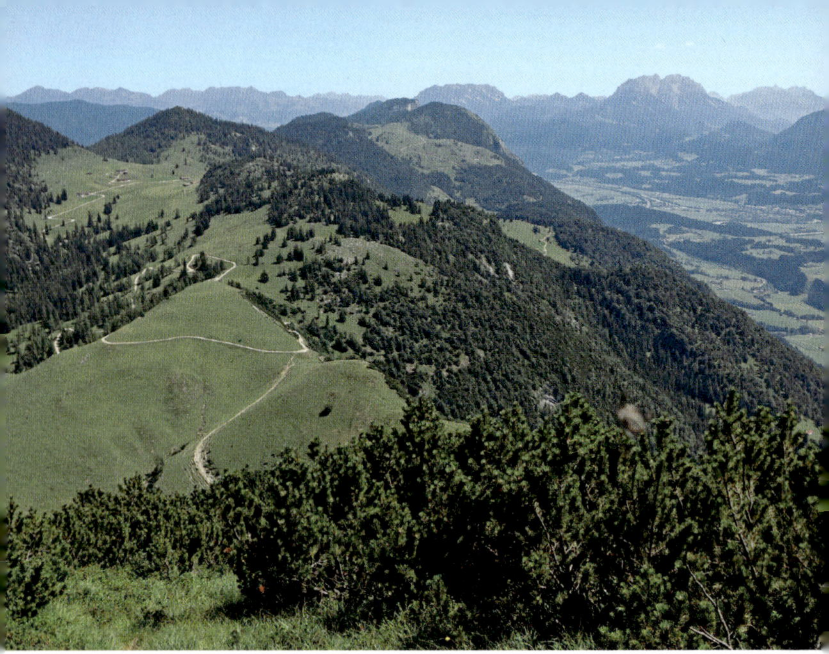

Blick über den Nachberg.

haben wir das Dreigestirn der Berggipfel hinter uns. Ein Schild am Wegesrand schickt uns nach rechts in Richtung Kreuthalm. Durch den herrlichen Laubwald schimmert bald schon die **Einkehralm (7)**, 1446 m, doch erst hinter dem Bach steigen wir zu ihr hinauf. Am Almhäusl gehen wir links auf den Fahrweg. In Richtung **Heubrandalm (8)**, 1321 m, geht es nun kurz aufwärts und dann in Serpentinen hinab. Wir kommen auf Weg 9b an der Alm vorbei und gehen immer weiter den geschotterten Forstweg hinunter, der in den Weg 9 übergeht. Alle

Brandenberger Prügeltorte

Die Brandenberger Prügeltorte ist eine traditionelle Art des Baumkuchens im Unterinntal, ein Festtagsschmaus, der bei keiner größeren Feier fehlen darf. Sie besteht zu gleichen Teilen aus Zucker, Mehl und Eiern. Das Besondere an ihr ist, dass sie über offenem Feuer gebacken wird, was Stunden dauert. Auf eine Walze, die von Hand gedreht wird, wird Schicht um Schicht der Teig aufgetragen. Hat die Prügeltorte die richtige Länge erreicht, wird sie mühelos von der Walze gelöst. Sie bleibt lange Zeit haltbar, wenn sie trocken und geruchlos gelagert wird. Die »kaiserliche« Torte kostete auch Queen Elisabeth bei ihrem Tirolbesuch.

i ***Holztrift auf der Brandenberger Ache***

Seit dem 15. Jahrhundert wurde auf der reißenden Brandenberger Ache Holz für das Sudhaus in Hall und die Schmelzwerke in Kramsach und Brixlegg getriftet. 200 Holzknechte, Triftmeister, Kohlenbrenner und Klausenmeister waren daran beteiligt. Dafür wurde in den Klausen (Stauwerken) erst Triftwasser gestaut. Beim Öffnen der Klause wurden die Holzstämme von der entstehenden Flutwelle gewaltig mitgerissen. Verkeilte Stämme lösten die Triftmeister beim Nebenhergehen auf den heute noch genutzten Triftsteigen entlang der Kaiser- und Tiefenbachklamm. Bis zur Einstellung der Holztrift im Jahr 1966 hatten die Triftmitarbeiter gut bezahlte aber gefährliche Berufe. Das glasklare Wasser des tosenden Wildbaches, die Lichtspiele und Felsausschwemmungen bleiben bis heute ein beeindruckendes Erlebnis.

möglichen Abzweigungen rechts oder links hinauf lassen wir liegen und wandern immer weiter hinunter, bis wir auf eine Teerstraße gelangen. Endlich öffnet sich der Wald und unser Blick schweift über die weit verstreuten Höfe von Ober- und Unterberg bzw. Arzberg. An der nächsten Kreuzung erwartet uns endlich wieder ein Wegweiser, der uns nach Pinegg rechts herum schickt (Weg 10). Bei herrlichem Panorama queren wir zwei Höfe und erreichen am Ende des Fahrweges zwischen zwei weiteren Häusern einen schwarz markierten Steig links in den Wald hinein **(9)**, 1046 m. Nun geht es steil hinab, Achtung: Rutschgefahr! In ca. 25 Minuten erreichen wir unter uns die Häuser von **Pinegg (10)**, 675 m. Wir gehen durch Wiesen zur Straße vor, halten uns dabei links. An der Straße gehen wir noch ca. 200 Meter nach links, dort befindet sich an der Straße der einzige Gasthof im Ort: der **Gwercherwirt (11)**, 675 m, unser Etappenziel.

Variante: Buchackeralm – Kaiserhaus – Pinegg

Vom Abzweig zum Nachberg wandern wir geradeaus weiter durch das Hasatal. Kurz bevor wir die Kreuzung zum Europawanderweg 4 erreichen, biegen wir links über den Bach in einen schmalen Pfad ein. Bald darauf erreichen wir die Wanderkreuzung, 892 m, und den E4. Wir folgen ihm nach links durch den Ellbachgraben und die Riedenberger Wiesen. Von hier aus sind es noch ca. zwei Stunden bis zur Kaiserklamm und dem Gasthof Kaiserhaus, 706 m. Ein Abstecher lohnt sich. Das fünfhundertjährige Forsthaus empfängt uns gastfreundlich mit seinem weitläufigen Gelände, seinen Tieren und der traditionellen Prügeltorte. Niemand Geringeres als Kaiser Franz Josef I. (1860–1916) verbrachte hier mit seiner Sissi die Nacht. Wer vom Kaiserhaus weiter nach Pinegg läuft, geht die fünfzehn Minuten zum Abzweig Pinegg, 715 m, zurück und nun rechts ab durch die Wiesen der Brandenberger Ache. Leicht ansteigend erreichen wir die ersten Häuser des Ortes, wandern geradeaus den steilen Teerweg hinab und erreichen die **Pinegger Dorfstraße (10)**, 675 m, wo rechts eine Bushaltestelle ist. Zum **Gwercherwirt (11)**, 670 m, wenden wir uns nach links die Straße entlang an einer kleinen Kapelle vorbei.

6 Pinegg – Steinberg am Rofan

6.00 Std.

↑1070 ↓740

Ans schönste Ende der Welt

Wer Wald liebt, kommt heute auf seine Kosten. Die Brandenberger Alpen warten mit einem Waldreichtum auf, dem wir später so nicht wieder begegnen werden. Von Pinegg geht es erst über Aschau aufs freiliegende Wimmerjoch mit seiner wundervollen Aussicht. Danach wandern wir durch den Wald über den Weißenbach hinunter zur Steinberger Ache und steigen dann über den Hinterbergweg hinauf. Wir genießen einen herrlichen Ausblick über das »schönste Ende der Welt«: Steinberg vor den Felsen des Rofan mit seinen weit verstreuten Höfen diesseits und jenseits des Mühlbachs und der Steinberger Ache. Das Brandenberger Gebirge bietet mit dieser Etappe ein besonderes Bonbon am Adlerweg.

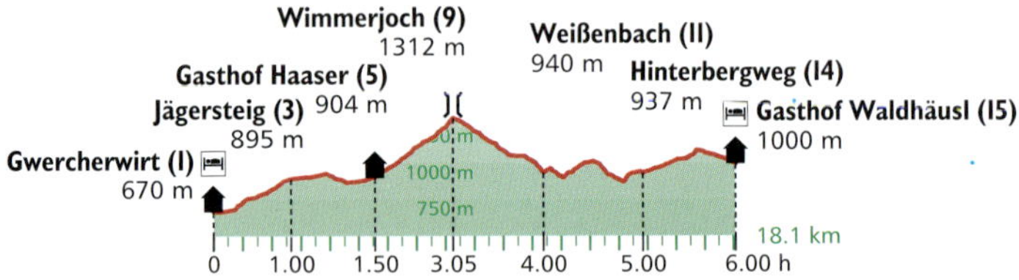

Blick vom Wimmerjoch mit seiner markanten Buche zurück zum Kienberg.

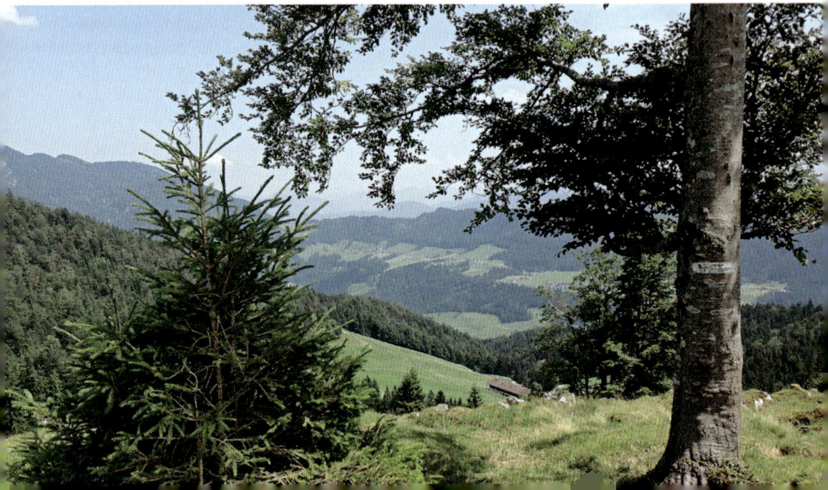

Ausgangspunkt: Pinegg, Gasthof Gwercherwirt, 675 m.
Anforderungen: Mittelschwere Wanderung, Waldwege, Pfade.
Karten: Freytag & Berndt WK 321 (1:50.000); Kompass 28 (1:50.000).
Stempelstelle: Gasthof Waldhäusl.
Einkehr: Gasthof Haaser, Tel. +43 5331 5512, Aschau Nr. 14 www.gasthof-haaser.tirol, Gasthof Waldhäusl.
Unterkunft: Gasthof Waldhäusl, Steinberg am Rofan 31, Tel. +43 5248 206 www.tiscover.at/haus.waldhaeusl; Übernachtung für eine Nacht u. a. im **Haus Sonnblick** (Nähe vom Gasthof Waldhäusl), Steinberg Nr. 120, Tel. +43 5248 231; weitere Unterkünfte in Steinberg am Rofan: Übersicht an der Bushaltestelle Steinberg Abzw. Waldhäusl in der Nähe vom Gasthof Waldhäusl.
Am Weg zur nächsten Etappe: **Bauernhaus Enterhof,** direkt am Adlerweg vor Überquerung der Steinberger Ache, Steinberg Nr. 160, Tel. +43 5248 259 (45 Minuten bis Gasthof Waldhäusl); **Durrahof,** direkt am Adlerweg vom Enterhof ca 15 Minuten auf der nächsten Etappe (60 Min. bis Gasthof Waldhäusl), Steinberg Nr. 13, Tel. +43 5248 258, www.tiscover.at/durrahof.
Einkauf: Unterwegs keine Möglichkeit, keine in Steinberg.
Verkehrsmittel: Busverbindung 4070 Brandenberg–Pinegg mehrmals täglich, 20 Min. Fahrtzeit. Busverbindung 4080 Steinberg am Rofan–Achensee, mehrmals täglich, 10–15 Min.
Information: Tourismusverband Ferienregion Hohe Salve, Innsbrucker Str. 1, 6300 Wörgl, Tel. +43 57507 7000, www.hohe-salve.com; Tourismusbüro Brandenberg, Mo–Fr 8.30–12.30 Uhr, Brandenberg 20, 6234 Brandenberg, Tel. +43 5337 2120080, www.alpbachtal.at/brandenberg; Tourismusverband Achensee, Im Rathaus 387, 6215 Achenkirch, Mo–Fr 8–12 und 14–17 Uhr, Sa 9–12 Uhr, Tel. +43 595300 50; www.achensee.com.
Tipp: Es ist gut, bereits am Ortseingang das Übernachtungsziel zu kennen, um sich nach einem langen Wandertag zusätzliche Kilometer zu ersparen.

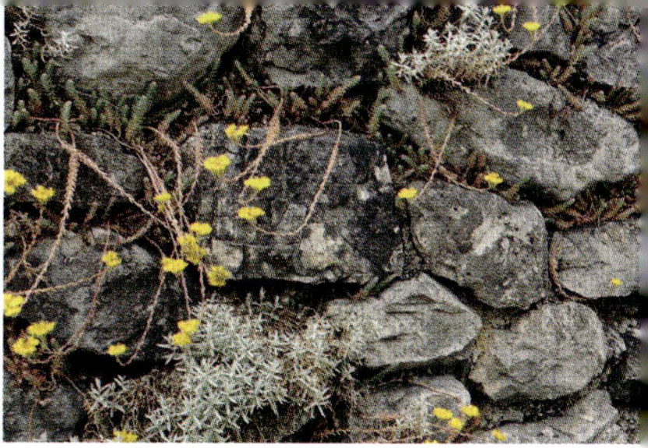

»Natürliche« Grundstücksmauer in Steinberg am Rofan.

Vom **Gwercherwirt (1)**, 670 m, kommend, gehen wir die Straße entlang, am Kirchlein vorbei, zur Pinegger Ortsmitte, werfen einen tiefen Blick in die Brandenberger Ache, überqueren sie und folgen der Hauptstraße im nahezu 360-Grad-Winkel. An der Bushaltestelle mit den zahlreichen Wanderwegweisern geht rechts eine Straße ab, die wir nicht nehmen. Wir wandern auf der Hauptstraße in Richtung Aschau weiter, überqueren die nächste Brücke, steigen etwa 100 m an und biegen am Ende der Mauer auf der rechten Seite hinter einem **Haus (2)**, 682 m, in dessen Einfahrt in Richtung Jägersteig ab. Nun umfängt uns dichter Wald. Wir steigen steil auf und erreichen bald einen breiten Weg, dem wir kurz nach links und gleich darauf nach rechts folgen. Wir bleiben nun immer auf dem Hauptweg und folgen ihm am nächsten Abzweig (kein Schild) links hinauf. Nach einiger Zeit weist uns ein Schild wieder links ab und die Böschung hinauf auf den **Jägersteig (3)**, 895 m. Nach dem Überqueren zahlreicher Bächlein erreichen wir nach ca. 45 Minuten **Aschau**

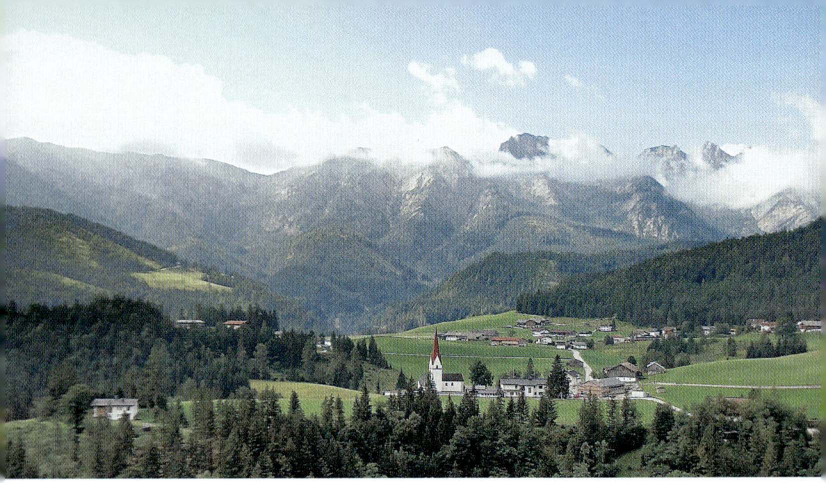

Steinberg am Rofan vor dem kleinen Rofangebirge.

(4), 874 m. Wir durchqueren den Ort geradeaus an der Kirche vorbei und folgen der asphaltierten Straße, die uns geradewegs zum **Gasthof Haaser** führt. Kurz vor dem Gasthof **(5)**, 904 m, biegen wir jedoch rechts ab und steigen nun in Richtung Wimm – Wimmerjoch steil an. Weiter oben geht es nach links auf einem schönen Weg in den Wald hinein und durch den Burgstallgraben. Unser Weg wird zum Pfad. Wir überqueren einen Bach und wenden uns am nächsten querenden Fahrweg nach rechts. Schon sehen wir 50 Meter vor uns unseren Weg leicht links in den Wald aufsteigen. Er endet an der **Brandlalm (6)**, 1143 m. An der Wasserstelle am Haus treffen wir auf eine geteerte Zufahrt. Wir folgen dem Fahrweg aufwärts zum **Wimmerhof (7)**, 1170 m. Zwischen den Zäunen geht es nun links herum zum nächsten Wegweiser, an dem wir rechts abbiegen. Geradeaus geht es hier zu Anderls Almhütte und zur Bayreuther Hütte, wohin wir ein andermal gehen. Heute wenden wir uns nach rechts auf den Weg 15 und biegen nach ca. 100 m links in den Wald ab **(8)**, 1177 m. Achtung! Hier gibt es zwar ein Schild, aber es hängt auf der Rückseite des Baumes. Durch den Wald steigen wir

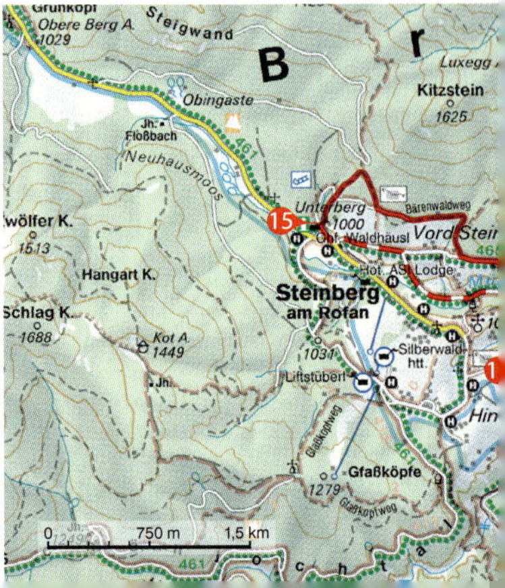

steil hinauf zum Wimmerjoch. Wir bleiben auf dem Hauptweg, also an der nächsten Gabelung rechts, und kommen an einer Wiese mit verblassten Markierungen heraus, über die wir zu einer markanten Buche aufsteigen. Wir haben den höchsten Punkt des Tages, das **Wimmerjoch (9)**, 1312 m, erreicht und können uns nun eine Pause unter der Buche gönnen. Ein herrliches Panorama empfängt uns. Von den Brandenberger Häusern, über den Kienberg, 1786 m, links und den Volldöppberg, 1510 m, rechts haben wir alles im Blick. Danach kehren wir dieser schönen Aussicht den Rücken und gehen zum Fahrweg hinter der Höhe. Wir folgen den Schildern nach links hinab. Bald geht links wieder ein Weg ab. Wir gehen aber geradeaus auf dem gut markierten Panoramaweg weiter. Unser Pfad endet an einem Fahrweg, dem wir nach links folgen. Den Fahrweg verlassen wir bald und folgen nun den Markierungen in Richtung Steinberg abwärts, quer durch den Wald. Am nächsten Wegweiser, Steinberg rechts und Steinberg links, würde uns der Weg 15 (links) direkt zum Durrahof (Etappe 7) führen. Wir nehmen jedoch den rechten Weg hinab zur leicht verfallenen, schon erkennbaren **Lahnalm (10)**, 1134 m. Unser Weg führt rechts um das verfallende Blockhaus herum und auf einem reichlich mit Blumen bewachsenen, scheinbar kaum begangenen Weg abwärts. Nach einem kurzen Anstieg erreichen wir einen weiteren Fahrweg und folgen ihm nach rechts ca. 1,5 km hinab, bis links der markierte Pfad Nr. 14 schräg rückwärts in den Wald hineinführt und bald darauf steil zum **Weißenbach (11)**, 940 m, absteigt. Wir überqueren die Brücke und steigen wieder hinauf. Oben erreichen wir einen Almzaun, an dem wir auf Weg 14 in Richtung Steinberg bis zu einer Teerstraße **(12)**, 996 m, gehen. Nun sind wir schon im Steinberger Gebiet, auch wenn wir den Ort noch nicht sehen. Nach links führt die Teerstraße nur wenige Meter zum Enterhof und weitere 15 Minuten zum Durrahof hinauf. Rechts hinunter geht unser Weg weiter nach Steinberg. Am tiefsten Punkt, im »Steinberger

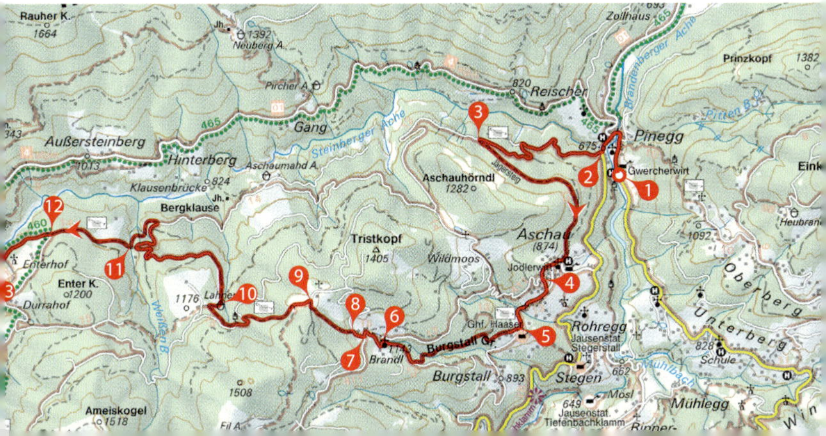

Das Auge sieht, das Auge malt

Der Telfer Künstler Andreas Einberger (1878–1952) hütete als Kind im Sommer die Tiere auf der westlich der Rofanspitze gelegenen Ampmoos Alm und hinterließ dabei erste künstlerische Spuren auf Butterbrotpapier. Der aus Kramsach stammende Maler und Bildhauer fertigte Porträts und Selbstbildnisse sowie Mensch- und Tierdarstellungen als Holz- und Ölbilder, Skulpturen und Denkmäler an. Mit seinen gemalten Landschaften der Bergwelt zählte er in den 20er- und 30er-Jahren des 20. Jahrhunderts zu den wichtigsten Heimatkünstlern seines Landes. Auch Krippenfiguren schnitzte er. Einberger beschäftigte sich in seinen Werken mit seiner unmittelbaren Umgebung. Menschen, die ihm nahe standen, kamen darin genauso vor wie die heimische Landschaft und Natur. Seine Lieblingsmotive waren Bauern bei der Arbeit und ihre Tiere, die er so naturgetreu wie möglich darzustellen versuchte. Einige frühe Farbholzschnitte erinnern noch an den Jugendstil, während seine mit breitem Pinsel gemalten Bilder expressive Züge tragen.

Loch«, überqueren wir die sprudelnde **Steinberger Ache (13)**, 875 m, und wandern gegenüber die Teerstraße hinauf. Nach einigen Kurven führt rechts über eine Brücke der **Hinterbergweg (14)**, 937 m, auf dem wir weiterwandern. (Wer es jedoch eilig hat, kann der Straße hinauffolgen. Sie führt ebenfalls zum Gasthof Waldhäusl am anderen Ende des Ortes.) Auf dem Hinterbergweg steigen wir zunächst steil auf einem von Gras überwachsenen Pfad den Berg hinauf und folgen an der nächsten Abzweigung dem Weg nach links in Richtung Steinberg. Wir gehen ebener, bleiben links und betreten auf der Höhe eine Straße. Hier geht es wieder nach links. Bald bietet sich ein wunderbarer Blick auf die rotbedachte Kirche vor der Kulisse der dahinter aufragenden Rofanspitzen. Vor uns liegt die am dünnsten besiedelte Gemeinde des Tiroler Unterlandes. Weniger als 300 Menschen wohnen hier auf ca. 69 Quadratkilometern Gemeindefläche. Die Häuser und Höfe liegen teilweise weit verstreut. Wir gehen weiter und vor dem ersten Haus rechts auf einen Wanderweg in den Wald. Wir bleiben rechts in Richtung Guffert, biegen aber bald nach links auf die Bärenwaldrunde ab und wandern im Bogen am Hang entlang zum gemütlichen **Gasthof Waldhäusl (15)**, 1000 m. In der Nähe befinden sich eine Bushaltestelle, die Information und eine Bank mit Geldautomaten.

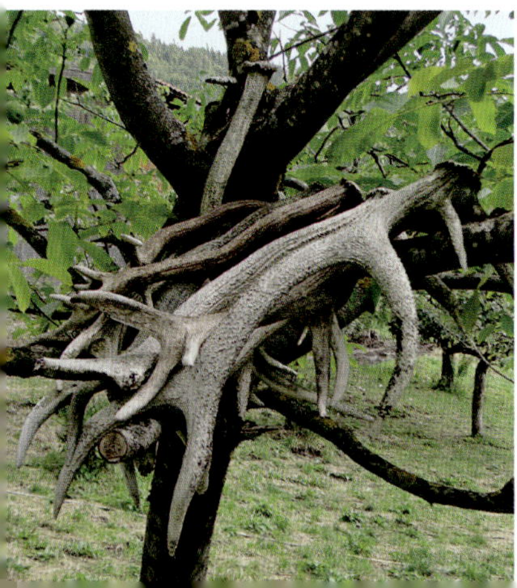

Abgelegte Geweihe in einem Obstgarten von Aschau.

8.00 Std.

↑1600 ↓770

Steinberg am Rofan – Erfurter Hütte

7

Durch die zwei Seiten des Rofangebirges

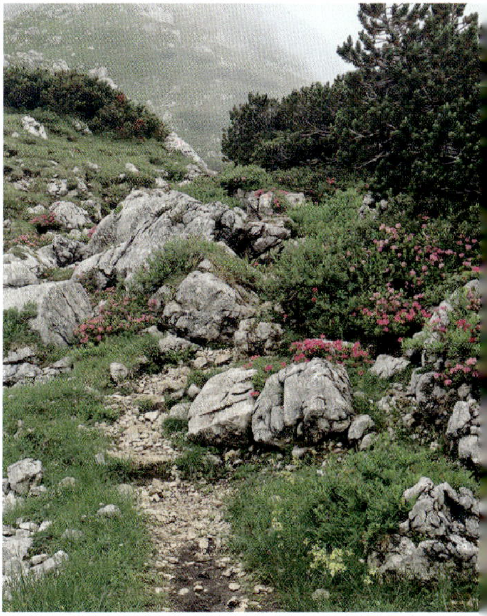

Alpenrosenpracht hinter dem Zireiner See.

Heute geht es wieder höher hinauf. Schritt für Schritt und Höhenmeter um Höhenmeter erklimmen wir das kleine Rofangebirge, das noch zu den Brandenberger Alpen zählt. Während wir an den Nordhängen die schroffe Einsamkeit genießen, treffen wir ab dem Zireiner See wieder auf Mensch und Tier. Hier kann sich das Wetter von einer ganz anderen Seite zeigen als jenseits der Rofanspitze. Nach der steilen Kletterei auf den Schafsteigsattel befinden wir uns auf weichen Hochwiesen und Matten wie mitten im Paradies. Am Wochenende und in den Ferien breiten sich hier Scharen von Tageswanderern und Kletterern aus. Zahllose Enziane und andere Alpenblumen wachsen hier. Die Erfurter Hütte bleibt bis kurz vor dem Etappenende in der hügeligen Landschaft versteckt und empfängt uns schließlich mit einer großen Sonnenterrasse und einem gigantischen Blick über den Achensee und auf das Karwendel gegenüber.

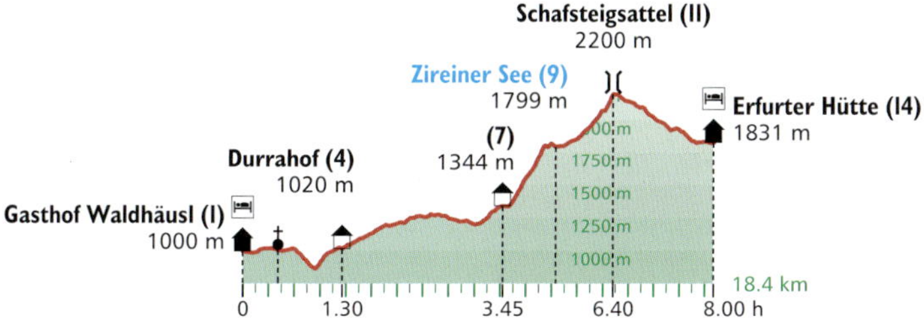

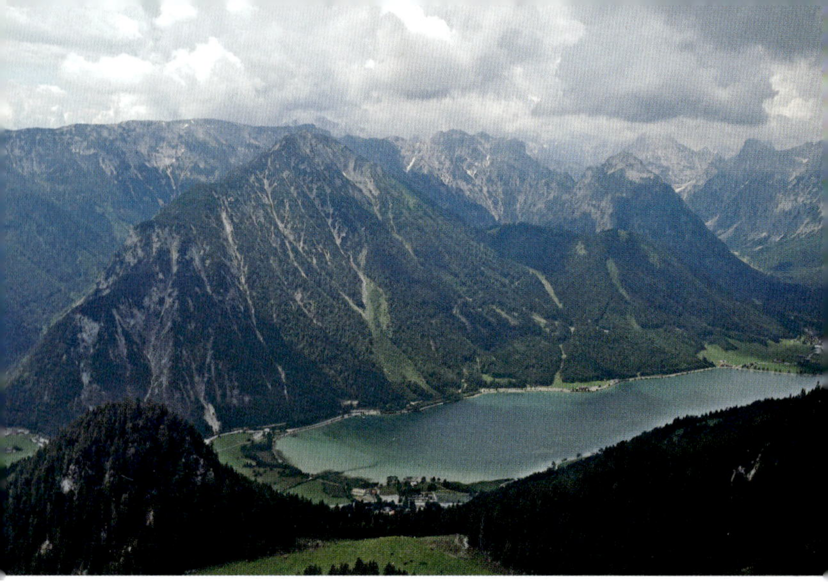

Der Achensee vor dem Karwendel.

Ausgangspunkt: Gasthof Waldhäusl, Steinberg am Rofan, 1000 m.
Anforderungen: Schwere Wanderung mit einer Kletterstelle, Trittsicherheit und Ausdauer erforderlich; Straße, Waldwege, Pfade. Bei Schnee oder großer Nässe nicht zu empfehlen.
Karten: Freytag & Berndt WK 321 (1:50.000); Kompass 28 (1:50.000).
Stempelstellen: Erfurter Hütte.
Einkehr: Unterwegs keine. Vom Zireiner See Abstecher zum Berghaus Sonnwendjoch möglich (1 Stunde).
Unterkunft: Erfurter Hütte: 1834 m, DAV, ganzjährig geöffnet, Schließzeiten siehe Homepage, Tel. +43 5243 5517, Tel. +43 664 514 6833, www.erfurterhuette.at; **Berggasthof Rofan:** privat, 5 Zimmer, 40 Lager, Mai bis Oktober, Tel. +43 5243 5058, www.berggasthof-rofan.com; **Berghaus Sonnwendjoch** (nicht direkt am Weg, 1 Std. vom Zireiner See entfernt), Ferienwohnung für 4–6 Personen, Mitte Juni bis Mitte Oktober durchgängig geöffnet sowie an einigen Mai- und Junifeiertagen, Tel. +43 699 10132239, info@berghaus-sonnwendjoch.at, www.tirol.fit.
Einkauf: Unterwegs keine Möglichkeit
Verkehrsmittel: Busverbindung 4080 Steinberg am Rofan – Achensee, mehrmals täglich, 10–15 Min.; ab Erfurter Hütte mit der Rofanseilbahn nach Maurach, weiter mit dem Bus 8332 (www.vvt.at) oder mit der Achenseebahn, der ältesten mit Dampf betriebenen Zahnradbahn Europas zum Bahnhof Jenbach (www.oebb.at, nur im Sommer).
Information: Tourismusverband Achensee, Im Rathaus 387, 6215 Achenkirch, Mo–Fr 9–17 Uhr, Tel. 43 595 30059; www.achensee.com; www.rofanseilbahn.at.
Tipps: Picknick am Zireiner See, Blick von der Terrasse der Erfurter Hütte auf den Achensee. Insbesondere an den Wochenenden und in den Schulferien sind die Hütten im Karwendel oft sehr voll, deshalb unbedingt ab hier ein bis zwei Tage im Voraus reservieren.

Unsere Wanderung beginnt in Steinberg am Rofan am **Gasthof Waldhäusl (1)**, 1000 m. Diesen im Rücken gehen wir geradeaus zur Hauptstraße vor und wandern geradeaus in Richtung Kirche. Auf der Höhe der **Kirche (2)**, 1010 m, folgen wir der Straße nach rechts und biegen am nächsten Abzweig nach links ab. In der nächsten Linkskurve verlassen wir die Teerstraße geradeaus auf einen Waldpfad. Wir kommen nun auf der Lochrunde erst am Wald entlang, dann durch herrliche Farne und steigen schließlich 150 Höhenmeter in Serpentinen hinab, bis wir die **Steinberger Ache (3)**, 875 m, erreichen und überqueren. Als Nächstes steigen wir die Straße in Richtung Enterhof bergauf. Achtung: Schon nach ca. 100 m biegt rechts in einer Linkskurve unser unbeschilderter Weg in den Wald ab. Unterhalb der Enteralm geht es in Serpentinen hinauf, bis wir die Forststraße erreichen, die uns nach rechts zum **Durrahof (4)**, 1020 m, führt. In Richtung Rofan und Zireiner See folgen wir erst rechts **(5)**, 1060 m, und an der nächsten Kreuzung links eine ganze Weile dem oberen Fahrweg. An einem Schild biegen wir vor einem querenden Bach nach links ab **(6)**, 1039 m. Nun geht es tiefer in den Wald. Wir überqueren den Bach und steigen steiler hinauf, bis wir eine Wiese erreichen. Auf der Rückseite des dort stehenden Wirtschaftsgebäudes der **Schauertalalm (7)**, 1351 m, können wir eine geschützte Rast auf einer Bank einlegen oder uns bei schlechtem Wetter unterstellen. Danach beginnt ein steiler Aufstieg durch den Schauertalgraben, der sich in endlosen Kehren auf einem schmalen Pfad durch Wiesen und Geröll windet und uns ca. 450 Höhenmeter hinauf auf den **Schauertalsattel (8)**, 1810 m, führt. Bei Sonne fließt der Schweiß, bei Nebel und Nässe ist Vorsicht vor dem glitschigen Untergrund geboten. Mit etwas Glück hören wir beim Anstieg das schrille Pfeifen der Murmeltiere oder treffen auf Gämsen. Oben angekommen wandern wir auf der Hochebene zum Weg 411 und nach rechts zum **Zireiner See (9)**, 1799 m, den wir auf der östlichen Seite umrunden. Hinter dem See treffen verschiedene Wege aufeinander. Ist die Passage mit der seilversicherten Kletterstelle nicht begehbar, bleibt uns nur ein Umweg über die Zireiner Alm zur Bayreuther Hütte (1½ Stunden).

Unser Weg führt nun farbenfroh durch ein weißes Felsbrockenmeer mit pinken Alpenrosen auf grünen Wiesen leicht hinauf zum **Marchgatterl (10)**, 1905 m, wo wir nach links hinauf zum Schafsteigsattel abbiegen. Nun geht es erst allmählich an mächtigen Rofanfelswänden auf dem

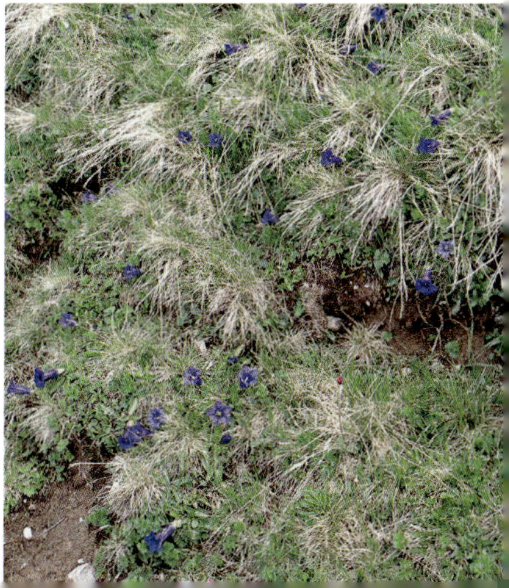

Blühender Enzian am Wegesrand.

Fliegen im Metalladler

Auch im Rofangebirge spielt der Adler eine tragende Rolle. Am Gschöllkopf, 2039 m, thront eine Aussichtsplattform, die einem Adler gleichen soll. Wer einmal wie ein Adler durch die Luft schweben möchte, kann hier das Fliegen ausprobieren. In den Fängen eines Adlers aus Metall, gesichert an einem Stahlseil, geht es 200 Höhenmeter abwärts. Der Skyglider (AirRofan) überwindet eine Strecke von 800 m mit einer Geschwindigkeit von bis zu 85 Stundenkilometern. Geöffnet hat der AirRofan im Sommer von 9.30–16 Uhr. Erwachsene zahlen für einen »Flug« 12 €, für Kinder (ab 10 Jahren und 1,30 m Größe) gibt es ermäßigte Preise. Weitere Infos unter Tel. +43 5243 5292, info@rofanseilbahn.at, www.rofanseilbahn.at

Schafsteig entlang, bis wir schließlich direkt unter dem Sattel auf die seilversicherten Stellen treffen. Steil aufwärts klettern wir teils senkrecht hinauf. Über uns sehen wir schon das Ziel unserer Mühen, die halbrunde Kante, die wir schließlich schneller als gedacht erreichen. Auf dem **Schafsteigsattel (11)**, 2200 m, stehen wir plötzlich auf einem Plateau inmitten von Almwiesen und vielleicht auch in einem anderen Wetter. Hier zeigt sich die liebliche Seite des kontrastreichen Rofangebirges mit den saftigen Wiesen und sanften Gipfeln, die so viele Besucher begeistern. Nun sind es nur noch ca. 1¼ Stunden bis zur Erfurter Hütte, sodass wir entscheiden können, was wir mit dem Rest des Tages im Rofan anfangen wollen. Wir gehen ein Stück an der Kante bis zum nächsten weithin sichtbaren Wegweiser entlang. Von hier können wir rechter Hand die Rofanspitze, 2259 m, (ca. 30 Min. hin und zurück) besteigen oder uns linker Hand den Sagzahn, 2228 m, vornehmen. Wollen wir gleich weiter in Richtung Erfurter Hütte und Rofanseilbahn, führt unser Weg erst leicht bergab und dann relativ eben bis zur **Grubascharte (12)**, 2102 m, von der wir das gesamte Ro-

Gschöllkopf, 2039 m, mit Aussichtsplattform Adlerhorst und AirRofan-Skyglider.

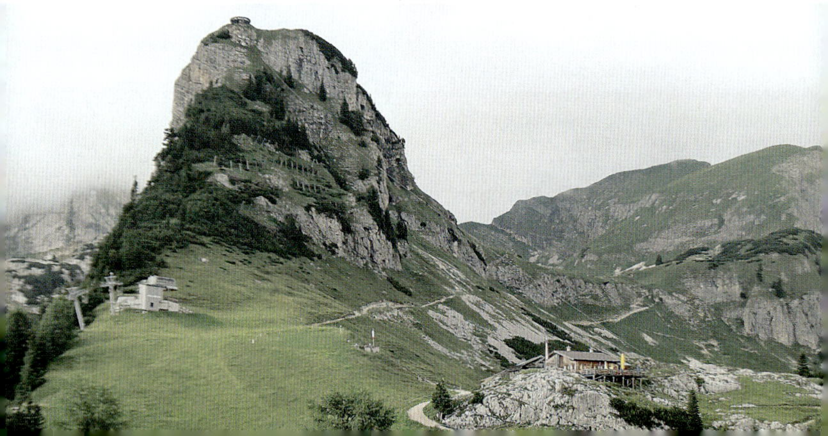

fangebirge überblicken können. Unter uns liegt der grüne Grubersee. Linker Hand, hinter dem See, erhebt sich die Grubalackenspitze und rechts vor uns warten die Roßköpfe, 2246 m. Unser Weg führt über das **Haiderjoch**, 2102 m, und wieder steiler den Berg hinab. Bei schönem Wetter und am Wochenende treffen wir zahlreiche Kletterer und Wanderer. Im alpinen Frühjahr sind die Wiesen und hochgelegenen Matten über und über mit Alpenblumen bewachsen. Bald entdecken wir vor uns hoch oben die Aussichtsplattform des Airrofan, wo vielleicht gerade ein metallener Adler mit einem Menschen an Bord zur Erde gleitet. Nachdem wir die **Mauritzalm (13)**, 1840 m, passiert haben, nähern wir uns sichtbar der **Erfurter Hütte (14)**, 1831 m, die direkt neben der Rofan-Seilbahn liegt. Wir haben heute an einem Tag ein ganzes Gebirge (das kleine Rofan) zu Fuß durchquert.

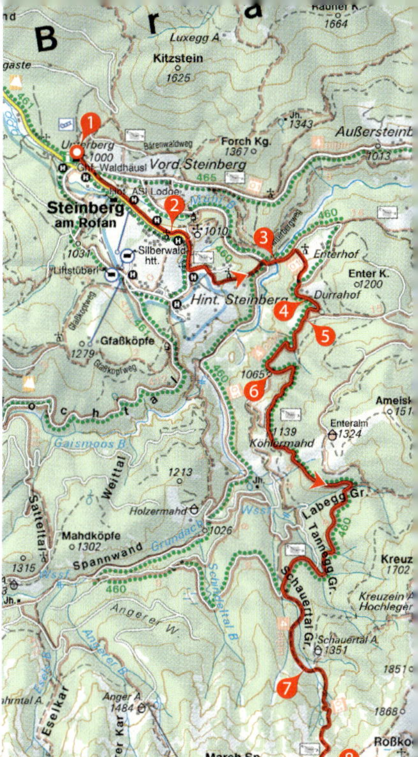

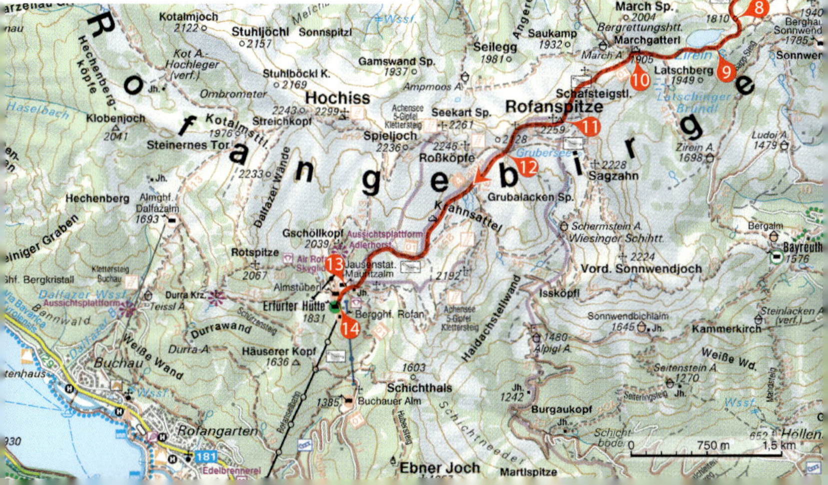

8 Erfurter Hütte – Lamsenjochhütte

5.30 Std.

↑1040 ↓40

Vom Rofan zum Achensee und hinauf ins Karwendel

Hinab und hinauf geht es heute: vom Rofangebirge erst hinunter zum größten See Tirols und dann wieder hinauf in das beliebte Karwendelgebirge. Wir genießen die Vielfalt des Adlerweges. Heute erwartet uns eine Uferwanderung am glitzernden Achensee, bis uns im Ort Pertisau das Gewusel touristischer Sportstätten empfängt. Auch in den folgenden Almen summt und brummt es von menschlichen und tierischen Besuchern. Spätestens aber ab der Gramaialm genießen wir wieder die Ruhe der Natur und steigen am Ende des Tals erwartungsfroh in das nächste Gebirge, das Karwendel, auf. Vom weithin sichtbaren Lamsenjoch ist dann die Lamsenjochhütte nur noch einen Steinbocksprung entfernt. Wir gönnen uns einen letzten Blick zurück, bevor uns die Felswände des Karwendels umfangen.

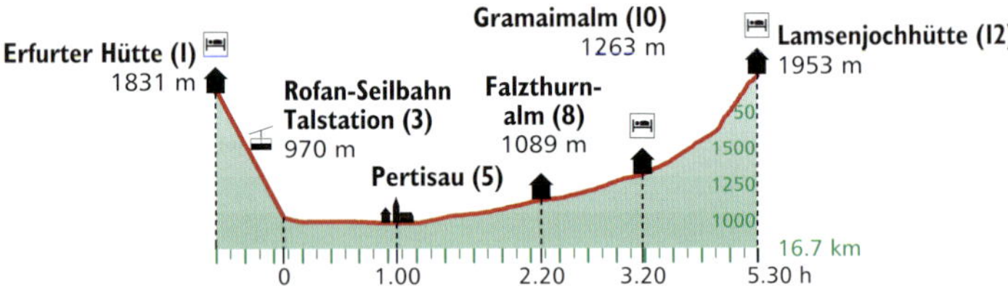

Fast trockenes Flussbett im Falzthurntal.

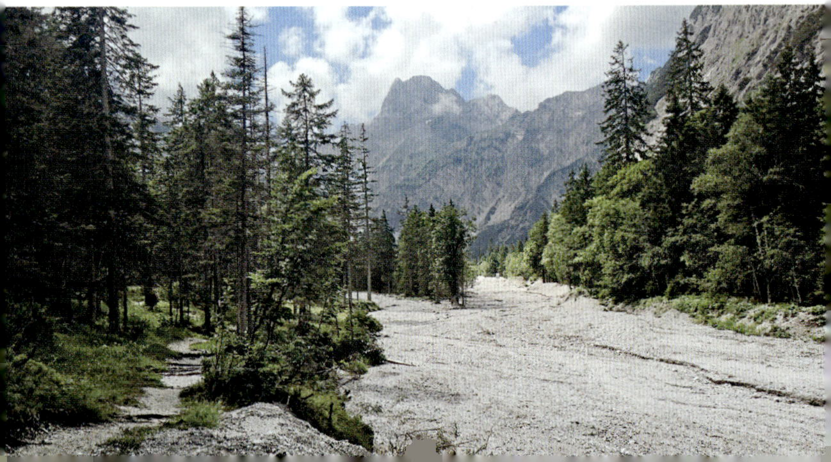

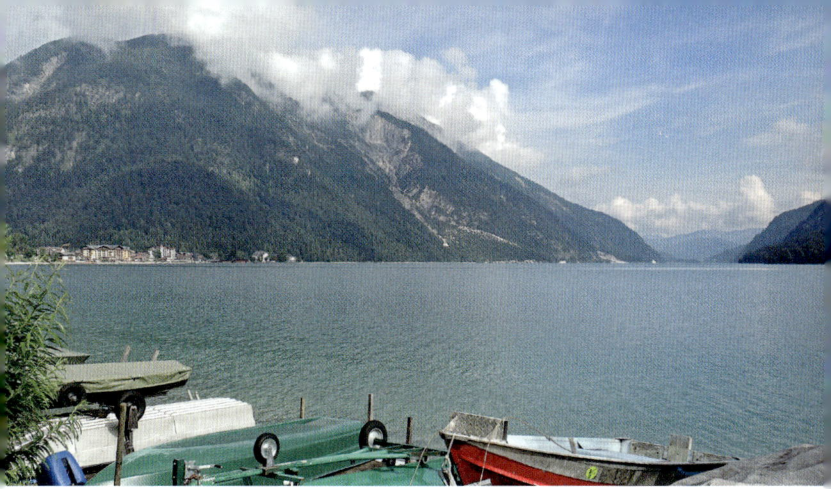

Am Ufer des Achensees.

Ausgangspunkt: Erfurter Hütte, 1831 m.
Anforderungen: Mittelschwere Wanderung auf Asphalt, Waldwegen, Bergpfaden.
Karten: Freytag & Berndt WK 321 (1:50.000); Kompass 26 (1:50.000).
Stempelstellen: Lamsenjochhütte.
Einkehr: Unterwegs diverse in Maurach und Pertisau; Falzthurnalm, Mai bis Oktober, 11–19.30 Uhr, Tel. +43 664 3420236 o. +43 664 510 1318, www.falzturn.at; Gramaialm, Lamsenjochhütte.
Unterkunft: **Gramaialm:** privat, Mai bis Oktober, Tel. +43 5243 5166, www.gramaialm.at; **Lamsenjochhütte:** 1951 m, DAV, Mitte Juni bis Mitte Oktober, Tel. +43 5244 62063, www.lamsenjochhuette.at.
Einkauf: In Maurach Supermarkt am Weg; Brot, Käse und Wurst auf der Gramaialm.
Verkehrsmittel: **Rofanseilbahn** ab Erfurter Hütte, www.rofanseilbahn.at, nach Maurach; von Maurach Bus 8332 nach Jenbach und weitere Verbindungen, u. a. nach Pertisau (www.vvt.at); **Achenseebahn** nach Pertisau (Mai bis Oktober), älteste dampfbetriebene Zahnradbahn Europas zum Bahnhof Jenbach, www.achenseebahn.at; www.oebb.at Achenseeschifffahrt, Mai bis Oktober, stündliche Abfahrt vom Halt Seespitz bis Pertisau, Haus Nr. 62, 6213 Pertisau, Tel. +43 5243 52530, info@tirol-schiffahrt.at, www.tirol-schiffahrt.at; **Nostalgiebus** ab Pertisau, »Hotel Bergland« und »Mautstation« zur Gramaialm Mitte Mai bis Mitte Oktober Mo–Sa 10/ 11/ 13/ 14 Uhr, www.sportwoell.at/achensee/nostalgiebus.
Information: **Tourismusverband Achensee,** Im Rathaus 387, 6215 Achenkirch, Mo–Fr 9–17 Uhr, Tel. +43 59530059; www.achensee.com; **Informationsbüro Maurach,** Achenseestraße 5, 6212 Maurach, Tel. +43 5953000, www.achensee.info/tirol/maurach; **Erlebniszentrum Tiroler Steinöl,** www.steinoel.at.
Tipp: Wer die Tour abkürzen möchte, kann von Maurach nach Pertisau mit dem Linienbus fahren (Haltestelle nahe Rofanseilbahn). Wir empfehlen aber, die Wanderung entlang des Achensees nicht zu versäumen. Wer am Ende der Wanderung in der Lamsenjochhütte keinen Platz mehr findet, kann auch weiter zum gemütlichen Binsalm Niederleger gehen.

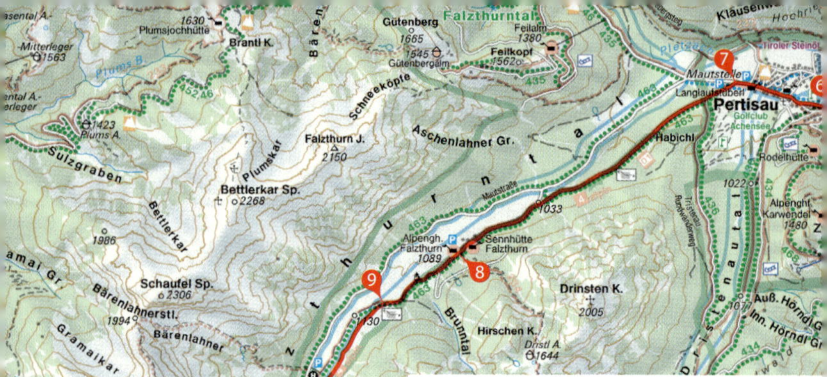
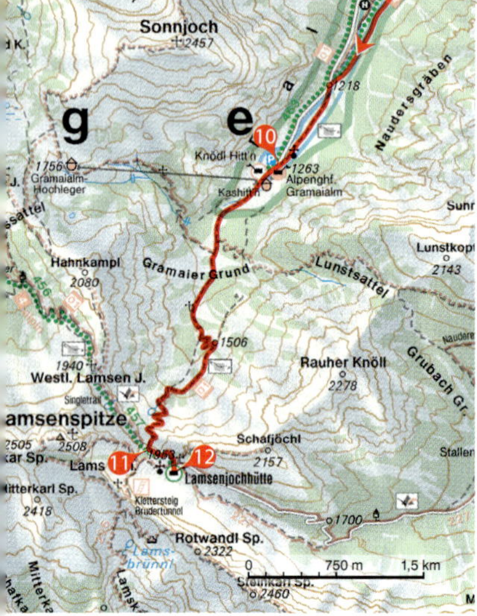

Wir können heute morgen von der **Erfurter Hütte (1)**, 1831 m, die ca. 850 Höhenmeter mit der **Rofanseilbahn (2)**, 1840 m, zu Tal schweben, oder wir nehmen eine der unten angegebenen Varianten. Dann verlängert sich unsere Gesamtgehzeit um diese zusätzliche Strecke.

Von der **Talstation (3)**, 970 m, gehen wir über die Straße und wenden uns erst nach links, um dann den nächsten Weg rechts reinzugehen. Wir kommen hinunter bis zur Dorfstraße und wechseln noch vor dem Kreisverkehr (Sparmarkt) nach links auf den asphaltierten Rad-Wanderweg jenseits der Schienen. Vor uns liegt der Achensee, zu dem wir hinunter gehen. Mit etwas Glück sehen wir die schnaufende, dampfbetriebene Achenseebahn. Wir folgen dem herrlichen Uferweg nach links bis zum Ortsbeginn von Pertisau. Dabei kommen wir an der Seehaltestelle Seespitz, 931 m, vorbei, wo wir auch ein Schiff besteigen könnten. Oder wollen wir leicht oberhalb des Sees im Schatten wandern, bis uns auch dieser Weg hinunter ans Seeufer führt? Dafür folgen wir am **Seeinger Hof (4)**, 940 m, der Fußwegmarkierung nach links durch die Siedlung bis zur anderen Talseite, wo an einer Bank der Beginn unseres als »Futura 2000« beschriebenen Weges beginnt. Nach dem Abzweig zur Bärenklamm, dem wir nicht folgen, führt unser Weg hinunter zur Straße und das letzte Stück bis Pertisau am Ufer entlang. Erreichen wir die

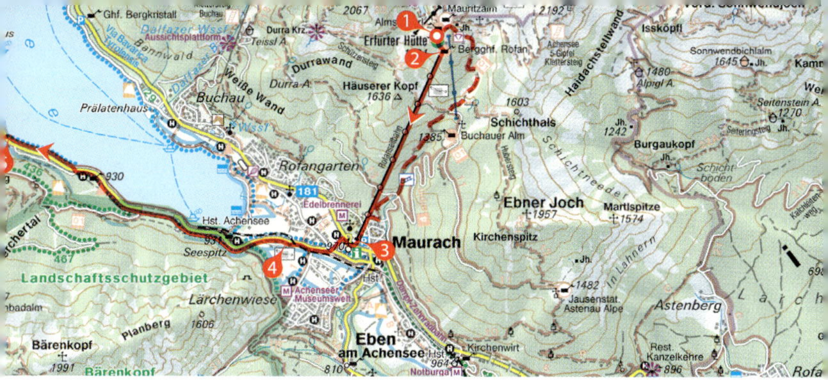

ersten Häuser von **Pertisau (5)**, 930 m, geht es links ab in den Ort. Wir kommen an der **Talstation der Karwendelbahn (6)**, 933 m, vorbei und folgen der Straße in Richtung der Karwendeltäler bis zur Mautstelle. Wer den Nostalgiebus (15 Euro/Fahrt) bis zur Gramaialm nehmen möchte, findet hier die Haltestelle. Eine Fahrt mit dem Schweizer Postbus aus dem Jahr 1959 bei dröhnendem Motor ist für Fans alter Fahrzeuge sicher ein großes Erlebnis. Wir sehen an einem Abzweig in den Wiesen eine auffällige **Hinweistafel (7)**, 978 m, an der unser Weg ins Falzthurntal beginnt. Bis hierher gibt es auch eine Busverbindung. Nun geht unser Weg links, quer durch die Wiesen, leicht ansteigend und oft stark bevölkert zur **Falzthurnalm (8)**, 1089 m, die wir nach 50 Minuten erreichen. Hinter der Alm teilt sich der Weg in einen Wald- und einen Wiesenweg **(9)**, 1105 m. Wir empfehlen den linken Weg. Beide führen durch das malerische Falzthurntal zur Gramaialm. Im **Alpen-**

Nostalgiebus am Alpengasthof Gramai.

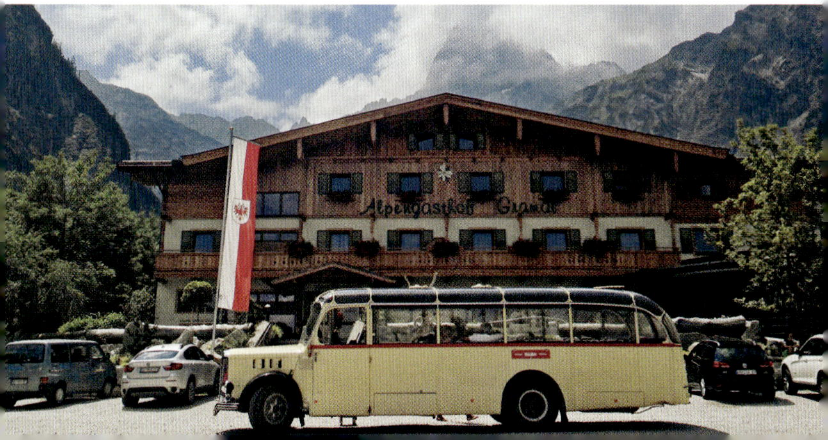

gasthof Gramai (10), 1263 m, der als Familien- und Erlebnisalm mit Käserei, Spielplatz und Streichelzoo aufwartet, kann man essen, übernachten, aber auch hausgemachten Käse sowie »Vinschgauer« und »Wurzen« kaufen. Hinter der Alm wird es wieder ruhiger. Wir wandern durch den schönen Gramaier Grund, der von jungen Bäumen und Latschenkiefern bewachsen ist, auf die majestätische Lamsenspitze, 2508 m, zu. Am Talende steigen wir über den gerölligen Abhang des Lamsenjochs steiler an und überwinden am freien Hang Serpentine für Serpentine die Höhenmeter dieses Tages. Scheint die Sonne, brennt sie am Nachmittag auf den Berg und die Wärme des Talkessels umfängt uns. Der Aufstieg sieht jedoch wesentlich schlimmer aus, als er dann wirklich ist.
Oben auf dem **Östlichen Lamsenjoch (11)**, 1896 m, angekommen, werfen wir noch einmal einen Blick zurück zum Rofangebirge und treffen auf den Weg, der uns am nächsten Tag rechts zum Westlichen Lamsenjoch, 1940 m, führen wird. Wir gehen heute nach links und folgen einem der beiden sich gabelnden, etwa gleich langen Wege. Wir sind nun schon ganz nah an der 1908 erbauten **Lamsenjochhütte (12)**, 1953 m, die sich noch hinter Felsen versteckt hält. Der Weg führt uns um die Felskuppe herum und schon haben wir das Panorama von Rotwandlspitze, 2322 m, und Lamsenspitze, 2508 m, direkt vor uns. Damit sind wir nun im Karwendel und auf der Höhe angekommen und können uns rund um die Hütte erholen.

Das schöne Falzthurntal.

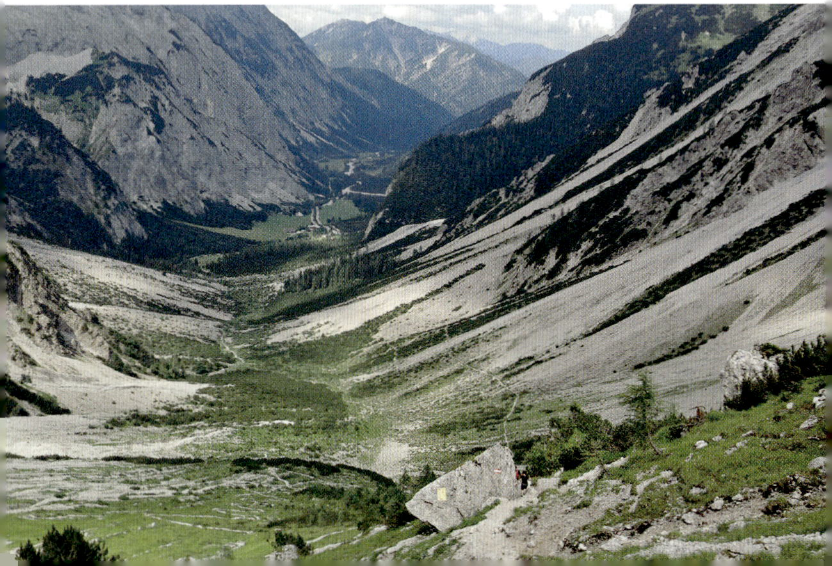

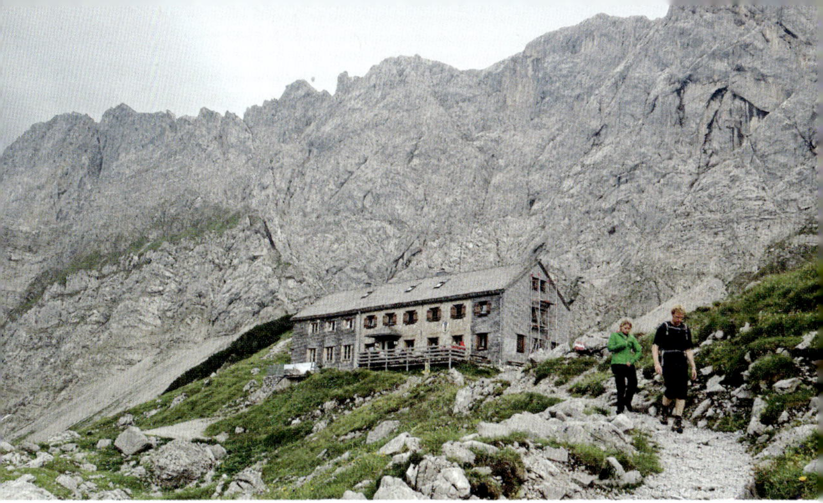

Grau in grau tarnt sich die Lamsenjochhütte.

Variante: Erfurter Hütte – Maurach zu Fuß

Der Weg Nr. 401 führt von der Erfurter Hütte direkt nach Maurach. Zuerst gehen wir zurück in Richtung Mauritzalm, vorher rechts und steigen dann unter der Rofanseilbahn steil ins Tal hinab und erreichen nach ca. 1½ Stunden die **Talstation der Bahn (3)**, 970 m. Alternativ bietet der insgesamt etwa drei Stunden dauernde längere und allmählichere Weg Nr. 413 über das Durrakreuz bis zur Dalfazalm (1693 m) und dann auf Weg Nr. 13 über die Durraalm zur Talstation wunderbare Panoramaaussichten, braucht aber entsprechend mehr Zeit.

i *Steinöl vom Achensee*

Der Achensee ist der größte See Tirols. Er ist ca. neun Kilometer lang, einen Kilometer breit und 33 Meter tief. Für den Handel war der See über lange Zeit der wichtigste Transportweg von Nord nach Süd. Ab Mitte des 19. Jahrhunderts wurde er verstärkt für die Sommerfrische und den Tourismus genutzt. So fuhr seit 1887 über hundert Jahre lang das hier gebaute und bekannte Ausflugsschiff St. Joseph auf dem See. 1889 wurde die dampfbetriebene Zahnradbahn, die aus dem Inntal herauffährt, in Betrieb genommen. Seit 1902 wird 1500 Meter über dem Achensee Tiroler Steinöl aus Ölschiefer gewonnen und zu Pflegeprodukten verarbeitet. Die Cremes, Salben, Lotionen und Shampoos beinhalten einen hohen Gehalt an natürlich gebundenem Schwefel und spezielle Wirkstoffe, die von vorzeitlichen Meerestieren und Pflanzen stammen. Seit 1927 trägt der See zur Stromerzeugung bei. Dafür wird der Wasserpegel im Winter einige Meter abgesenkt.

9 Lamsenjochhütte – Falkenhütte

4.30 Std.
↑760 ↓860

Unter den Karwendelspitzen

Wo der Adler majestätisch zwischen Fels und Geröll fliegt, erschließen wir uns heute zu Fuß in einer kurzen Tour das Karwendel entlang des Karwendelhauptkamms. Links von uns ragen zahlreiche Spitzen um die 2500 Meter Höhe auf, so zum Beispiel die Lamsenspitze, 2509 m, die Grubenkarspitze, 2663 m, die Dreizinkenspitze, 2603 m und auf Höhe der Falkenhütte die Laliderer Spitze, 2588 m. Auf halber Strecke kommen wir an der Engalm vorbei. Ähnlich wie tags zuvor die Gramaialm liegt auch die Engalm am Ende eines der langen, tief geschnittenen Täler des Karwendels, an deren Ende man die Bergkette überqueren muss, um ins nächste Tal zu kommen. Im Enger Grund erwarten uns am Großen Ahornboden uralte, aber auch ganz junge Ahornbäume auf einer Fläche von 240 Hektar. Wir steigen von hier steil zum Hohljoch auf. Unterhalb der gewaltigen Laliderer Wände führt unser Weg durch ein riesiges Schuttkar, bis wir nach einem letzten kurzen Anstieg auf die Terrasse der liebevoll geführten Falkenhütte treten.

Ausgangspunkt: Lamsenjochhütte, 1953 m.
Anforderungen: Leichte bis mittelschwere Wanderung auf Pfaden, Steigen, Waldwegen.
Karten: Freytag & Berndt WK 321 (1:50.000); Kompass 26 (1:50.000).
Stempelstelle: Falkenhütte.
Einkehr: Binsalm Niederleger, Rasthütte auf der Engalm, Falkenhütte.
Unterkunft: Binsalm Niederleger: privat, Tel. +43 5245 214, Tel. 43 650 5864404, www.binsalm.at; Rasthütte auf der **Engalm:** Mai bis Oktober, Tel. +43 5245 226, Tel. +43 676 84118520, www.engalm.at; **Falkenhütte:** DAV, Anfang Juni bis Mitte Oktober, Tel. +43 5245 245, www.falkenhuette.at.
Einkauf: Engalm, Bauernladen mit großem Angebot an Almprodukten.
Zustieg: Aufstieg Lamsenjochhütte siehe vorangegangene Tour oder vom Inntal von Stans durch das Stallental (Weg 227) zur Lamsenjochhütte; Aufstieg Falkenhütte vom Rißtal (Busverbindung) durchs Engtal ab Engalm (2–2,5 Std.) oder vom Rißtal durchs Laliderer Tal (3 Std.).

Information: Tourismusverband Silberregion Karwendel, Münchnerstraße 11, 6130 Schwaz, Mo–Fr 9–17:30 Uhr, Sa 9–12 Uhr, Tel. +43 5242 63240; www.silberregion-karwendel.com.
Tipp: Einkauf regionaler Produkte im Bauernladen auf der Engalm.

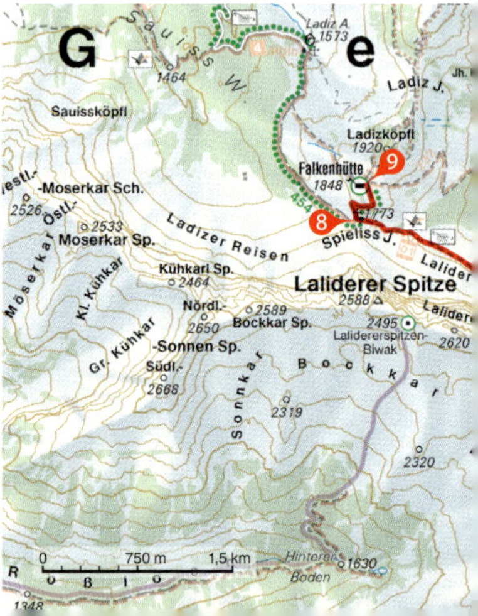

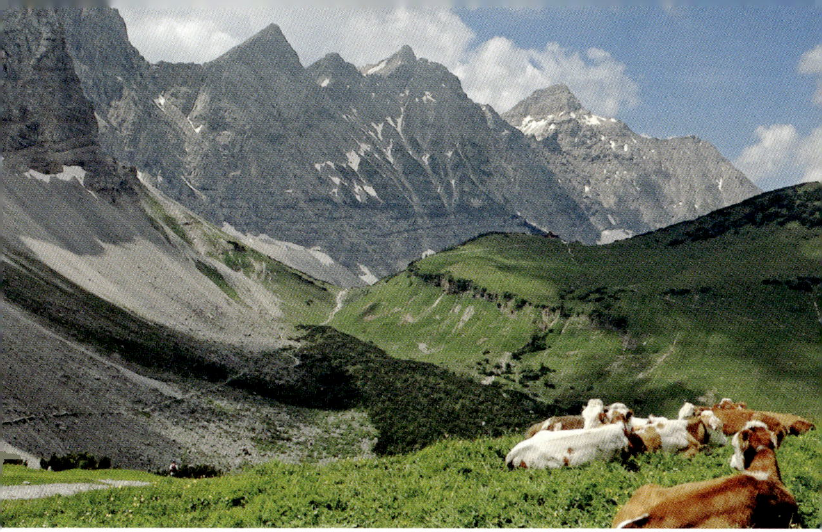

Blick vom Hohljoch: Wer erkennt die Falkenhütte?

Von der **Lamsenjochhütte (1)**, 1953 m, wandern wir ohne großes Schwitzen auf dem Nordalpenweg 1, der auch der E4 ist, am **Östlichen Lamsenjoch (2)**, 1896 m, vorbei zum Westlichen **Lamsenjoch (3)**, 1940 m, und schauen von dort in den Enger Grund und ins Engtal hinunter. Weiter geht es nun abwärts zum 2011 abgebrannten und wieder aufgebauten, gemütlichen

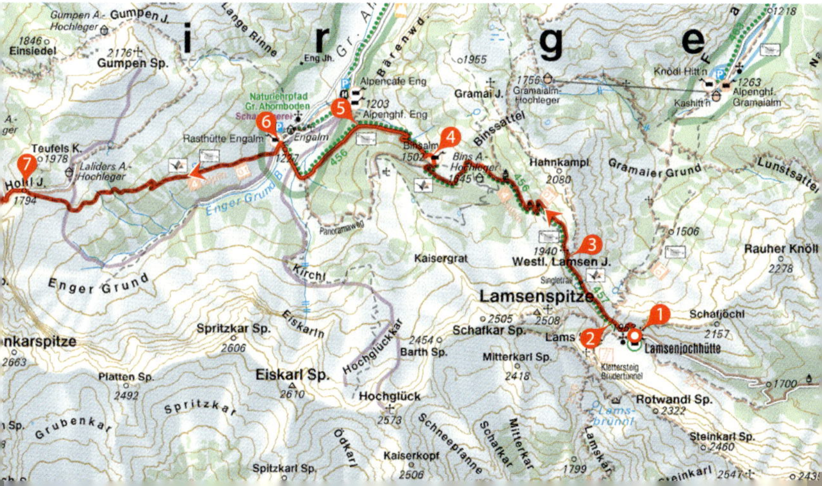

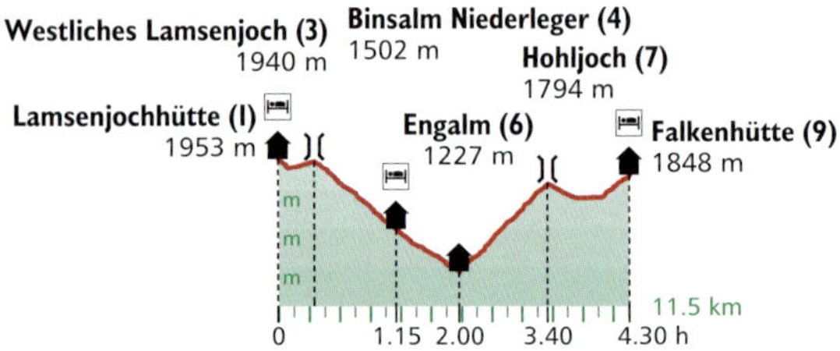

Niederleger der Binsalm (4), 1502 m, mit seiner kleinen Korbinian-Kapelle. Danach folgen wir ca. 2 km dem Weg links um die Lamsenspitze herum durch den Wald, bis vor uns die Engalm liegt. Kurz vor der Alm können wir als Variante dem Wegweiser **(5)**, 1381 m, in dreißig Minuten rechts hinunter folgen. Bleiben wir aber auf der Hauptroute, wandern wir an dieser Stelle den breiten Forstweg weiter und kommen in der gleichen Zeit direkt zur Alm hinunter. 500 Rinder und 220 Milchkühe beweiden hier das Land. Während die Milchkühe in der Nähe der Alm bleiben und nachts in den Stall gehen, ziehen die Rinder weit hinauf und werden von einem Hirten, dem Galterer, betreut. Vor uns liegen der Gasthof der **Engalm (6)**, 1227 m, und rechts davon der Bauernladen, wo man selbstgestampfte Butter, Buttermilch, Bergkäse und allerlei anderes bekommt. Wer einmal dem Senner beim Käsemachen zuschauen will, kann das zwischen vier und neun Uhr am Morgen tun. Die Engalm wird seit Mitte des 19. Jahrhunderts als Agrargemeinschaft geführt.
Am Gasthof steigen wir durch den Enger Grund aufwärts. Nach einem kurzen steilen Stück Wiese, herrlich zum Picknicken geeignet, tauchen wir in

Rückblick zur Engalm am Ende des Großen Ahornbodens.

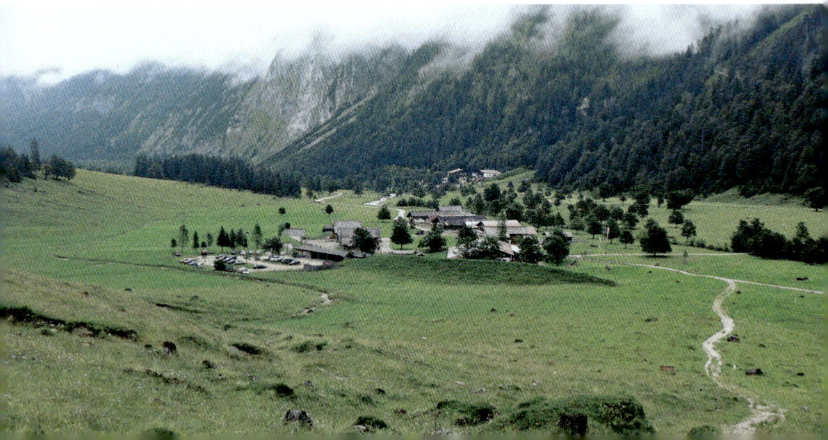

einen Märchenwald ein, durch den es nun stetig ansteigend hinaufgeht. Am höchsten Punkt, dem **Hohljoch (7)**, 1794 m, angekommen, eröffnet sich uns ein traumhafter Blick ins nächste Tal hinein und zu den Laliderer Wänden hinüber. Die Wände beeindrucken durch ihre fast kerzengerade, 1000 m hohen geschliffenen Steinflächen. Wer gute Augen hat, erkennt von hier aus schon die Falkenhütte, die in 2 km Luftlinie vor uns liegt. Rechts geht es ins Laliderer Tal hinab. Nach etwa zehn Minuten teilt sich unterhalb des Jochs unser Weg. Wir folgen den rot-weißen Markierungen und gehen geradeaus bis zum **Spielissjoch (8)**, 1773 m. Nun geht es nur noch kurz hinauf auf den Fels, auf dem die 1923 gebaute **Falkenhütte (9)**, 1848 m, thront. Familie Kostenzer bewirtschaftet seit 1946 liebevoll das familiäre Haus. Nach dem Krieg war die Hütte ein beliebter Treffpunkt von Kletterern in den Laliderer Wänden. Zum damaligen Zeitpunkt hielt man Brieftauben, die bei Unfällen zwanzig Minuten bis zum Brieftaubenschlag der Gendarmerie in Innsbruck brauchten und so die Bergrettung alarmierten. Sicherheitshalber schickte man gleichzeitig noch eine Person zum Telefon nach Hinterriß. Das dauerte eine Stunde. Die Bergrettung wusste jedoch fast immer schon Bescheid. Als Abschluss dieses nicht allzu langen Wandertages bietet sich die Besteigung des Ladizköpfls, 1920 m, des Hausbergs der Falkenhütte, an.

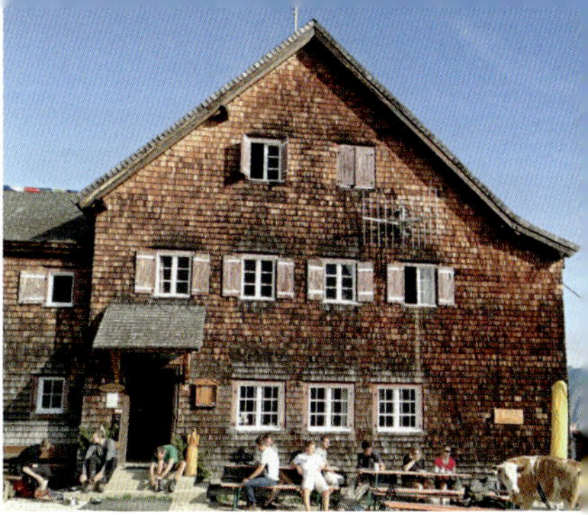

Morgendlicher Aufbruch an der Falkenhütte.

i ***Die botanischen Raritäten: Kleiner und Großer Ahornboden***

Nördlich der Engalm, bevor der Enger Grundbach in den Rißbach mündet, bilden mehr als 2200 Bergahorne den Großen Ahornboden, einen lichten Wald von 240 ha auf sandig-kargem Boden, der als Landschaftsschutzgebiet ausgewiesen ist. Auf 1200 Metern Höhe finden wir hier eine botanische Rarität: Bäume jeden Alters, von jungen Keimlingen bis zu 600 Jahre alten Baumgreisen leben hier. Viele dieser Bergahornbäume sind mittlerweile 400 bis 600 Jahre alt und sterben langsam ab. Um das einzigartige Landschaftsbild des Großen Ahornbodens weiterhin zu erhalten, wurden in den letzten Jahren zahlreiche gespendete Jungahornbäume gepflanzt. Dazu züchtete man die Jungbäume aus den Samen der alten Ahörner, da sie dann besser anwachsen. Das gelblich-weiße Ahorn-Holz ist sehr wertvoll und lässt sich vorzüglich polieren und beizen. Es wird z. B. zum Bau von Musikinstrumenten verwendet. Das Holz des Bergahorns eignet sich besonders gut für Massivholz-Möbel. Auf dem Weg zum Karwendelhaus kommen wir am nächsten Tag auch am Kleinen Ahornboden vorbei.

10 Falkenhütte – Karwendelhaus

3.15 Std.

↑400 ↓490

Über den Kleinen Ahornboden

Eine eher gemütliche Tour, vielleicht mit einem Mittagsschläfchen garniert, führt uns von der Falkenhütte über die Ladizalm zum Kleinen Ahornboden, wo im Herbst die Ahornbäume in aller Farbenpracht leuchten. An diesem geschützten Plätzchen lohnt sich eine Rast. Ein Denkmal erinnert hier an den Bergsteiger und Karwendel-Fan Hermann von Barth, der zur Erschließung des Gebirges wesentlich beigetragen hat. Für uns geht es durch das untere Filztal sanft hinauf. Allmählich steigen wir zum Hochalmsattel, 1803 m, auf, wo uns das Geläut der Kuhglocken begrüßt. Während wir heute früh an den Laliderer Wänden begonnen haben, erstreckt sich nun rechts von uns die nördliche Karwendelkette in ihrer ganzen Weite. Das Karwendelhaus verbirgt sich vor uns bis zur allerletzten Ecke.

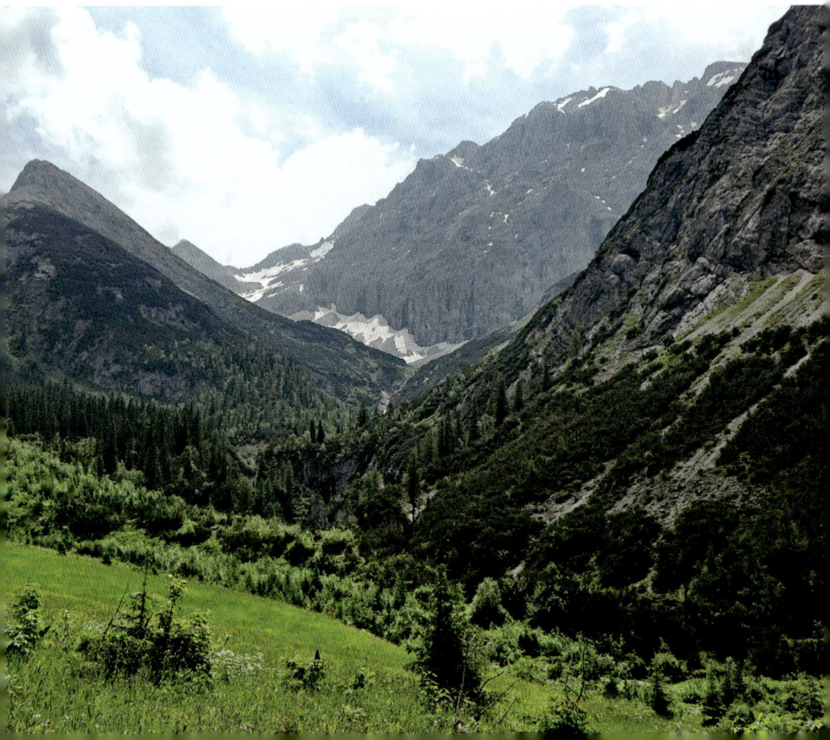

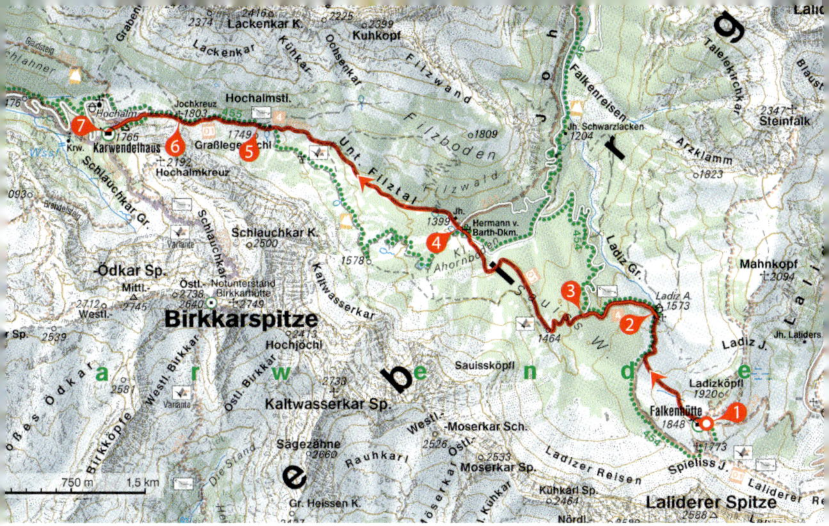

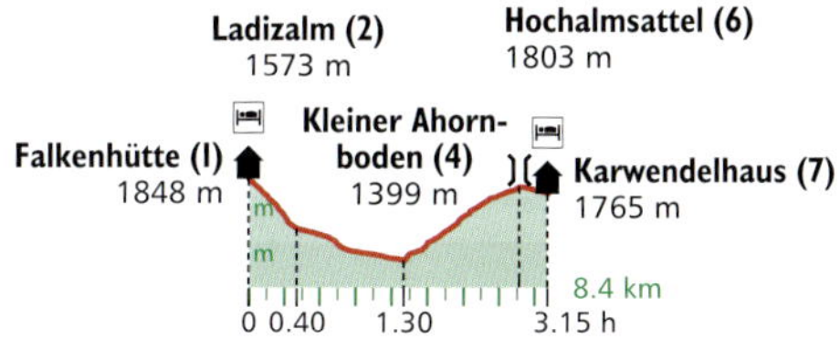

Ausgangspunkt: Falkenhütte, 1848 m.
Anforderungen: Leichte Wanderung auf Pfaden, Steigen, Waldwegen.
Karten: Freytag & Berndt WK 321, 322 (1:50.000); Kompass 26 (1:50.000).
Stempelstelle: Karwendelhaus.
Einkehr: Karwendelhaus.
Unterkunft: Karwendelhaus, DAV, Anfang Juni bis Mitte Oktober, Tel. +43 720 983554, www.karwendelhaus.com.
Einkauf: Unterwegs keine Möglichkeit.
Zustieg: Aufstieg Falkenhütte vom Rißtal (Busverbindung) durchs Engtal ab Engalm (2–2,5 Std.) oder vom Rißtal durchs Laliderer Tal (3 Std.), Aufstieg Karwendelhaus von Scharnitz (Bahnlinie München–Innsbruck) durch das Karwendelbachtal (4 Std.).
Information: Tourismusverband Silberregion Karwendel, Münchnerstraße 11, 6130 Schwaz, Mo–Fr 9–17:30 Uhr, Sa 9–12 Uhr, Tel. +43 5242 63240; www.silberregion-karwendel.com.
Tipp: Das Karwendelhaus bietet eine eigene App an. Erkundigen Sie sich im Karwendelhaus, ob das Wetter am morgigen Tag die Übersteigung der Birkkarspitze zulässt. Wenn nicht, warten Sie einen Tag oder nehmen Sie die Variante, dann können sie heute noch nach Scharnitz absteigen.

Kontraste im Karwendel.

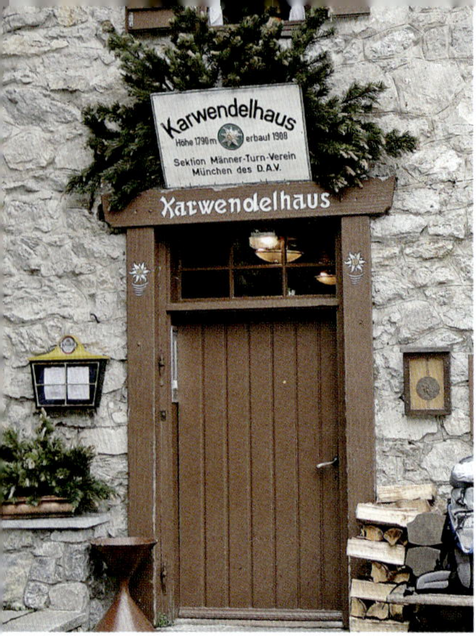

Eingang des Karwendelhauses.

Heute erwartet uns ein kurzer und recht gemütlicher Weg. Er führt uns auf einem Pfad, zwischen den Gebäuden der **Falkenhütte (1)**, 1848 m, hindurch, hinab zu den Gebäuden der urigen **Ladizalm (2)**, 1573 m. Eine Variante für Regenzeiten, wo sich der Pfad gern mal in einen Bach verwandelt, wäre der breite Weg zurück zum Spielissjoch und dann auf weiterhin breitem Wege rechts hinunter. Kurz vor der Ladizalm mündet unser Pfad auf diesen Weg. Wir folgen dann kurzzeitig dem breiten Fahrweg, bis uns links eine **Abzweigung (3)**, 1530 m, den Berg hinauf und in den Sauisswald hinein weist. Hier wandern wir mühelos, ungewohnt eben und im leichten Auf und Ab. Kurz vor dem Kleinen Ahornboden steigen wir hinab zum Fluss und überqueren ihn je nach Wetterlage trockenen oder nassen Fußes, denn bei Regen kann sich das vermeintlich trockene Flussbett in Windeseile in einen breiten Strom verwandeln. Nach insgesamt einer Stunde Gehzeit von der Falkenhütte erreichen wir den **Kleinen Ahornboden (4)**, 1399 m, und können uns hier zu einer Rast unter den jungen und alten Bergahornbäumen niederlassen. Hier befindet sich das private Pürschhaus und direkt an unserem Weg ein Denkmal für Hermann von

i ***Bergpionier Hermann von Barth***

Wäre Hermann von Barth (1845–1876) nicht so bergfanatisch gewesen und hätte er seine oft waghalsigen Touren nicht so akribisch dokumentiert, wer weiß, wie alles gekommen wäre. Allein im Sommer 1870 erstieg der junge Barth achtundachtzig Gipfel des Karwendels. Mit zwölf Erstbesteigungen ebnete er in dem damals kaum erforschten Gebirge viele Wege für kommende Bergsteigergenerationen. Unterwegs sammelte er Mineralien und Fossilien. Seine erste Beschreibung der Nördlichen Kalkalpen 1874 gilt noch heute als Klassiker und war wegweisend für die Herausgabe von heute nicht mehr wegzudenkenden Tourenbeschreibungen. Für Notfälle unterwegs hatte Barth stets vorgesorgt. Bis heute erzählt man sich, dass er eine Tube Gift bei sich trug, um seine Leiden zu verkürzen, falls ihm etwas passieren sollte. So beendete er tatsächlich auf diese Art sein Leben, als er mit 31 Jahren bei einem Forschungsaufenthalt in Luanda, dem heutigen Kamerun, schwer an einer Tropenkrankheit erkrankte.

Barth, an dem wir nicht ohne Beachtung seiner Erstbesteigungen, von denen wir noch heute profitieren, vorübergehen sollten. Wir setzen unsere Wanderung durch das untere Filztal auf dem gekennzeichneten »Weg für Wanderer« fort. Auf diesem schönen Steig nähern wir uns allmählich dem Hochalmsattel mit Jochkreuz. Vorher erreichen wir wieder den breiten **Fahrweg (5)**, 1740 m, den wir uns nun mit den teils rasanten Radlern teilen müssen. Vom höchsten Punkt der Bergkuppe, dem **Hochalmsattel (6)**, 1803 m, sind es nun nur noch einige hundert Meter links um den Berg herum zum Karwendelhaus. Uns überrascht eine gigantische Aussicht in das jenseitige Karwendelbachtal und über die links liegende nördliche Karwendelkette. Noch sehen wir kein **Karwendelhaus (7)**, 1765 m, doch plötzlich, hinter einer Felsecke, liegt es vor uns. Es schwebt regelrecht über dem Karwendeltal und sieht aus, als wäre es an die hinter ihm liegende Felswand geklebt. Das Karwendelhaus wurde 1908 als Bergsteigerhospiz gebaut und wird seit 1928 aus einem kleinen E-Werk mit Strom versorgt. Heute findet hier (nicht nur) der elektrische Schuhtrockner begeisterte Fans unter den Bergsteigern.
Wer mag, schafft noch die Gipfelbesteigung des Hochalmkreuzes, 2192 m.

Blick übers Karwendeltal nach Scharnitz.

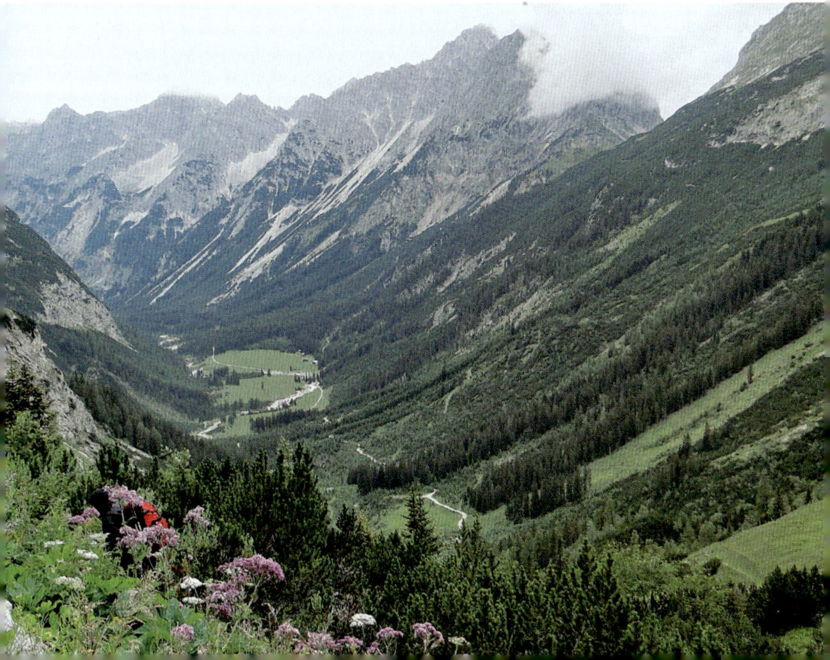

11 *Karwendelhaus – Hallerangerhaus*

9.00 Std.

↑1530 ↓1530

Auf Adlers Flügeln über den höchsten Karwendelgipfel

Die Überschreitung des höchsten Karwendelgipfels ist eine der beeindruckendsten Touren auf dem ganzen Adlerweg. Uns erwartet eine Königsetappe, die man nur bei bestem Wetter und guter Kondition gehen sollte. Alternativ beschreiben wir die Wanderung über Scharnitz und die Isarquelle. Früh morgens geht es über Blockwerk und steiniges Geröll durch das Schlauchkar zum Westgrat, der uns einen gigantischen Rundumblick beschert. Von hier lohnt sich die kurze Besteigung des höchsten Gipfels des Karwendels, der Birkkarspitze, 2749 m. Danach geht es steil über eine prickelnde seilversicherte Kletterstelle hinab und über die Birkkarklamm ins Hinterautal, in dem die Isar entspringt. Nach einem Zwischenstopp auf der Kastenalm wandern wir mit neuen Kräften zu unserem ersehnten Nachtquartier, dem Hallerangerhaus oder der Hallerangeralm. Was für ein Gefühl, wenn nach etwa neun Stunden Fußmarsch die Wanderschuhe von den Füßen fallen.

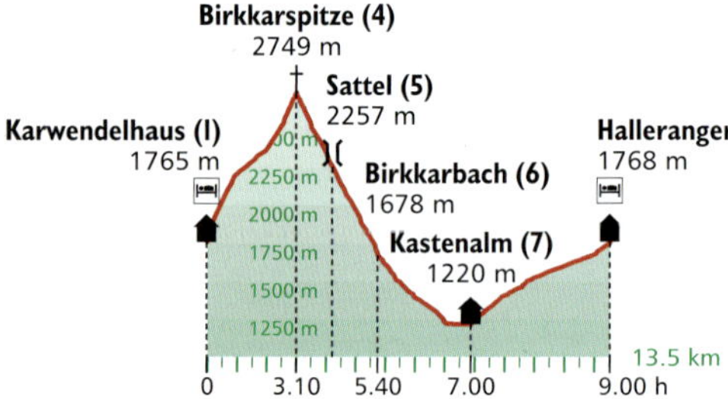

Ausgangspunkt: Karwendelhaus, 1765 m.
Anforderungen: Schwere Bergwege, lange Tour, anstrengend; Trittsicherheit im Schotter und versiertes Abwärtsklettern nötig; teils schlecht markiert, bei schlechtem Wetter und Schnee nicht zu empfehlen.
Karten: Freytag & Berndt WK 322 (1:50.000); Kompass 26 (1:50.000).
Stempelstellen: Kastenalm, Hallerangeralm, Hallerangerhaus.
Einkehr: Kastenalm, 1220 m, Mitte Mai bis Ende September, Tel. +43 5213 5433, +43 664 5316796, Brotzeit, Kuchen; Hallerangerhaus, Hallerangeralm; bei Variante: Isarlodge Wiesenhof, Tel. +43 5213 5380, www.isarlodge-wiesenhof.at; in Scharnitz verschiedene Einkehrmöglichkeiten.
Unterkunft: Hallerangerhaus: DAV, Anfang Juni bis Mitte Oktober, Tel. +43 720 347028, www.hallerangerhaus.at; **Hallerangeralm:** privat, Lager u. Zimmer, Tel. +43 664 1055955, www.halleranger-alm.at; bei Variante: Isarlodge Wiesenhof, Tel. +43 5213 5380, +43 664 73747241, www.isarlodge-wiesenhof.at und in Scharnitz mehrere Unterkünfte.
Einkauf: Unterwegs keine Möglichkeit; bei Variante in Scharnitz.
Zustieg: Bahn von München oder Inns-

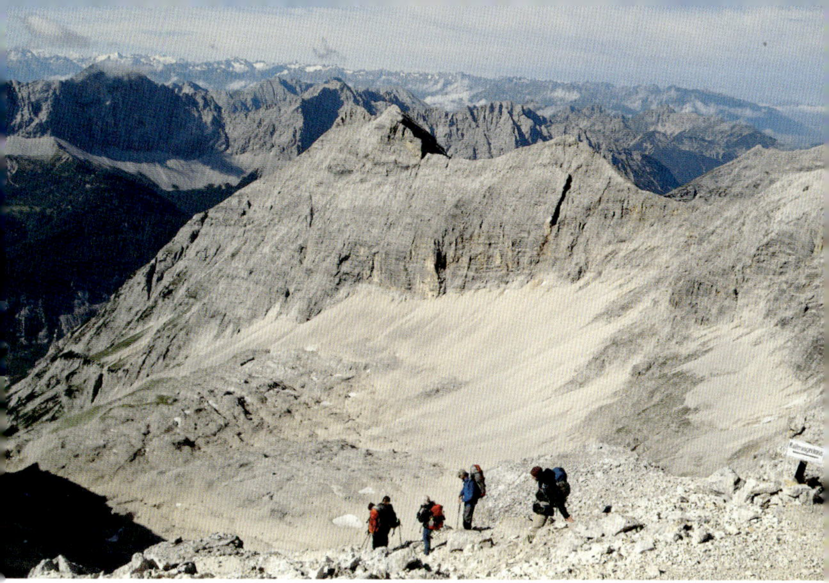

Abstieg vom Schlauchkarsattel mit Panoramablick.

bruck bis Scharnitz, Aufstieg zum Karwendelhaus durchs Karwendelbachtal: 4 Std.; Aufstieg durchs Rißtal und Johannestal: Oberbayernbus (Mitte Juni bis Mitte Oktober) bis Hinterriß: 4,5 Std.
Verkehrsmittel: Bei Variante: Karwendeltaxi Maier, Tel. +43 5213 5363 (max. 8 Personen) und Taxi Ramona, Tel. +43 5213 5541; +43 664 4145242 fahren vom Karwendelhaus durchs Karwendelbachtal nach Scharnitz und von dort durchs Hinterautal zur Kastenalm, weiter zu Fuß (2 Std.) zum Hallerangerhaus, Taxi fährt auch Teilstrecken.
Information: Tourismusverband Olympiaregion Seefeld, Informationsbüro Scharnitz, Hinterautalstraße 555b, 6108 Scharnitz, Tel. +43 50880540, www.seefeld.com; Tourismusverband Region Hall-Wattens, Unterer Stadtplatz 19, 6060 Hall in Tirol, Tel. +43 5223 45544, www.hall-wattens.at.
Tipp: Die Tour kann selten vor dem 10. Juli begangen werden, Informationen und Wetterbericht dazu beim Hüttenwirt im Karwendelhaus einholen.

Frühes Aufstehen ist heute angesagt. Zwischen dem **Karwendelhaus (1)**, 1765 m, und dem Winterlager steigen wir zwischen zahlreichen Lawinenschutzverbauungen die ersten hundert Höhenmeter steil an und überwinden dabei die erste Kletterstelle. Nach etwa einer halben Stunde erreichen wir den **Abzweig zum Hochalmkreuz (2)**, 2198 m, nach links, dem wir nicht folgen (Aufstieg ab hier ca. 30 Minuten). Bald darauf verlassen uns nach rechts die Wanderer, die zum Klettersteig über die Ödkarspitze wollen. Wir bleiben auf dem Hauptweg. Erst ist unser Weg eindeutig, dann scheint er sich zwischen Steinen und Geröll zu verlieren. Wir folgen den roten Punkten und Steinmännchen. Hilfreich sind Mitwanderer, die vor uns sind und uns so die Richtung weisen. Bis zum Sommer können hier aufgrund der Nordseite auch noch Altschneefelder liegen, die die Orientierung zusätzlich erschweren. Schwitzend geht es durch das teils sehr schrofige Schlauchkar hinauf. Auf den letzten Metern brauchen wir höchste Konzentration. Hier kann der Boden sehr rutschig oder vereist sein. Nach zweieinhalb Stunden haben wir unser erstes Etappenziel erreicht. Wir stehen am **Schlauchkarsattel (3)**, 2639 m. Nach links geht es zum höchsten Punkt, der **Birkkarspitze (4)**, 2749 m, der »verwegensten Zinne der Nordtiroler Kalkalpen«, wie Hermann von Barth sie nannte, nachdem er sie am 6. Juli 1870 als Erster bestiegen hatte. Dazu klettern wir vom Sattel auf einem versicherten Steig an der Biwakschachtel, 2640 m, vorbei und über die schuttbedeckten Flanken des Westgrates auf den Gipfel hinauf. Die Aussicht ist atemberaubend, und wer sich gut fühlt, sollte sich dieses kleine Bonbon (ca. 50 Min. hin und zurück) nicht entgehen lassen. Unter uns erstreckt sich das Hinterautal mit der Isarquelle, in das wir später hinabsteigen. Unser Blick schweift weit hinüber, über die zweite und dritte Karwendelkette hinweg zum Alpenhauptkamm, wo wir die Stubaier und Ötztaler Alpen erkennen und bei guter Sicht bis zu den Hohen Tauern im Osten und der Silvretta im Westen sehen. Zurück am Schlauchkarsattel folgen wir dem Pfeil und dem Weg 225 steil hinab ins westliche Birkkar. Sogleich beginnt eine mehrfach seilversicherte Kletterstelle, die aufgrund des bröckligen Gesteins nicht ganz ohne ist. Wir folgen dem deutlich sichtbaren Pfad und sehen vor uns schon den nächsten **Sattel (5)**, 2257 m, den wir leicht überwinden. Vom Sattel schauen wir nun direkt hinab auf unser nächstes Ziel: den Talboden des Hinterautals. Wir sehen das strandfarbene Bachdelta, an dessen Mündung wir schon den Talweg zur Kastenalm erkennen. Direkt gegenüber grüßt uns in Sichthöhe der dominante Große Lafatscher, 2696 m. Vom Sattel geht es durch loses Geröll steil hinab, bis mit der Vegetationsgrenze wieder kleine Serpentinen beginnen, die unsere Knie dankbar begrüßen werden. Wir überqueren den **Birkkarbach (6)**, 1678 m, mit seinem kühlen Nass und folgen ihm springend, kletternd oder laufend durch die Birkkarklamm in Richtung Isarursprungstal. Später verlassen wir den Bach. Unser Weg

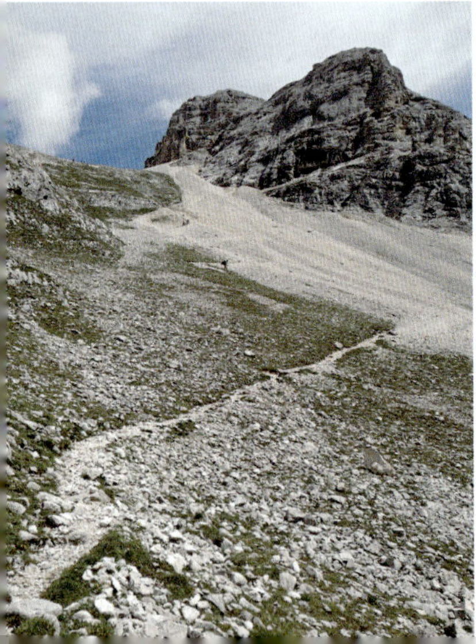

Abstieg ins Hinterautal.

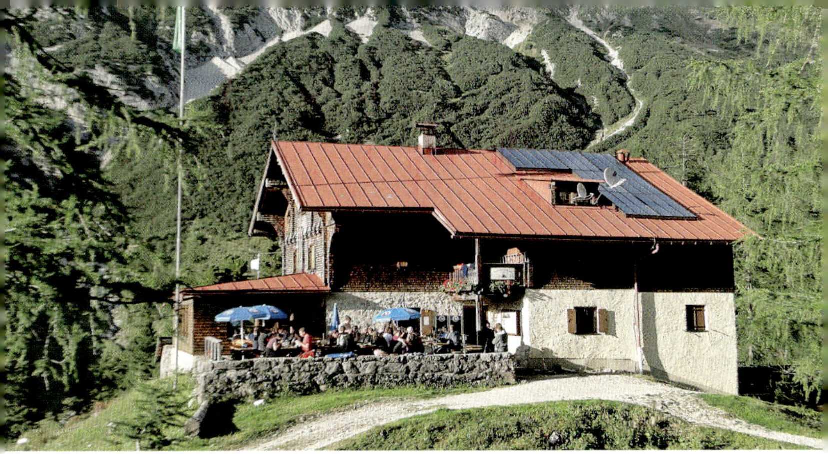

Entspannung in der Abendsonne auf der Terrasse des Hallerangerhauses.

führt leicht gen Osten um den Kleinen Heissenkopf herum und verliert dann im lichten Wald deutlich an Höhe. Bald haben wir den Talboden erreicht, treten aus dem Wald heraus und wenden uns nach links, den Fahrspuren nach, wo wir bald den Forstweg zur Kastenalm erreicht haben. Rechts ab würden wir nach ca. 500 Metern auf den Isarursprung treffen, der aus drei Bächen entsteht. Wir aber gehen links und brauchen nun nur noch ca. 15 Minuten bis zu einem weiten Platz, wo zahlreiche geparkte Fahrräder auf die etwas versteckte **Kastenalm (7)**, 1220 m, hinweisen. Bei einer leckeren Brotzeit, üppigem Kuchen und kühlen Getränken tanken wir unsere Energie für die kommenden zwei Stunden Wanderung wieder auf. Zurück am Eingangstörchen, führt unser Weg nun über die kleine Brücke steil hinauf. Der seltsam aussehende Berg auf der linken Wegseite neben der Alm entstand per Hand aus dem Aushub des Bergwerks Silberner Hansel, das bis 1956 in Betrieb war.

i Hüttenwirt in vierter Generation

Alois Ruech wurde 1908 Hüttenwirt am Hallerangerhaus. Dieses war 1901 im Kohlergrund erbaut worden und fiel im Januar 1914 einer Lawine zum Opfer. Noch im gleichen Jahr entstand 500 Meter oberhalb das heutige Hallerangerhaus. Vorher hatte Ruech Professoren und Wohlhabende durch die Berge geführt. Mit Saumpferden wurden die Lebensmittel über das Lafatscher Joch transportiert. Damit sie schön kühl blieben, holte der Bub der Ruechs zwei mal pro Woche das Eis von einem Ganzjahresschneefeld unterhalb des Lafatscher Jochs. Der Urenkel Andreas Ruech ist seit 2010 mit seiner Frau Brigitte Hüttenwirt im Karwendelhaus. Was sich ihm zufolge über die Jahrzehnte am meisten verändert hat, seien die gestiegenen Ansprüche der Besucher und die Rastlosigkeit, mit der sie ohne Zeit in die Berge rennen.

Weiter geht es immer am Bach entlang, bis sich nach etwas weniger als eineinhalb Stunden nach einem neuerlichen Anstieg das nächste Tal vor uns ausbreitet. Wir passieren den niedlichen **Lafatscher Niederleger (8)**, 1577 m, und können nun das erste Mal das Hallerangerhaus vor uns erkennen. Nicht täuschen lassen, es ist von hier aus noch etwa eine dreiviertel Stunde entfernt. Hinter einem kleinen Wald erreichen wir eine oft feuchte

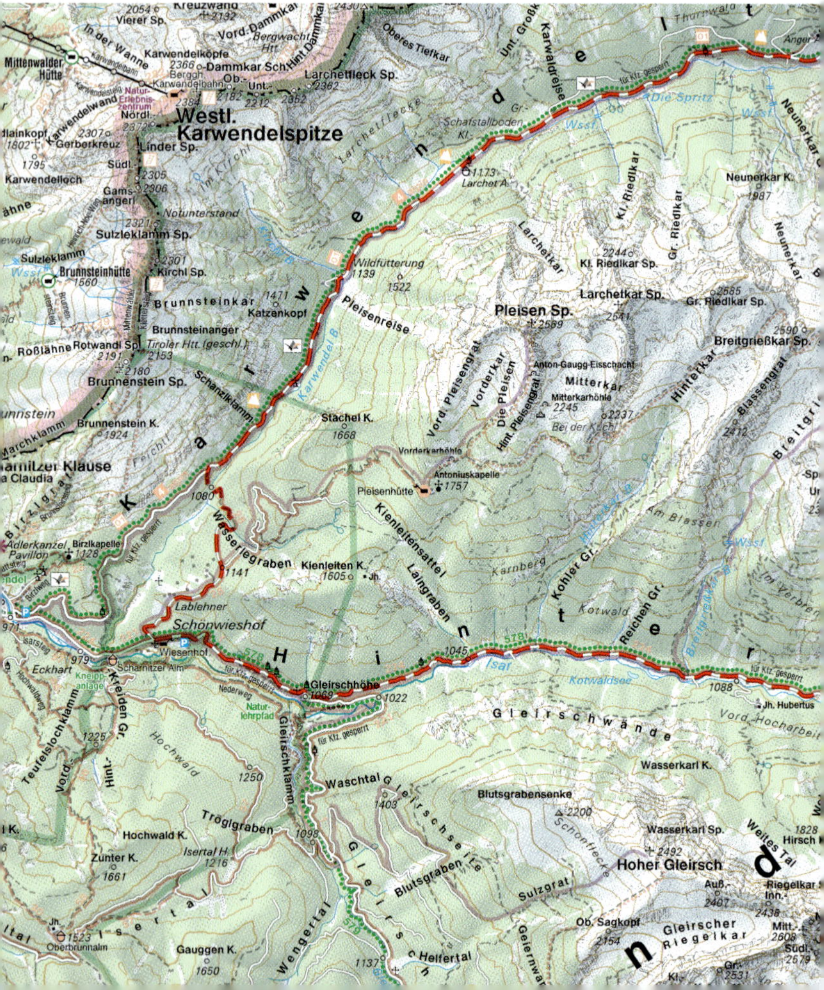

Wiese, die Kohleralm. Nun kommt es darauf an, wo wir unsere Übernachtung reserviert haben. Wer zur gastlichen, privaten **Hallerangeralm (9)**, 1776 m, möchte, biegt nach links ab. Wen es auf das **Hallerangerhaus (10)**, 1768 m, zieht, läuft rechts herum in ca. 15 Minuten zur plötzlich unsichtbar gewordenen DAV-Hütte. Stolz wie Adler sitzen wir bald ohne Wanderschuhe in der Gaststube oder auf der Terrasse.

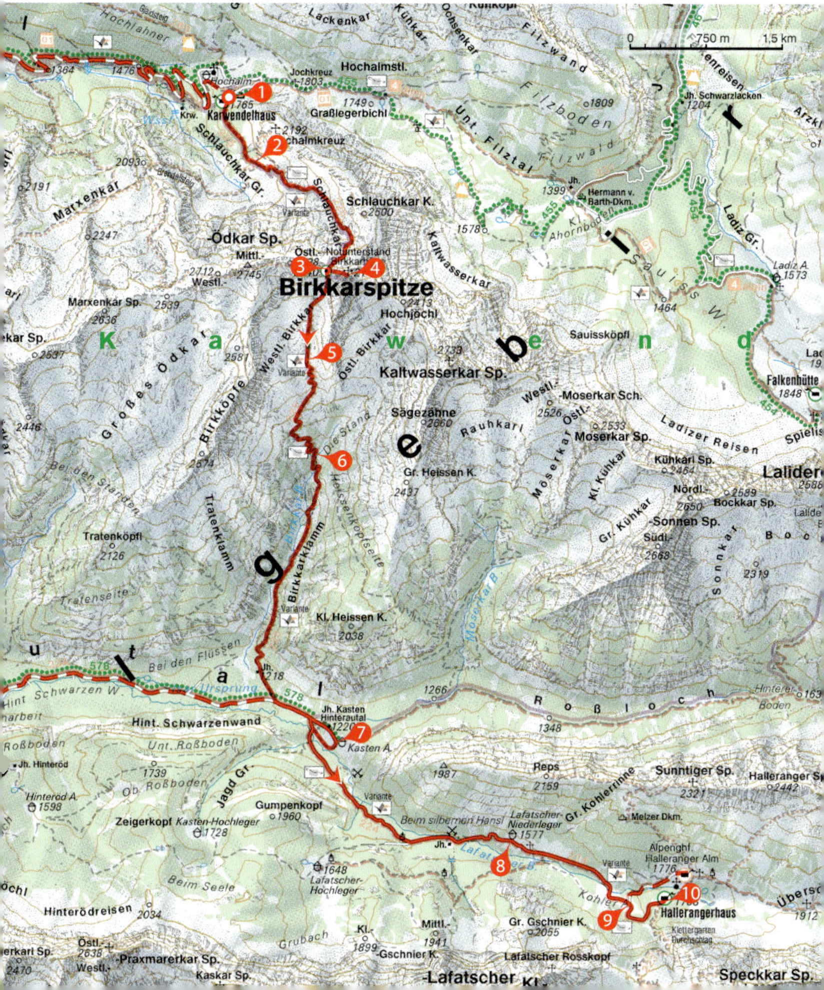

Variante: Karwendelhaus – Hallerangerhaus über Scharnitz

Wer die alpine Wegstrecke über die Birkkarspitze aufgrund des Wetters oder der Kondition nicht nehmen kann, dem empfehlen wir folgende Variante:

Vom Karwendelhaus wandern wir zunächst steiler, dann relativ allmählicher den breiten Weg Nr. 201 abwärts durch das Karwendeltal in Richtung Scharnitz (ca. 4 Stunden für 19 km und 800 Höhenmeter abwärts). Hier können wir übernachten und am nächsten Tag die Wanderung durchs Hinterautal mit einem Besuch des Isarursprungs und einem schönen Tag am Fluss verbinden.

Oder wir biegen noch vor Scharnitz an einem Wegweiser und vor einer Bank rechter Hand nach links in einen ausgeschilderten schmalen Wanderpfad, den Karwendelsteg, über den Karwendelbach ein. Der Weg weitet sich später und wir erreichen mit mehr als einer Stunde Abkürzung direkt die Isarlodge Wiesenhof, eine Frühstückspension mit 10 Zimmern am Beginn des Hinterautals, Weg 224. Durch das Hinterautal sind es bis zum Etappenziel von hier zu Fuß noch ca. 18 km (5 Stunden, 88 Höhenmeter aufwärts). Die Wanderung lässt sich also auch gut am nächsten Tag fortsetzen. Wer das nicht möchte, dem gelingt es vielleicht, eins der wenigen vorbeikommenden Autos anzuhalten oder mit einer kleinen Gruppe ein Taxi zum Isarursprung oder zur Kastenalm zu ordern. Dann ersparen wir uns einen Großteil des langen Hatschers. Die letzten zwei Stunden ab der Kastenalm müssen wir ohnehin zu Fuß gehen, da dieses Stück für Autos gesperrt ist.

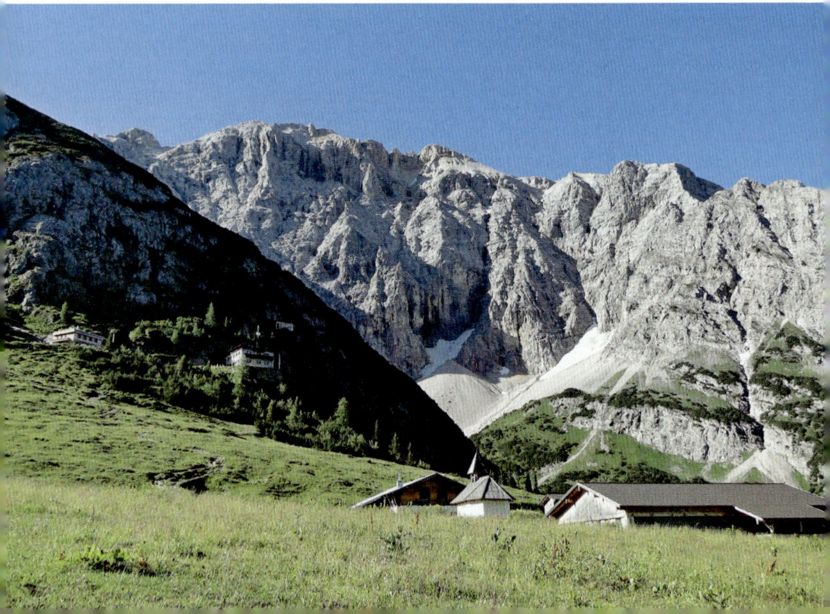

Die nächsten Tage: Etappen 12 bis 14

Der Originalverlauf der Adlerwegs führt vom Hallerangerhaus weiter nach Innsbruck. Am nächsten Tag geht es von Innsbruck auf der anderen Seite des Inntals in einer Tagesetappe hinauf zur Tulfeinalm und wieder hinunter. Damit zeichnet die Routenführung den Schwanz des Adlers auf die Landkarte. Am dritten Tag fährt man von Innsbruck mit dem Zug nach Hochzirl und steigt von dort zum Solsteinhaus auf. Willkommen zurück im Karwendel: nun auf der anderen Seite des Hafelekars, nur wenige Kilometer von dort entfernt. Diese Etappen finden Sie im Folgenden in der Tour 13 und Tour 14 beschrieben.

Einige Wanderer möchten das Karwendel nicht verlassen und auf den Abstecher nach Innsbruck und zur Tulfeinalm verzichten. Für sie beschreiben wir in Tour 13V und Tour 14V eine anspruchsvolle (schwarze) und eine einfachere (rote) Variante mit je einer Übernachtung, die wir beide sehr empfehlen können, die jedoch nicht Teil der offiziellen Routenführung sind. Sportliche Wanderer können auch von der Pfeishütte ohne Übernachtung direkt zum Solsteinhaus gehen.
Spätestens an der Pfeishütte müssen wir uns für eine Variante entscheiden. Vorher schadet es nicht, die Hüttenwirte des Hallerangerhauses und der Pfeishütte nach Wegebeschaffenheiten, Wetter und Zeiten zu fragen. Wir empfehlen auch einen Blick in die Wanderkarte.

Je nach Motivation, Wetter und Kondition kann der Wanderer die Varianten aussuchen und verschiedene Etappenstücke wie Bausteine kombinieren. Alle Beschreibungen finden sich in den nachfolgenden Touren. Den Weg zur Pfeishütte gehen wir jedoch alle gemeinsam, egal, wohin wir danach gehen.

Originalroute:

12: Hallerangerhaus – Bergstation Hafelekarbahn – Innsbruck, **13:** Innsbruck – Tulfeinalm – Innsbruck, **14:** Innsbruck – Hochzirl – Solsteinhaus.

Varianten:

12: Hallerangerhaus – Pfeishütte, **13V:** Pfeishütte – Seegrube – Höttinger Alm, **14V:** Höttinger Alm – Frau Hitt – Solsteinhaus oder leichtere (rote) Variante, wenn Überquerung von Frau Hitt nicht möglich: **12:** Hallerangerhaus – Pfeishütte , **13V:** Pfeishütte – Möslalm, **14V:** Möslalm – Solsteinhaus.

Das Karwendelhaus vor dem Birkkarausläufer.

12 Hallerangerhaus – Pfeishütte – Nordkettenbahn – Innsbruck

5.50 Std.

↑950 ↓450

Auf einer Perlenkette über den Wilde-Bande-Steig und den Goetheweg

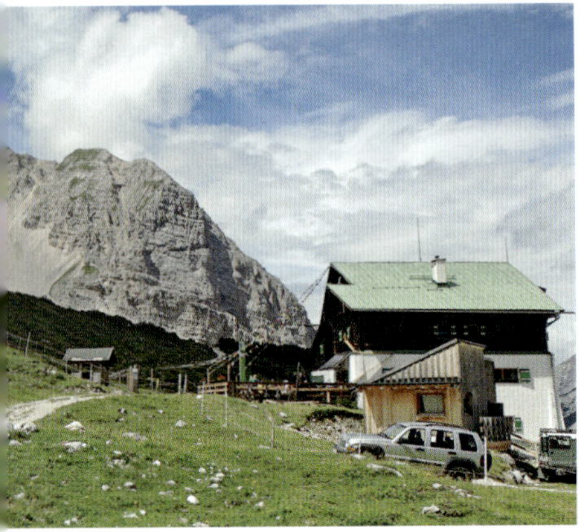

Oben: Die Pfeishütte.
Unten rechts: »Mensch ärgere dich nicht«.

Egal, wie man die nächsten Wandertage auf dem Adlerweg verbringen will – alle Wege führen zunächst zur Pfeishütte. Dabei erkennen wir heute noch mal, dass das Karwendelgebirge aus mehreren Bergketten besteht, die durch tiefe, lange Täler getrennt zwischen Inn und Karwendelvorgebirge liegen. Ab dem Lafatscher Joch umrunden wir in westlicher Richtung die Gleirsch-Halltal-Kette des Karwendels auf dem Wilde-Bande-Steig. Nach der etwas rutschigen und steilen Überquerung des Stempeljochs könnten wir dann schon bald unseren Wandertag auf der Terrasse der Pfeishütte in Liegestühlen und bei Brettspielen ausklingen lassen. Wer jedoch nach Innsbruck weiter möchte, wandert von hier über den Goetheweg hinauf zur Mandlscharte, dann an der Nordseite der Nordkette bis zum luftigen Mühlkar und dann mit einzigartigem Blick auf Innsbruck bis zur Bergstation der Nordkettenbahn am Hafelekar. Das ist der gleiche Weg, dem wir fast in seiner ganzen Länge folgen, wenn wir an den nächsten Tagen im Karwendel bleiben wollen. Erst kurz vorm Hafelekar zweigen die in der morgigen Tour beschriebenen Varianten ab.

Ausgangspunkt: Hallerangerhaus, 1768 m.
Anforderungen: Schmale Bergpfade mit Seilversicherung und Tritthilfen, abwechslungsreich von leicht bis schwer, die anstrengende Überquerung des Stempeljochs erfordert Kondition, Kraft und Trittsicherheit im Schotter. Informationen zum Steig beim Hüttenwirt einholen.

Karten: Freytag & Berndt WK 322 (1:50.000); Kompass 26 (1:50.000).
Stempelstellen: Bergstation Hafelekar.
Einkehr: Pfeishütte, Restaurant Hafelekar, 2269 m, 9–17 Uhr, Tel. +43 664 4440783, www.nordkette.com.
Unterkunft: Pfeishütte: 1922 m, DAV, Mitte Juni bis Mitte Oktober, Tel. +43 512 552906 (Hütte), +43 664 9148434 (Winter), info@pfeishuette.at, www.pfeishuet-

te.at (Online-Reservierung); diverse Übernachtungen in Innsbruck.
Einkauf: Unterwegs keine Möglichkeit.
Zustieg: Bahn von München oder Innsbruck bis Scharnitz, Taxi bis Kastenalm und 2 Std. Aufstieg zum Hallerangerhaus oder Wanderung von Scharnitz durchs Hinterautal: 5 Std.; von Innsbruck Auffahrt mit Nordkettenbahn zum Hafelekar und 2 Std. Wanderung über Goetheweg zur Pfeishütte.
Verkehrsmittel: Von/nach Innsbruck Hafelekarbahn (Nordkettenbahn) zum/ab Hafelekar, täglich 9–17 Uhr im 15-Minuten-Takt, letzte Talfahrt 17 Uhr; Seegrubenbahn, täglich 8:30–17:30 Uhr im 15-Minuten-Takt; www.nordkette.com.
Information: Tourismusverband Region Hall-Wattens, Wallpachgasse 5, 6060 Hall in Tirol, Tel. +43 5223 45544, www.hall-wattens.at; Tourismusverband Innsbruck, Burggraben 3, 6020 Innsbruck, Tel. +43 512 5356340, www.innsbruck.info.
Tipp: Bevor es losgeht, lohnt sich noch ein Abstecher zur 10 Min. entfernten Isarquelle hinter dem Hallerangerhaus.

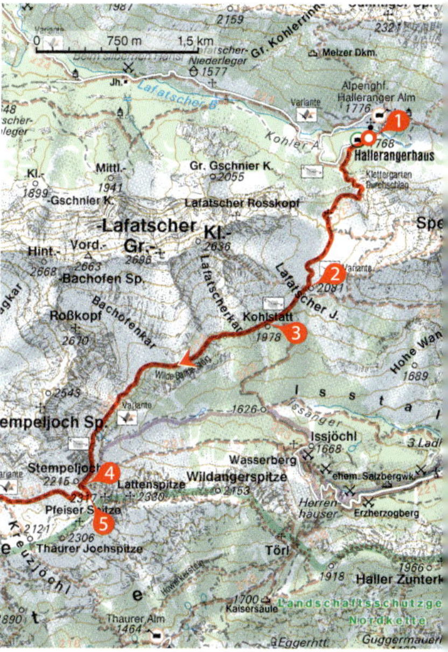

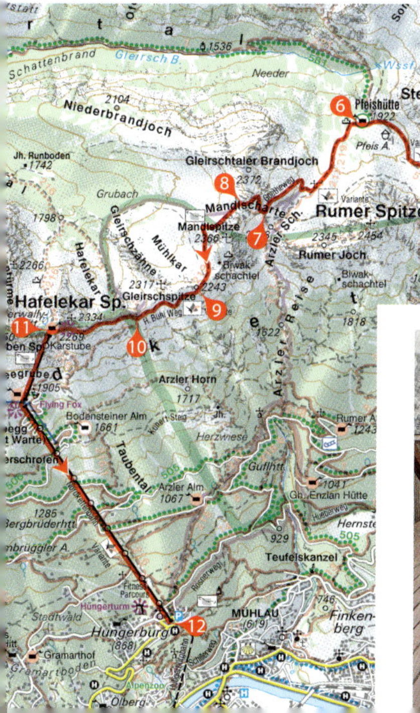

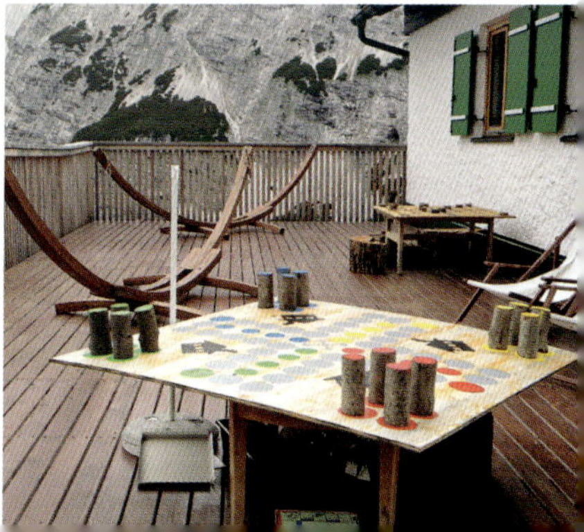

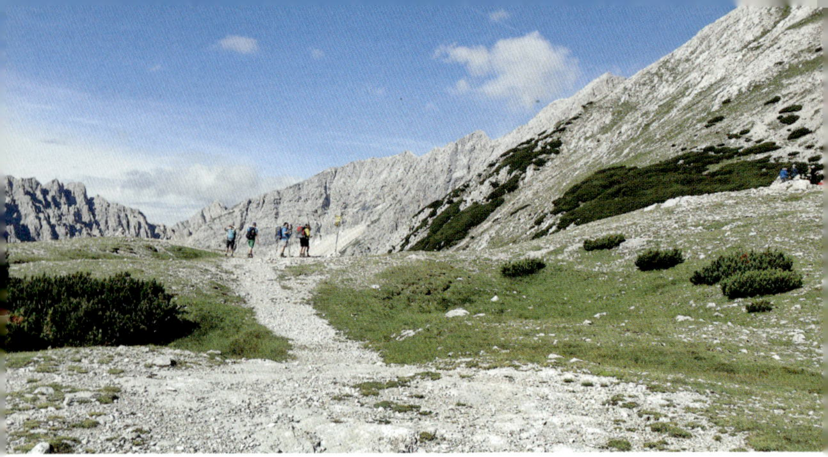

Orientierung am Lafatscher Joch.

Vom **Hallerangerhaus (1)**, 1768 m, nehmen wir den ausgeschilderten Weg unterhalb der Speckkarspitze durch den Zirbenwald bis an die vor uns liegende Felswand heran. Rechts vor uns liegt der Kleine Lafatscher, 2636 m. Am sogenannten »Durchschlag« wurde ein Saumweg durch den Fels gebrochen. Eine Stunde steigen wir im Bergschatten erst steil, dann über Hochwiesen zügig auf. Wir kommen an einem Metallkreuz vorbei und gehen nun hinüber, am wenig wahrzunehmenden höchsten Punkt des **Lafatscher Jochs (2)**, 2081 m, vorbei, bis wir an der Südseite stehen und einen schönen Blick ins Isstal in Richtung Hall genießen. Von hier geht es rechts hinab, bis wir an einem Wegweiser rechts auf den schmalen und ebeneren **Wilde-Bande-Steig (3)**, 1978 m, abbiegen, der nach einem 1878 gegründeten Bergsteigerverein benannt wurde. Wir verlassen damit die zahlreichen München-Venedig-Wanderer, die auf dem breiten Weg bleiben und ins Tal hinabeilen. Die

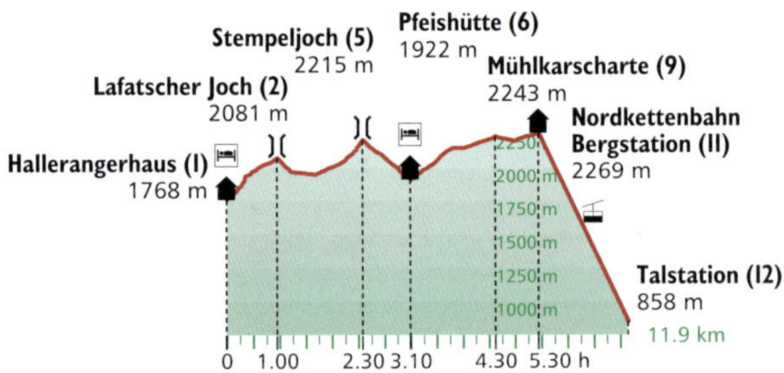

angegebenen 1¾ Stunden bis zur Pfeishütte sind sehr sportlich gerechnet. Uns scheint, dass die Überwindung des Stempeljochs nicht mitgerechnet wurde. Wir folgen nun dem Weg 222, der an einigen Stellen ausgesetzt und seilversichert ist. Er führt horizontal am Berg entlang, lässt sich gut gehen und steigt am Ende etwas an. Vor uns sehen wir das Stempeljoch und gegenüber den Weg 221, der von Issanger heraufführt. Mit etwas Glück treffen wir auf große Gämsenherden, die sich gern in dieser Abgeschiedenheit aufhalten.
Vor der nahezu senkrechten Besteigung des Stempeljochs lohnt es sich, seine Energiereserven aufzufüllen. Der Aufstieg beginnt erst sehr steil auf rutschigem Geröll und über eingelassene Treppenstufen, die aus Felgen von ausgedienten Seilbahnrädern bestehen. Weiter oben erleichtern die Serpentinen dann den Aufstieg, der dennoch unsere höchste Konzentration und Kraft erfordert. Endlich stehen wir stolz auf dem **Bergkamm (4)**, 2207 m. Wir können noch einmal zurück, aber auch schon auf die andere Seite blicken. Etwas weiter rechts liegt das eigentliche **Stempeljoch (5)**, 2215 m.
Nun sind es bis zur Pfeishütte noch ca. 45 Minuten. Unser Weg führt erst in Serpentinen und dann gleichmäßig hinab. Wir sehen zuerst die Pfeisalm, später taucht auch die Pfeishütte zwischen den Hügeln auf. Insbesondere am Wochenende treffen wir auf zahlreiche Tages- und Wochenendwanderer, die »mal eben« von der Nordkettenbahn herüber gespurtet kommen. Deshalb müssen wir fürs Wochenende unbedingt reservieren. Die **Pfeishütte (6)**, 1922 m, ist eine beliebte Hütte der Kategorie »klein, fein und gemütlich«.

Auf zum Stempeljoch! Die feinen Pfade sind kaum zu erkennen.

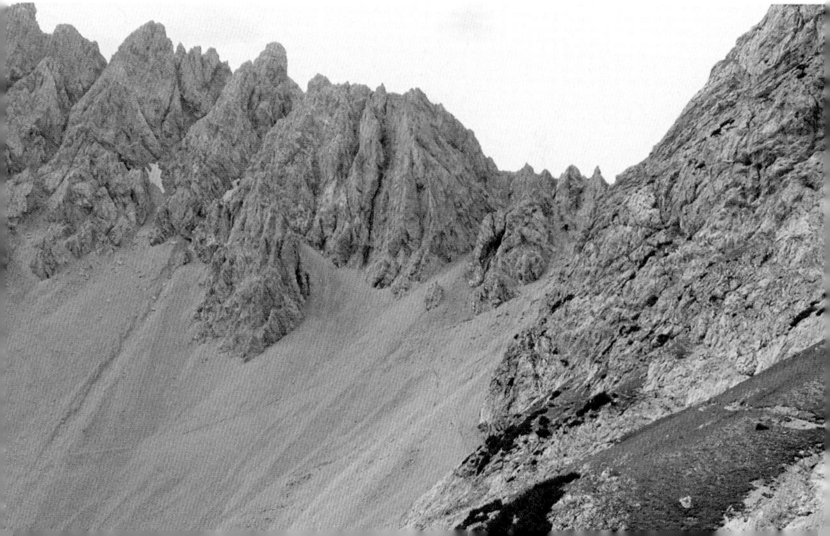

Umgeben von schroffen, majestätischen Berggipfeln, wie der Rumer Spitze, 2454 m, der Stempeljochspitze, 2543 m, und der Bachofenspitze, 2663 m, kann man hier ohne Weiteres mehrere Tage verbringen. Nach Innsbruck wandern wir weiter auf dem Weg Nr. 219 in Richtung Mandlscharte. Zwischen Rumer Spitze, 2454 m, und Gleirschtaler Brandjoch, 2372 m, geht es allmählich aufwärts, zwischen Blumen hindurch und einen kleinen Hügel hinauf. Dort, wo sich der Weg an die untere Seite der Mandlscharte schmiegt, treffen wir auf die Bezeichnung »Goetheweg«. Bald erreichen wir eine **Wegekreuzung (7)**, 2154 m, mit Schild, wo unser Weg 219 zur **Mandlscharte (8)**, 2158 m in Serpentinen rechts hinauf führt. Hinter der Scharte geht es erst etwas steil abwärts, dann zieht sich jedoch ein teils etwas ausgesetzter und seilversicherter Weg eine ganze Weile über Blockwerk auf der Nordseite entlang. Wir erreichen als nächstes die **Mühlkarscharte (9)**, 2243 m, über die wir auf die Südseite wechseln. Hier erwartet uns bei klarer Sicht zum ersten Mal ein atemberaubender Blick auf Innsbruck, das direkt unter uns liegt. Der Kontrast zwischen oben und unten könnte kaum größer sein. Sollte uns ein kleiner

Innsbruck von oben.

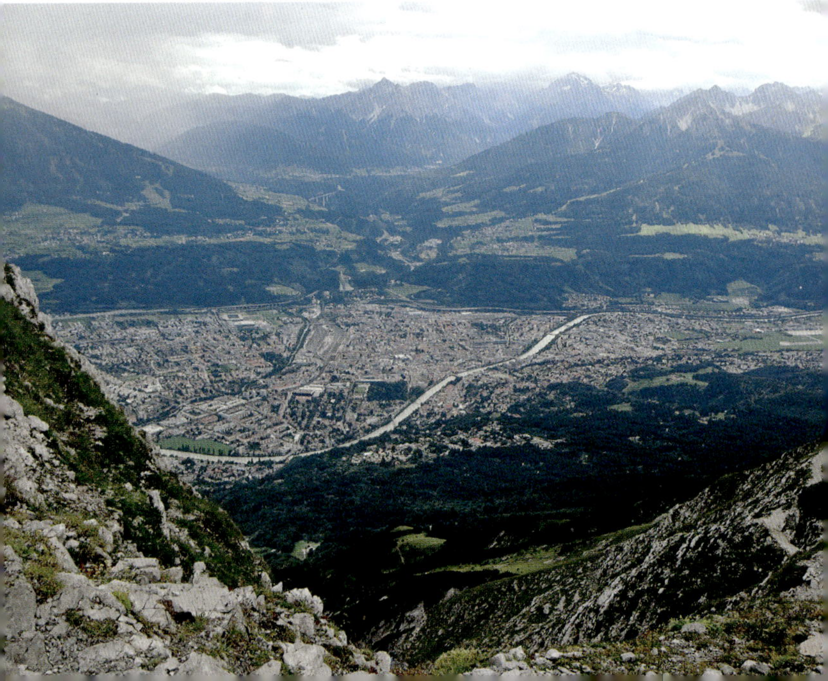

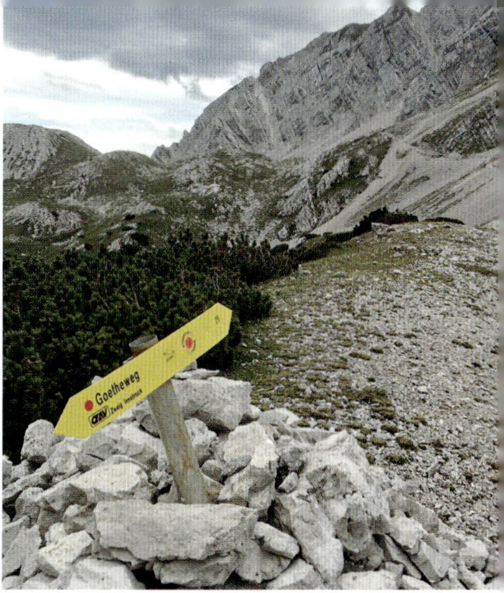

Goetheweg zwischen Pfeishütte und Innsbrucker Nordkette.

Schwindel packen, schauen wir nicht mehr hinunter, sondern halten unseren Blick auf gerader Höhe zum Berg und gehen weiter. Nach den ersten Metern wird der Weg breiter und wir werden sicherer und genießen traumhafte Ausblicke in Richtung Hafelekar, der Bergstation der Nordkettenbahn. An einer Stelle, wo sich oft eine Schafherde aufhält und wo wir zur Abwechslung auch mal wieder zur rechten Seite hinunter schauen können, halten wir an einem **Wegweiser (10)**, 2207 m. Hier teilen sich nun die Wege und spätestens hier müssen wir uns entscheiden: Geradeaus wandern wir kurz den Hügel hinauf und dann unbeschwerlich weiter in dreißig Minuten zum Hafelekar, der **Bergstation der Nordkettenbahn (11)**, 2269 m, mit der wir zur **Talstation (12)**, 558 m, und somit nach Innsbruck hinabfahren. Dieser Weg ist nicht zu verfehlen. Kurz vorher teilt er sich noch einmal. Hier ist es zeitlich egal, ob wir oben über den Aussichtspunkt des Hafelekar, 2334 m, gehen (rechts) oder unten direkt zum Eingang der Bergstation (links).

Links geht unser Weg über die Seegrube zur Höttinger Alm weiter. Rechts kommen wir zur Möslalm. Den rechten Weg sollten wir wählen, wenn ein Überqueren von »Frau Hitt« jahreszeitlich oder wettertechnisch nicht zu empfehlen ist.

i Das Gamswild

Hören wir Pfiffe im Gebirge, hat uns entweder ein Murmeltier entdeckt oder der Wächter einer Gamsherde warnt sein ca. 15 bis 30 Tiere starkes Mutter-Kind-Rudel. Gämsen sind über den gesamten Alpenraum verbreitet. Mit ihrem sommerlich rotbraunen Fell, den kurzen Hörnern und dem schwarz-braunen Aalstrich auf dem Rücken sind sie gut von Steinböcken oder Rotwild zu unterscheiden. Die männlichen Böcke stoßen erst im Spätsommer zum Rudel und vertreiben dann die inzwischen erwachsen gewordenen Böcke durch Rivalenkämpfe aus dem Rudel. Damit stellen sie sich in der zweiten Novemberhälfte zur Paarung zur Verfügung. Gämsen ernähren sich von Alpenrosen, Kräutern und Moosen. Wenn nicht ein Steinschlag, ein Wolf, Steinadler oder Jäger die Gams erlegt, kann das Weibchen 20 Jahre und das Männchen 15 Jahre alt werden.

13 Innsbruck – Zirbenweg – Innsbruck

2.30 Std.

↑240 ↓140

Blütenpracht am Zirbenweg

Vom Karwendel aus gesehen, begeben wir uns heute auf die jenseitige Seite des Inns in die Tuxer Alpen. Hier bietet der Zirbenweg, der gegenüber der Nordkette auf ca. 2000 m Höhe liegt, herrliche Ausblicke auf das Inntal, Innsbruck, die Karwendelspitzen und die Stubaier Alpen. Die Patscherkofelbahn bringt uns hinauf, die Glungezerbahn später wieder hinunter. Im gemütlichen Auf und Ab können wir heute entspannen und dabei leicht die Blicke über Alpenrosen, Latschenkiefern und Zirben schweifen lassen. Wir sehen von fern, wo wir am Vortag entlanggegangen sind. Mit diesem kleinen Abstecher aus dem Karwendel hinaus, gönnen wir uns eine kleine Auszeit, ohne die Beine ganz ruhen zu lassen. Wir wandern heute auf dem Weg, der die Füße des Adlers zeichnet, wenn wir von oben den Gesamtverlauf des Adlerweges auf der Karte betrachten.

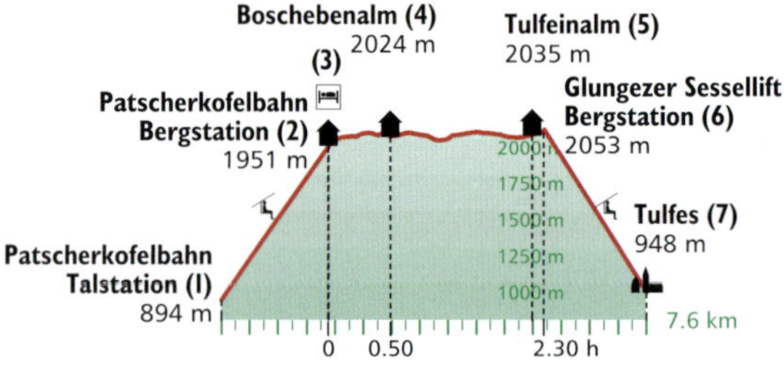

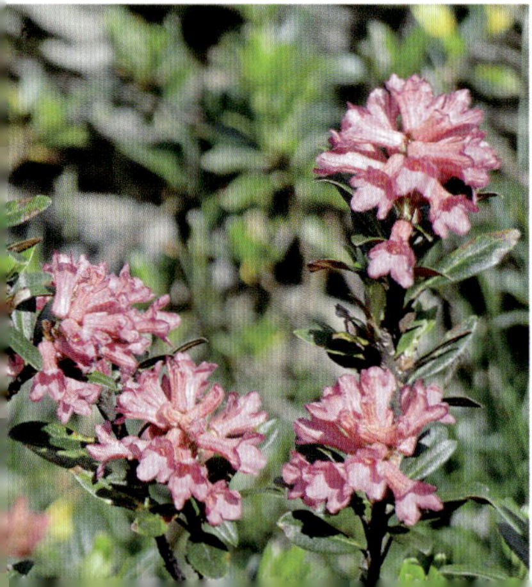

Ausgangspunkt: Innsbruck Hbf, 574 m.
Anforderungen: Bergweg, ohne besondere Schwierigkeiten.
Karte: Freytag & Berndt WK 241 (1:50.000); Kompass 36 (1:50.000).
Stempelstellen: Patscherkofelalm, Tulfeinalm.
Einkehr: Patscherkofelhaus; Boschebenalm, Jause mit eigener Brennerei, Juni bis Oktober, Tel. +43 660 2345396; Tulfeinalm.
Unterkunft: **Patscherkofelhaus:** 1970 m, privat, Juni bis Oktober, preiswerte Zimmer, Lager und Halbpension, Tel. +43 512 377 196, info@schutzhaus-

Alpenröschen am Zirbenweg.

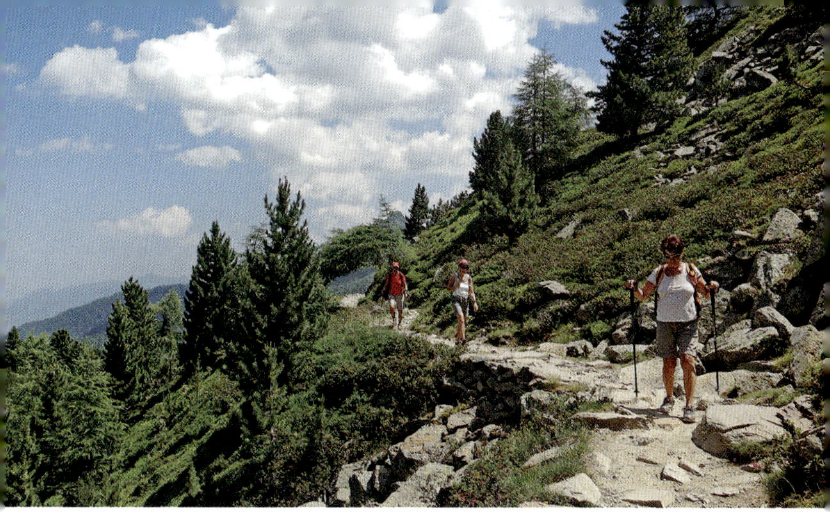

Wasser und Hut helfen am Zirbenweg gegen die Sonne.

patscherkofel.at, www.schutzhaus-patscherkofel.at; **Tulfeinalm:** Dezember bis Ostern, Juni bis Ende Oktober, Tel. +43 664 3255267, +43 5223 78468, tulfeinalm@gmx.at.
Einkauf: In Innsbruck, Igls und Tulfes.
Verkehrsmittel: Von Innsbruck Hauptbahnhof: Bus »J« in 12 Min. zur Patscherkofelbahn oder Igls, Juni bis Oktober, ca. 8.30–17 Uhr, evtl. Mittagspause, Tel. +43 512 377234, www.patscherkofelbahn.at; Glungezerbahn (1er-/2er-Sessellifte) bei Tulfes, Juni bis Oktober, ca. 8.30–16:30 Uhr, evtl. Mittagspause von 12–12:45 Uhr, Tel. +43 5223 78321, www.glungezerbahn.at.
Information: Tourismusverband Innsbruck, Burggraben 3, 6020 Innsbruck, Tel. +43 5125 5356340, www.innsbruck.info; **Tourismusbüro Igls**, Mo–Fr 8:30–18 Uhr, Sa 9–12 Uhr (nur in der Hauptsaison), Hilberstraße 15, 6080 Igls, Tel. +43 512 377101; **Tourismusbüro Telfs**, Mo–Fr, 8:30–12:30 Uhr/14–17:30 Uhr, Sa 10–12 Uhr (Juli–August) Untermarktstraße 1, 6410 Telfs, Tel. +43 5262 62245, telfs@innsbruck.net, www.innsbruck.info/telfs.
Tipp: Die Bergbahnen bieten ein Kombiticket für Zirbenweg-Wanderer. Es kostet 21,50 €. Darin sind die Berg- und die Talfahrt sowie der Bus von der Glungezerbahn zurück zur Talstation der Patscherkofelbahn und Igls enthalten.

In Innsbruck steigen wir in den Stadtbus »J« Richtung Igls (10–12 Min. Fahrzeit zur Patscherkofelbahn), der ca. alle 10 Minuten fährt. Vom Hauptbahnhof aus finden wir die Haltestelle, indem wir den Haupteingang hinausgehen, uns nach rechts zur Hauptstraße wenden, wieder rechts abbiegen und unter der Bahnbrücke durchgehen. Dahinter sehen wir an der Kreuzung rechts die kombinierte Bus- und Tramhaltestelle. Achtung, nicht jeder Bus »J« endet an der Patscherkofelbahn. Wir können auch bis zur Station Ortsmitte fahren und die ca. 5 Minuten bis zur **Talstation (1)**, 894 m, hochgehen.

Die Zirbe

Die Königin der Alpen, die Zirbe (Pinus cembra), auch Arbe oder Arve genannt, kommt seit der Eiszeit in den westlichen Innenalpen in einer Höhe zwischen 1400 und 2500 m vor. Sie gehört zu den Kiefern. An einem Kurztrieb wachsen fünf Nadeln in 4-8 cm Länge, die bläulich-grünlich aussehen und nach vier bis sechs Jahren abfallen. Zirben sind sehr widerstandsfähig und lassen sich problemlos von Wind und Wetter zausen. Sie wachsen sehr langsam und werden im Schnitt zwischen 200 bis 400 Jahren alt, können aber auch ein Alter von bis zu 1200 Jahren erreichen und bis zu 25 m hoch werden. Das Zirbenholz ist das leichteste Nadelholz in rötlicher bis rotbrauner Farbe und lässt sich sehr gut bearbeiten. Es ist weich und dennoch nagel- und schraubenfest und es erhält durch die festen dunklen Äste eine sehr schöne Zeichnung. Frisch geschlagenes Zirbenholz duftet jahrzehntelang. Aufgrund des langsamen Wachstums wird die Zirbe in der Holzindustrie kaum genutzt.

In der Gondel der Patscherkofelbahn schweben wir empor. Zwischendurch müssen wir einmal umsteigen. Wir verlassen die **Bergstation der Patscherkofelbahn (2)**, 1951 m, und sehen vor uns die Wanderwegweiser, während rechts das **Patscherkofelhaus (3)**, 1964 m, liegt, wo man essen und übernachten kann. Dahinter befindet sich, als Außenstelle des Botanischen Gartens Innsbruck, dessen Alpengarten.

Der Zirbenweg führt links an den Wegweisern vorbei in östliche Richtung und ist hervorragend ausgeschildert. Durch ein Tor treten wir in die wundervolle Alpenlandschaft mit unzähligen Alpenrosen, Latschenkiefern, Zirben, Lärchen und allerlei Alpenblumen ein. Der Zirbenweg wurde in den 60er-Jahren als Panoramaweg angelegt und führt auf der 2000-Meter-Marke fast eben entlang. Nur an zwei Stellen ist er auf gerader Strecke seilversichert, was für Wanderer kein Problem darstellt. Als beliebtes Innsbrucker Ausflugsziel ist der Weg gut begangen. Einsamkeit kommt hier kaum auf, was aber mit der grandiosen Aussicht auf Innsbruck, die Nordkette, das Inntal, die Tuxer und die Stubaier Alpen wettgemacht wird. In zweieinhalb Stunden geht es leicht hinüber zur Tulfeinalm. Zuerst führt unser Weg an einer Schutzhütte (linker Hand) vorbei, die jederzeit zum Unterstellen geöffnet ist. Dann kommen wir an einem Törchen an der Jausenstation **Boschebenalm (4)**, 2024 m, vorbei. In der zweiten Hälfte führen Wege zur Glungezer Hütte ab. Wir aber bleiben auf dem Hauptweg und können uns dabei mit den Details der Alpen beschäftigen. Zahlreiche Tafeln vermitteln viel Wissens-

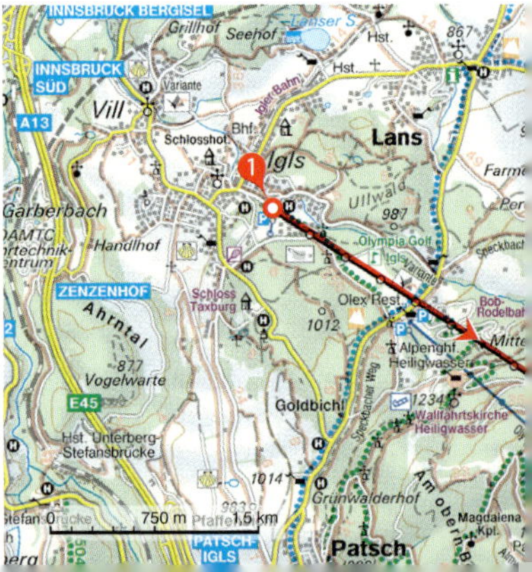

wertes über Flora, Fauna und regionale Besonderheiten. Den höchsten Punkt des Weges erreichen wir auf ca. 2070 m Höhe an der »Roten Wand«. Von hier sind es noch etwa 2 km bis zur Sesselliftstation. Haben wir die **Tulfeinalm (5)**, 2035 m, erreicht, führt unser Weg noch ca. 200 m bis zur Bergstation des Sesselliftes. Dazu passieren wir eine kleine Kapelle und halten uns an einem Häuschen wieder aufwärts auf die **Bergstation (6)**, 2053 m, zu. Die letzte Talfahrt ist 16:30 Uhr. Nun geht es erst mit dem Einsitzer abwärts – den Rucksack also am besten vorn auf den Schoß nehmen. Von der Talstation wenden wir uns rechts hinauf zur Mittelstation der Glungezerbahn und gleiten nun in einem Zweier-Sessel hinab nach **Tulfes (7)**, 948 m, wo wir ca. jede halbe Stunde (eventuell mit Umsteigen) nach Igls oder direkt nach Innsbruck den Bus nehmen.

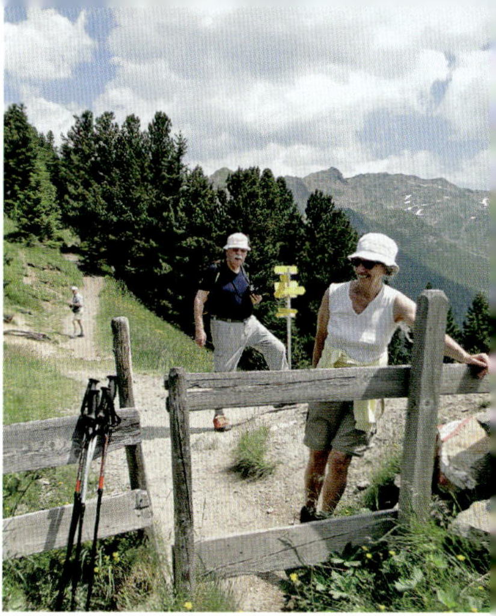

Wanderer an der Boschebenalm.

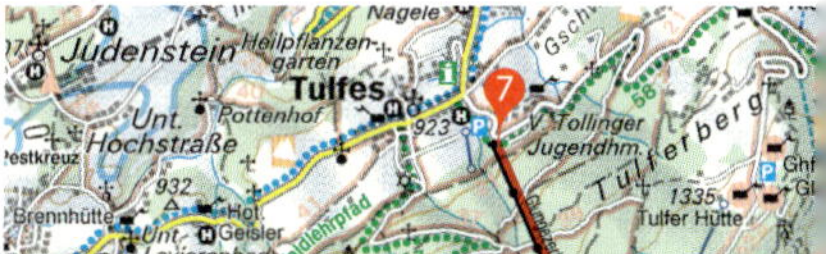
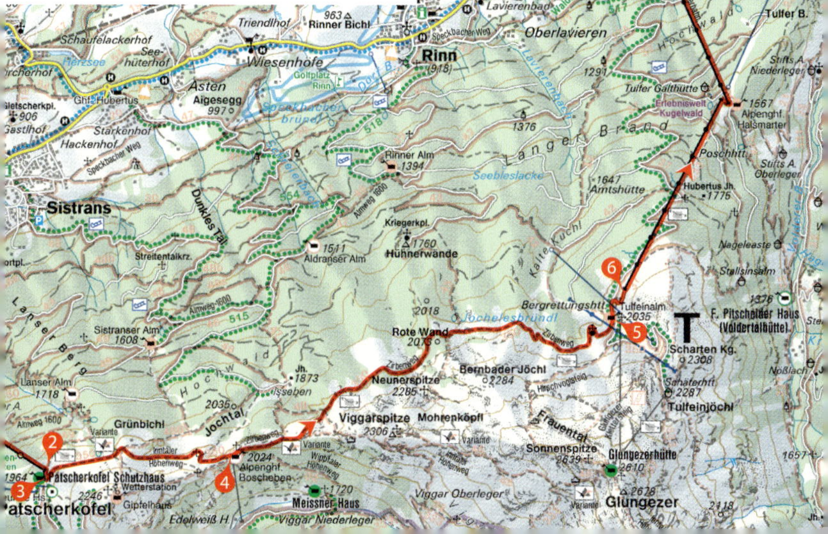

13 V Pfeishütte – Höttinger Alm

4.00 Std.

↑350 ↓780

An der Nordkette über Innsbruck

Heute erwartet uns ein Wandertag von der Nord- zur Südseite der Innsbrucker Nordkette mit einer sagenhaften Sicht auf Innsbruck. Der Kontrast zwischen Großstadt und Felsgebirge könnte nicht größer sein. Wir beginnen auf dem Goetheweg, überqueren ohne Schwierigkeiten die Mandlscharte und wandern über Blockwerk mit seilversicherten Stellen erst nördlich, später südlich hoch oben auf einem Pfad, der sich wie eine Perlenkette an den Hals der Berge schmiegt. Ohne nennenswerte Steigungen kommen wir gut voran und steigen am Wegekreuz, 30 Minuten vor dem Hafelekar, zur Station Seegrube ab. Nun geht es, mit einer Nacht Zwischenstation, zur Höttinger Alm hinunter oder weiter über den Frau-Hitt-Sattel direkt zum Solsteinhaus (14 V). Die Schlechtwetteralternative ist der Weg über die Möslalm.

Ausgangspunkt: Pfeishütte, 1922 m.
Anforderungen: Bergwege über Schotter und Blockwerk, unbedingt Trittsicherheit und Schwindelfreiheit!
Karten: Freytag & Berndt WK 322 (1:50.000); Kompass 26 (1:50.000).
Stempelstellen: Keine.
Einkehr: Restaurant Hafelekar, 2269 m, 9–17 Uhr, Tel. +43 664 4440783, www.nordkette.com; Restaurant Seegrube, 1905 m, 9–17 Uhr, Selbstbedienungsbereich, Tel. +43 664 88447816, www.seegrube.at; Höttinger Alm, Möslalm.
Unterkunft: Höttinger Alm: 1487 m, Lager und Zirbenbetten, Mitte April bis Mitte November, Tel. +43 676 3056228, hoettingeralm@gmx.at, www.hoettingeralm.at; Möslalm: 1262 m, Mai bis Mitte Oktober, Tel. 43 512 275783, info@moeslalm.tirol, www.moesl-alm.tirol.
Einkauf: Unterwegs keine Möglichkeit.
Verkehrsmittel: Von/nach Innsbruck Hafelekarbahn (Nordkettenbahn) zum/ab Hafelekar, täglich 9–17 Uhr im 15-Minuten-Takt, letzte Talfahrt: 17 Uhr; Seegrubenbahn, täglich 8:30–17:30 Uhr im 15-Minuten-Takt; www.nordkette.com.
Information: Tourismusverband Innsbruck, Burggraben 3, 6020 Innsbruck, Tel. +43 5125 9850.

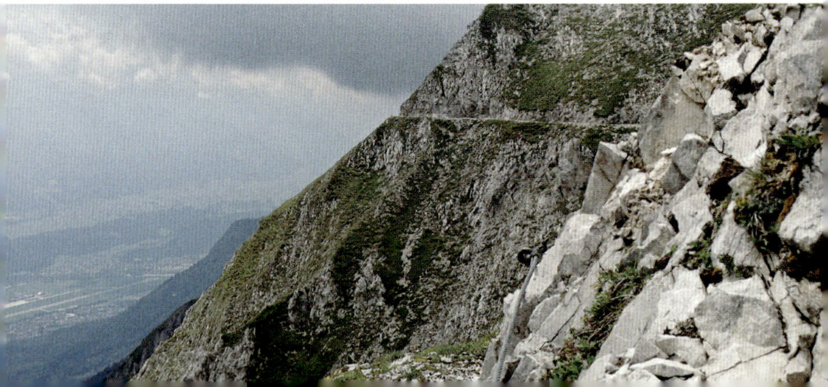

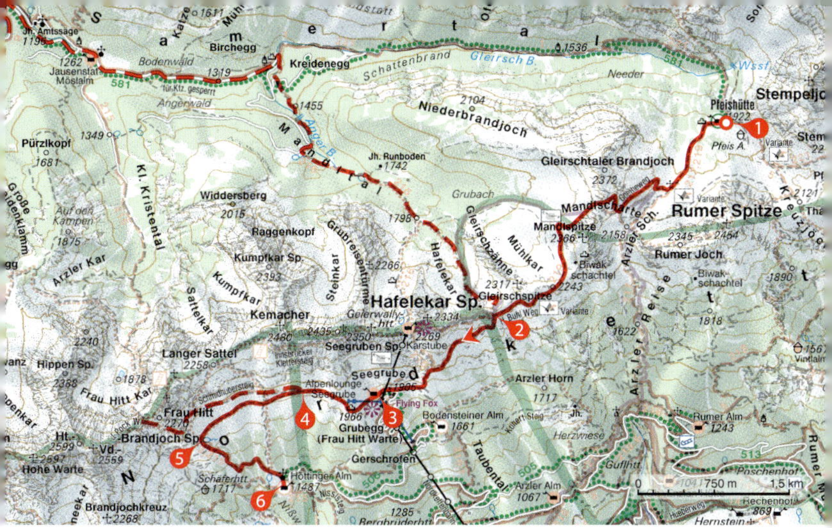

Mit den Worten Goethes auf den Lippen: »Nur wo du zu Fuß warst, bist du auch wirklich gewesen«, verlassen wir am Morgen die **Pfeishütte (1)**, 1922 m, und beginnen unsere Wanderung auf dem Goetheweg 219 in Richtung Mandlscharte. Wir nutzen bis zum Abzweig Seegrube/Möslalm die Wegebeschreibung der Etappe 12 Hallerangerhaus-Pfeishütte-Nordkettenbahn. Am **Abzweig (2)**, 2207 m, biegen wir den Schildern entsprechend nach links in Richtung Seegrube ab und steigen nun ca. 260 Höhenmeter allmählich am Hang abwärts. Unser Pfad ist gut gekennzeichnet und läuft auf die Seilbahnstation Seegrube zu, die wir nach einiger Zeit schon vor uns liegen sehen. Vor dem großen Geröllhang führt der Weg rechts hinauf und erst dann parallel zum Berg rüber zur **Seegrube (3)**, 1905 m. Hinter der Seilbahnstation sollten wir uns den Blick von der Terrasse nicht entgehen lassen. Das ist auch deshalb ratsam, weil unser beschilderter Weg am Ende der Terrasse weitergeht und schnurgerade auf einem angelegten Weg in Richtung Westen führt. Kurz windet er sich den Hügel hinauf und führt dann ohne gesonderte Markierung am Berg entlang, bis von rechts ein weiterer Weg einmündet und nun wieder Markierungen auftauchen. Nach ca. 15 Minuten erreichen wir einen **Wegweiser (4)**, 1906 m. (Hier biegen wir auf den oberen rechten Schmidhubersteig ab, wenn wir über Frau Hitt direkt weiter zum Solsteinhaus wollen, gehen an der nächsten Kreuzung links und erreichen unterhalb von Frau Hitt den Weg 215, WP4 der Tour 14V, der von der Höttinger Alm heraufkommt. Auf diesem steigen wir rechts weiter hinauf. Die weitere Wegbeschreibung finden wir in Tour 14V.)

Schwindelfrei auf der Nordkette über Innsbruck.

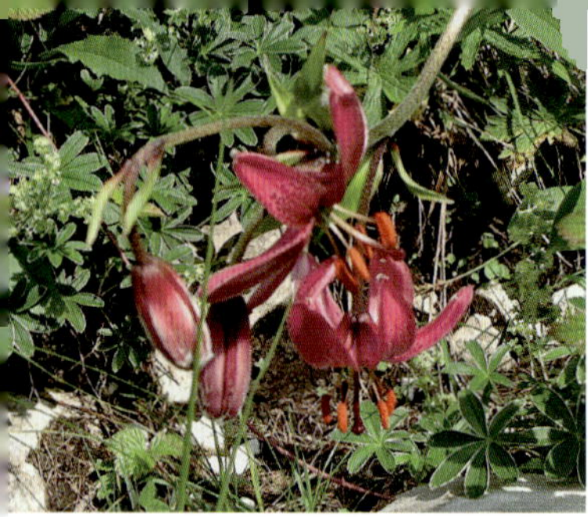

Wer weiß es: Orchidee, Lilie oder Türkenbund?

Zur Höttinger Alm wandern wir auf dem unteren Weg weiter. An der folgenden tiefsten Stelle der leichten Bergfalte soll laut Karte bereits ein Fußweg zur Alm hinunter führen. Bisher war er kaum beschildert, sodass wir ihn nicht gefunden haben. Verlässlich ist allerdings der nächste, deutlich markierte Weg 215 am nächsten **Wegweiser (5)**, 1859 m, der uns realistische 45 Minuten links hinab zur Alm prophezeit. Über die Wiesen steigen wir nun in Kehren die ca. 450 Höhenmeter ab. Dabei erwartet uns am ersten Nadelbaum ein neu gemachter Weg, der nach links führt. Bald darauf zeigen eine Herde zottiger Schottischer Hochlandrinder und eine Kapelle die nahe Alm an. Wir steigen durch die Wiese steil ab und erreichen die großzügige Terrasse der **Höttinger Alm (6)**, 1487 m. Nach einer Stärkung können wir alle Bergspitzen jenseits von Innsbruck bestimmen.

Variante Pfeishütte – Möslalm (– Solsteinhaus):

Gehen wir am **Abzweig Seegrube/Möslalm (2)**, 2207 m, rechts ab, kommen wir zur Möslalm. Wir wandern dazu erst etwas weglos über die grünen Wiesen. Dann sehen wir weiter unten schon, wo der erst kaum erahnte Pfad sich immer stärker herausbildet und auch gekennzeichnet ist. Wir steigen ab, erreichen die Baumgrenze und tauchen zwischen großen Latschenfeldern hindurch, bis wir auf den Weg 216 stoßen, der direkt vom Hafelekar herunterführt. Wir wandern immer weiter hinunter, bis wir einen breiten Forstweg treffen. Wir folgen ihm kurz nach rechts und verlassen ihn an einer Kurve wieder, um wieder nach rechts einen Bach zu überqueren und an diesem weiter hinunter zu gehen. Schließlich überqueren wir einen weiteren Forstweg und verlassen bald darauf an einem dritten Forstfahrweg den Wald und folgen ihm nun erst nach rechts, bis wir mit einer scharfen Linkskurve wieder nach links schwenken. Auf dem Fahrweg, der als Weg 221 von der Pfeishütte kommt, geht es nun noch eine kleine Weile durch den Wald des schönen Samertals, bis sich die Wiesen rechts und links weiten und die **Möslalm**, 1262 m, vor uns liegt.

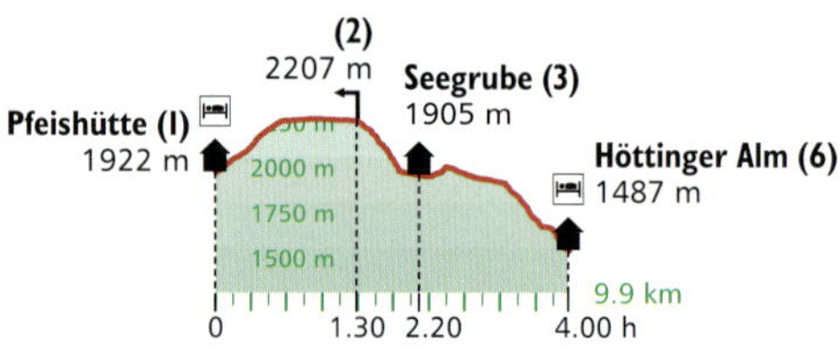

Die Höttinger Alm

Im Karwendelgebirge finden wir eine besonders hohe Dichte an Almen: 101 sollen es sein. Sie sind wichtige Land- und Almwirtschaftsbetriebe und leisten auch ihren Beitrag für die Natur. Die Höttinger Alm wurde 1441 erstmals urkundlich erwähnt und bestand ursprünglich aus elf Hütten. Seit 1940 gehört sie zum Besitz der Stadt Innsbruck, die sie – wie auch die Möslalm – verpachtete. In den 1950er- und 1960er-Jahren wurden neue Stallgebäude errichtet. Dann folgte ein neues Almgebäude und 1965 die Kapelle. 2001 wurden die Gebäude elektrifiziert und zehn Jahre später an die Kanalisation angeschlossen. Toiletten und Duschen befinden sich nun im ehemaligen Melkraum.

Die Fortsetzung zum **Solsteinhaus** ist in zwei Varianten möglich: Entweder wir steigen auf dem Weg 215 hinter der Möslalm links durch den Wald durch das Kleine Kristental zum Abzweig Möslalm unterhalb bzw. nördlich des Frau-Hitt-Kars auf und folgen dort dem Gipfelstürmerweg nach rechts zum Solsteinhaus. Oder wir wandern auf dem Fahrweg weiter das Tal hinab, am Jagdhaus Amtssäge vorbei und biegen dann nach links ins Groß-Kristental, 1176 m, auf den Fahrweg 213, 16 ab und wandern immer am schönen Kristenbach entlang. Allmählich geht es aufwärts. Wir kommen an der privaten Kristenalm vorbei und treffen schließlich am Ende der Fahrstraße auf den Gipfelstürmerweg und steigen nun auf einem Pfad zur Erlalm bzw. zum Solsteinhaus auf.

Picknick auf der Mandlscharte.

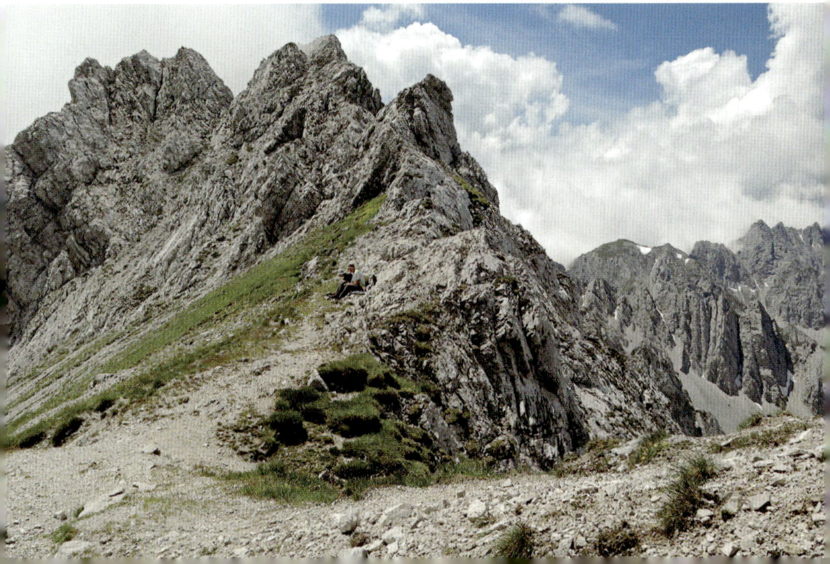

14 Innsbruck – Hochzirl – Solsteinhaus

3.15 Std.

↑900 ↓15

Durch acht Tunnel zurück ins Karwendel

Heute geht es wieder zurück ins Karwendel. Die ersten 350 Höhenmeter überwinden wir dafür mit der Eisenbahn, die hier Bahnbaugeschichte geschrieben hat. Unser moderner Zug quert auf der Strecke von Innsbruck nach Hochzirl acht Tunnel. Wie kühn die Bahntrasse in den Fels gesetzt wurde, sehen wir dabei leider nur teilweise. Ab dem Hochzirler Bahnhof beginnt unsere Wanderung durch den Flieser Wald. Wir steigen zunächst sehr steil, später allmählicher auf. Hinter der Talstation der Materialseilbahn zum Solsteinhaus endet der breite Wanderweg. Nun geht es auf einem Pfad in Serpentinen hinauf. Wir queren die Solnalm, ein breites Flussbett und erreichen schließlich das gastfreundliche Solsteinhaus.

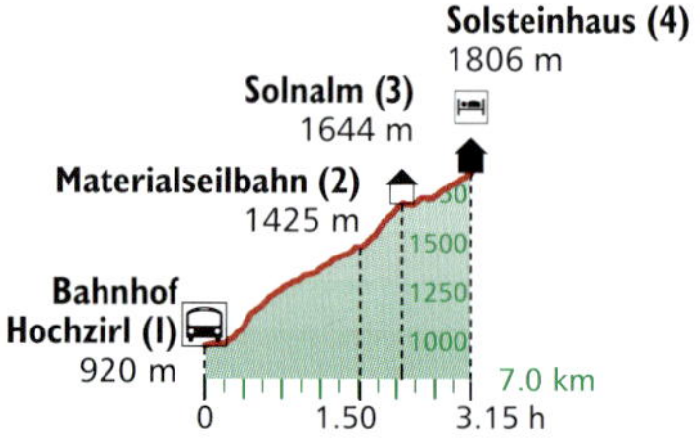

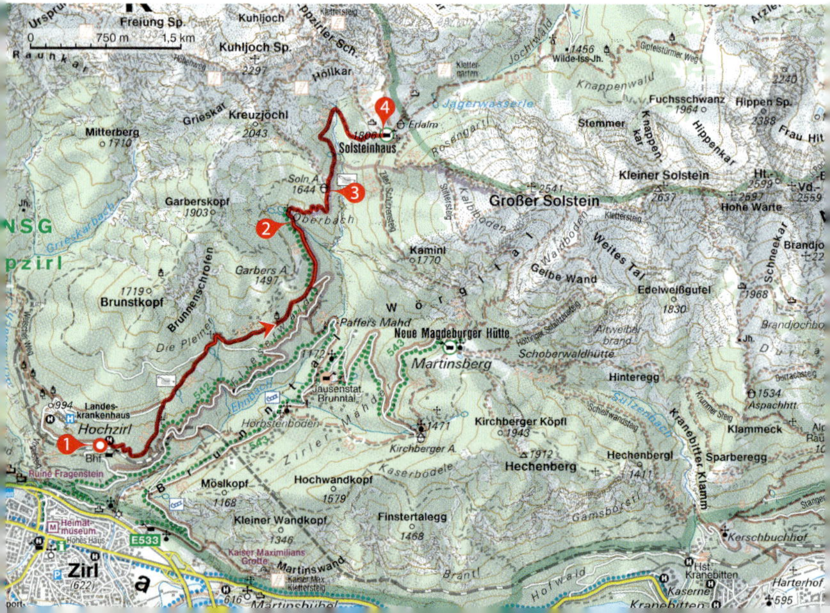

Ausgangspunkt: Bahnhof Hochzirl, 920 m.
Anforderungen: Mittelschwere Etappe auf steilen Forstwegen und Bergpfaden.
Karten: Freytag & Berndt WK 322 (1:50.000); Kompass 26 (1:50.000).
Stempelstelle: Solsteinhaus.
Einkehr: Solsteinhaus (reservieren, da beliebt bei Familien und durch Gruppenangebote schnell ausgebucht).
Unterkunft: Solsteinhaus, 1806 m, ÖAV, Mitte Mai bis Mitte Oktober, Tel. +43 664 3336531, www.solsteinhaus.at.
Einkauf: In Innsbruck.
Verkehrsmittel: Von Innsbruck Hauptbahnhof mit der Karwendelbahn S5 stündlich in 22 Min. in Richtung Scharnitz/Seefeld nach Hochzirl; es fährt ebenfalls ein Bus, der ca. 30–40 Min. braucht. Vom Bahnhof Hochzirl kann ein Taxi zur Materialseilbahn nach Oberbach geordert werden: Tel. Dörfertaxi: +43 660 1555500.
Information: Tourismusverband Innsbruck, Burggraben 3, 6020 Innsbruck, Tel. +43 512 5356340, www.innsbruck.info.
Tipp: Wer früh dran ist und keine Unterkunft mehr im Solsteinhaus bekommt, kann weiter zur Eppzirler Alm (ca. 2,5 Std.) wandern und es dort versuchen. (Kontakt siehe Tour Nr. 15).

Unsere Wanderung beginnt am **Bahnhof von Hochzirl (1)**, 920 m, wohin wir auf einer atemberaubenden Strecke mit dem Zug reisen. Wer in Fahrtrichtung links sitzt, erlebt einige schwindelerregende Ausblicke auf das Inntal.
Wir wandern entgegen der Fahrtrichtung des Zuges, der weiterfährt, zum Ende des Bahnsteiges. Wir betreten den Wanderpfad durch ein Törchen, gehen kurz parallel zu den Gleisen, kommen nach ca. fünf Minuten an einem kleinen Waldhaus vorbei und wandern durch den hügeligen Wald, bis wir

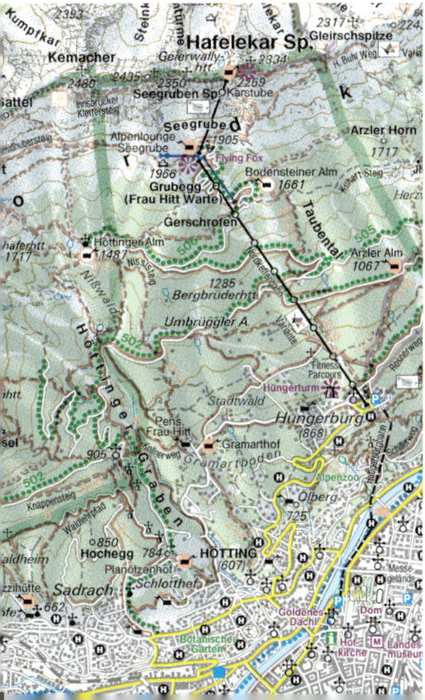

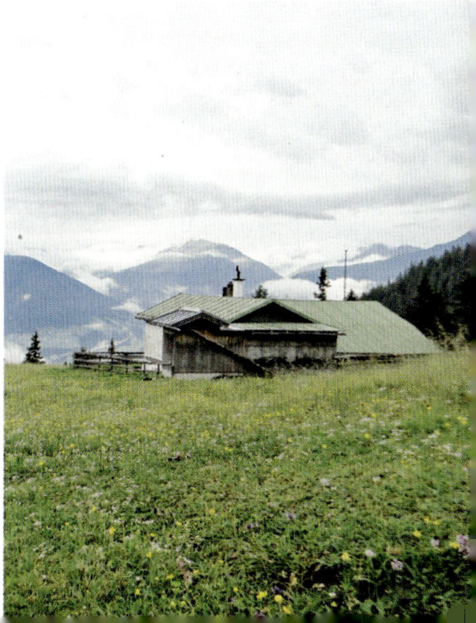
Blick von der Solnalm auf die Stubaier Alpen.

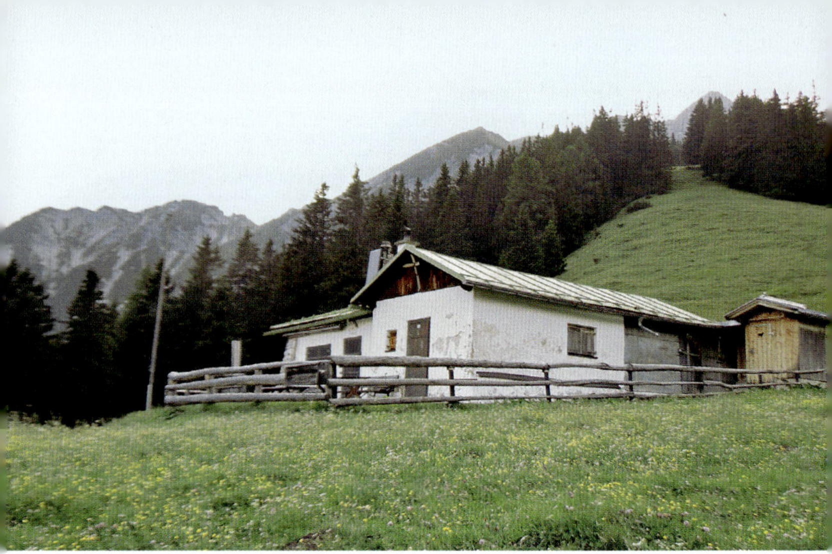

Die private Solnalm.

eine Forststraße erreichen. Hier zweigt auch der Weg zur Neuen Magdeburger Hütte ab. Wir steigen nun eine gute halbe Stunde auf dem Weg 213/16 nach links steil hinauf. Ist es sehr warm, piesacken uns etliche Bremsen, die uns weiter oben aber wieder verlassen werden. Dann wird der Weg ebener. Nachdem wir den ersten Abzweig zum Landeskrankenhaus Hochzirl passiert haben, wechseln Steilstrecken mit weniger steilen Passagen ab. Unser Weg führt unter mehreren Materialseilbahnseilen hindurch, die alle noch nicht zum Solsteinhaus führen. Der Weg ist sehr gut ausgeschildert und wir steigen durch den Wald immer stärker bergwärts. Nach ca. 1¾ Stunden erreichen wir die **Materialseilbahn (2)**, 1425 m, des Solsteinhauses, die rechter Hand in ein dunkles Holzhaus eingebettet ist. Kurz darauf ist das Ende des Fahrweges an einem Gatter erreicht. Nun geht es erstmal hinunter zum Bach oder Fluss, je nach Jahreszeit, den wir überqueren. Dahinter beginnt an einer Rastbank mit Wasserstelle ein nun wieder stärker ansteigender Waldpfad. Er zieht sich auf die andere Seite des Schuttkars und überwindet die nächste Bergflanke in Serpentinen durch lockeren Hochwald. Der Anstieg endet an der herrlichen Wiese der **Solnalm (3)**, 1644 m. Hier können wir bei entsprechendem Wetter ein erfrischendes Wiesenschläfchen halten und rechts oben auch das Solsteinhaus zum ersten Mal erblicken. Bis dahin bleiben uns in den restlichen 40 Minuten noch einige Höhenmeter zu überwinden. Zunächst geht es eben in den Wald hinein. Unser Weg führt leicht

Atemberaubende Karwendelbahn

Der Baumeister Josef Riehl träumte bereits im 19. Jahrhundert davon, eine Zugstrecke durch die ca. 600 m hohe, fast senkrechte Martinswand, hoch über dem Inntal zu bauen. Von 1910 bis 1912 wurde der Traum auf 33,2 km zwischen Innsbruck und Seefeld in Tirol Wirklichkeit. Zahlreiche Tunnel und Viadukte machten die von Beginn an elektrifizierte Karwendel- bzw. Mittenwaldbahn zu einem der teuersten Bauprojekte der Geschichte. Von Innsbruck aus beginnen die Tunnel vor Kranebitten. Bis Hochzirl durchfahren wir auf 12 km Länge acht Tunnel. Der kürzeste ist 26 Meter lang, der längste ca. 2 Km. Der Bahnhof Hochzirl entstand 1912 etwa in der Mitte der beiden Endstationen. Eine Ausweiche ermöglichte es zwei Zügen, aneinander vorbeizufahren. Im 1. Weltkrieg wurde 1917 dieser einsame abgelegene Ort zum idealen Platz für ein Militärspital auserkoren, das man oberhalb des Bahnhofes über eine 300 Meter lange Standseilbahn, die bis 1968 in Betrieb war, erreichen konnte. Es lohnt sich, wenn Zeit ist, einen Spaziergang rund um das heutige Landeskrankenhaus zu machen.

abwärts an der Bergseite entlang ins Höllkar hinunter, in dem die Schmelzwasser von Kreuzjöchl, 2043 m, Kuhljochspitze, 2297 m, und Eppzirler Scharte, 2104 m, zusammenfließen. Wir überqueren wieder den mehr-oder-weniger Bach und steigen noch einmal steil unterhalb des Solsteinhauses durch Wiesen und Latschen hinauf. Wir nähern uns dabei zusehends der Höhenlinie und sehen von rechts den Ziller Schützensteig von der Neuen Magdeburger Hütte herüber kommen. Noch ehe wir es schließlich erwarten werden, liegt hinter einer Latschenecke plötzlich das **Solsteinhaus (4)**, 1806 m, direkt vor uns.

Karwendelbahn am Bahnhof Hochzirl.

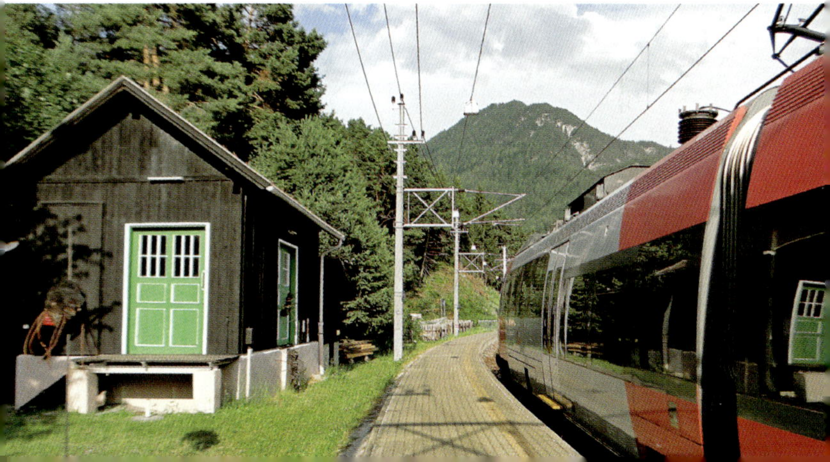

14 V Höttinger Alm – Solsteinhaus

6.00 Std.

↑1240 ↓920

Gipfelstürmer über Fels und Schotter

Unsere erste Herausforderung ist heute Frau Hitt, 2270 m, der Gipfel mit dem seltsamen Namen. Wir steigen über Wiesen auf. Hinterm Gipfel erwartet uns ein riesiges, steiles Schuttkar, das man nur surfend mit knöchelhohem Schuhwerk überwinden kann. Läge Schnee und man hätte einen Schlitten, wäre es gar kein Problem. Danach geht es im Auf und Ab mal wandernd, mal eher kletternd über die raue westliche Nordseite der Karwendel-Nordkette auf dem Gipfelstürmerweg entlang. Wir überqueren mehrere namenlose Sattel und einsame Hochwiesen, sodass der weite Weg abwechslungsreich bleibt. Am Ende steigen wir durch den schönen Knappenwald zur Wilde-Iss-Jagdhütte ins Groß-Kristental hinab und meistern einen letzten, nicht mehr schwierigen Anstieg am Kristenbach entlang über den Erlsattel zum lebhaften Solsteinhaus.

Ausgangspunkt: Höttinger Alm, 1487 m.
Anforderungen: Anstrengende Tour, schmale und breite, teils steile Bergpfade und Wege über Schotter, Blockwerk, seilversicherte Kletterstellen, Trittsicherheit und Schwindelfreiheit unbedingt erforderlich, bei schlechtem Wetter nicht zu empfehlen.

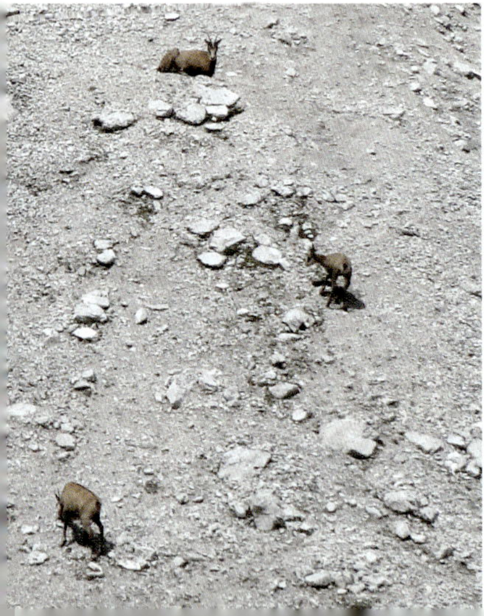

Karten: Freytag & Berndt WK 322 (1:50.000); Kompass 26 (1:50.000).
Stempelstelle: Solsteinhaus.
Einkehr: Solsteinhaus.
Unterkunft: Solsteinhaus, 1806 m, ÖAV, Mitte Mai bis Mitte Oktober, Tel +43 664 3336531, www.solsteinhaus.at
Einkauf: Unterwegs keine Möglichkeit.
Verkehrsmittel: Von/nach Innsbruck: **Hafelekarbahn** (Nordkettenbahn) zum/ab Hafelekar, täglich 9–17 Uhr im 15-Minuten-Takt, letzte Talfahrt 17 Uhr; Seegrubenbahn, täglich 8:30–17:30 Uhr im 15-Minuten-Takt; www.nordkette.com; vom/zum Solsteinhaus: **Karwendelbahn** von Innsbruck bis Hochzirl (12 km, 8 Tunnel), von dort 2,5 Std. Aufstieg über Garbersalm und Solnalm.
Information: Tourismusverband Innsbruck, Burggraben 3, 6020 Innsbruck, Tel. +43 512 5356340, www.innsbruck.info.
Tipp: Im Solsteinhaus unbedingt reservieren, da dort stets viele Familien und Gruppen sind. Die Halbpension entpuppt sich als 3-Gänge-Menü am Abend und ist göttlich.

Gämsenfamilie, die im kargen Schuttkar von Frau Hitt speist und chillt.

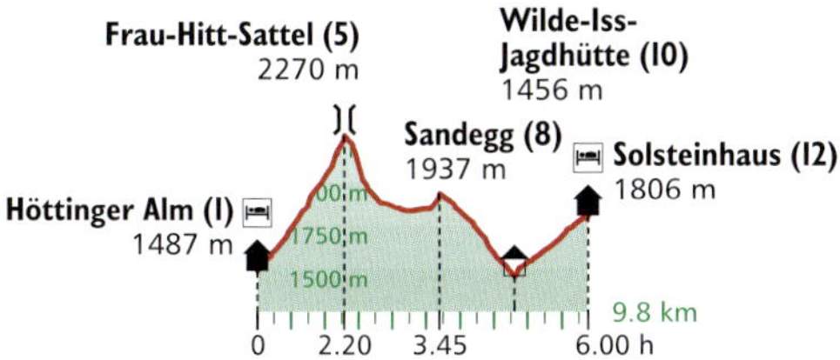

Von der **Höttinger Alm (1)**, 1487 m, sehen wir über die Wiesen hinauf zum Gipfelkamm, den wir heute erklimmen werden. Wir erkennen links die Vordere Brandjochspitze, 2559 m, in der Mitte Frau Hitt, 2270 m, und rechts den Langen Sattel, 2258 m. Zunächst wandern wir den Weg wieder zurück, den wir gestern abgestiegen sind. Dafür steigen wir hinterm Haus, an der Kapelle vorbei, steil über die Wiese auf, bis wir das Holzgatter erreichen. Danach finden wir wieder den breiten Weg vor, auf dem wir nun links erst um den Berg herum gehen und dann über Wiesen in Serpentinen an Höhenmetern gewinnen. Nach ca. einer Stunde erreichen wir den ersten Wegweiser, der uns nach rechts weist. Kurz darauf biegen wir im spitzen Winkel nach links ab **(2)**, 1859 m. Wir folgen dem Weg, der uns zum Frau-Hitt-Sattel bzw. zum Solsteinhaus (über den Gipfelstürmerweg) führt und streifen auf dem schmalen Pfad bis zum Fuße der Felsen durch langgrasige Wiesen. Unser Weg führt uns solange nach Westen, bis ein weiterer Wegweiser uns rechts hinauf zum Frau-Hitt-Sattel schickt. Nun geht es schrofig und felsig steil hinauf. Wir halten uns

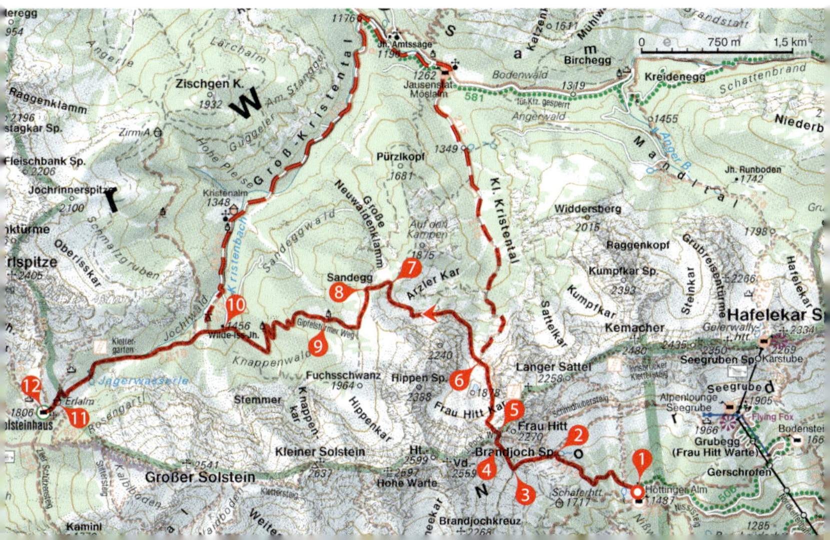

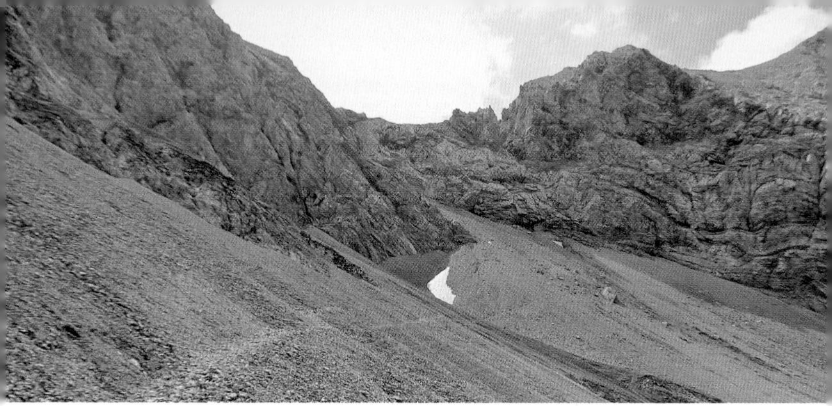

Im Rückblick wirkt das Frau-Hitt-Kar harmlos.

auch an der nächsten Abzweigung wieder rechts **(3)**, 2093 m, und folgen den zahlreichen Serpentinen. Schon fast am höchsten Punkt des Tages angekommen, weist ein Weg nach links, der gen Westen zur Brandjochspitze, 2559 m, geht. Wir aber folgen vom **Brandjoch (4)**, 2183 m, leicht rechts, den Markierungen gen Osten. Von rechts mündet außerdem der Schmidhubersteig ein, wo wir die Wanderer treffen, die direkt von der Pfeishütte kommen. Noch wenige Meter und wir haben **Frau Hitt (5)**, 2270 m, und den Frau-Hitt-Sattel erreicht. Da es auf der anderen Seite gleich steil hinab geht, lohnt sich, oben angekommen, eine kleine Stärkung für den kommenden Abstieg, der es in sich hat. An ein paar Seilversicherungen klettern wir rückwärts ab und betreten das riesige Frau-Hitt-Kar, das nur aus unbefestigtem Geröll zu bestehen scheint. Es muss eine mächtige Dame gewesen sein, nach der die Natur hier so üppig benannt wurde. Da ein Weg im oberen Bereich nicht unbedingt ersichtlich werden muss, halten wir uns am besten nah an der linken Felswand entlang. Dort sind auch Markierungen. Wenn diese enden, befindet sich die nächste Markierung auf einem großen Felsbrocken einige Höhenmeter weiter unten in Mitten des Kars. Mit etwas Haltung sollten wir dorthin am besten ab-surfen, da an gehen gar nicht zu denken ist. Sind wir endlich am Felsen angekommen, können wir einigermaßen gesittet den Weg erreichen, der nun rechts am Kar sichtbar wird und bis zur grünen Sattelstufe führt, wo er sich dann erst nach Westen (links), später nach Norden wendet. Nun lohnt es sich noch, im gleichmäßig grauen Geröll nach Gämsen Ausschau zu halten, die gerne durch die einsame Steinwüste ziehen. Wir wandern weiter und passieren den Abzweig zur **Möslalm (6)**, 1887 m, gehen hier geradeaus, nun auf dem Gipfelstürmerweg, und lassen uns nicht von den Wegezeiten beeindrucken, die wohl eher für Marathonläufer gedacht sind. Nun geht es quer über Schuttfelder mit kleineren Klettereien um den Berg herum. Wir sehen, dass im Wald vor uns der Weg in Serpentinen wieder aufwärts führt und uns über den nächsten **Sattel (7)**, 1851 m, hilft. Im lichten Lärchenwald geht es weiter um den Fels herum. Nun wandern wir auf schmalem Pfad durch Wiesen am Berg entlang, queren mehr oder weniger trockene Bäche und steigen schließlich auf den nächsten grünen Sattel am **Sandegg (8)**, 1937 m, hinauf. Haben wir den höchsten Punkt erreicht, sehen wir zu unserer Freude gegenüber das Solsteinhaus liegen. Doch bis dorthin dauert es noch etwas. Wir wandern nun erst in südwestlicher Richtung und steigen dann über eine Bergnase Stück für Stück ab. Wir erreichen eine Lichtung, eine Wiese, auf die wir aus dem Wald heraustreten und finden dort eine **Wasserstelle (9)**, 1791 m. Unser Weg führt hier geradeaus über die Wiese auf die andere Seite. Die paar Markierungen auf Steinen, die in der Wiese liegen, sind teilweise schwer zu erkennen. Wir steigen weiter geradeaus über die Bergkuppe ab, bis sich der Weg nach links wendet und in Serpentinen immer weiter hinab führt. Wir gelangen an ein überwiegend trockenes Flussbett, gehen rechts und nach einer Querung dann links an ihm entlang. Plötzlich treten wir aus dem Wald heraus und haben die **Wilde-Iss-Jagdhütte (10)**, 1456 m, erreicht, ein verlassenes Hüttchen, an dem wir rasten können. Weiter geht es schräg links über Wurzeln wieder in den Wald hinein. Die Nadelbäume haben sich hier mit den Felsen gut arrangiert, indem sie sie einfach umarmen. Kaum fünf Minuten später mündet unser Weg auf den breiteren Weg ein, der von der Kristenalm heraufführt. Wir folgen ihm nach links den Berg hinauf. Auch hier sind die angegebenen 50 Minuten sportlich zu sehen. Erst steiler und dann, je höher wir kommen, immer allmählicher nähern wir uns dem Erlsattel. Zuerst begrüßt uns die **Erlalm (11)**, 1794 m, wo im Sommer Karl, der Hirte, die ca. 500 Schafe und 40 Ziegen aus Zirl hütet. Einhundertfünfzig Meter dahinter liegt schon das beliebte **Solsteinhaus (12)**, 1806 m, das wir über die Terrasse betreten. Das Solsteinhaus ist heute mustergültig aus dem alten Haus und einem neuen Anbau zusammengefügt. Die Gaststuben beherbergen den gemütlichen Flair der alten Zeit, während Zimmerlager, Treppenhaus und Sanitäranlagen modern und wohnlich sind.

***i* Wer war Frau Hitt?**

Der Name kommt schon seit Jahrhunderten vor, wurde früher aber als »Frauhuet« oder »Frauhutten« bezeichnet. Das Kloster Chiemsee besaß 1440 am »Höttinger Perg« reichliche Besitztümer, darunter eine Alpenhütte, die der Reichsäbtissin, einer grausamen, verhassten Frau, unterstand. Sie wurde nur als »Die Frau« bezeichnet. Der Ausdruck »Frauhutten« meint vermutlich die Hütte(n) der Frau Äbtissin.

Einer Sage nach handelt es sich bei dem Gipfel, der einer Frau auf einem Pferd ähnlich sieht, um die versteinerte Frau Hitt, einer Riesenkönigin, die für ihren Geiz und ihre Selbstverliebtheit bekannt war. Eine weit verbreitete Version der Geschichte erzählt, dass Frau Hitt einer Bettlerin einen Stein zu essen anbot. Die so verspottete Bettlerin verfluchte die Riesin und verwandelte sie samt ihrem Pferd zur Strafe in Stein. Noch heute erzählt man sich um Innsbruck: »Spart eure Brosamen für die Armen, damit es euch nicht beritt wie der Frau Hitt.«

15 *Solsteinhaus – Leutasch*

8.00 Std.

↑840 ↓1500

Wir verlassen das Karwendel

Wir starten am Morgen mit der erhebenden Überquerung der Eppzirler Scharte und verabschieden uns Schritt für Schritt vom Naturschutzgebiet Karwendel und vom Hochgebirge. Unser Weg führt an der wunderschön gelegenen Eppzirler Alm vorbei und an der Eigenhofer Iss entlang, bis diese in den Gießenbach mündet. Wir wandern durch das für Autos gesperrte Gießenbachtal, bewundern die immer stärker rauschende Klamm und erreichen den Ort Gießenbach. Auf der anderen Talseite steigen wir durch die Sattelklamm auf – je nach Wetter in Begleitung einiger Bremsen – bis zum Hohen Sattel, 1495 m, und gehen schließlich auf der anderen Seite durch das Satteltal wieder hinab. Wenn wir aus dem Wald treten, liegt die Leutasch, ein breites, fruchtbares Hochtal und gleichzeitig Verbund vieler kleiner Ansiedlungen, in ihrer ganzen Pracht vor uns. Wir beschreiben den Weg bis Leutasch-Kirchplatzl und kommen dabei an der Touristeninformation in Weidach vorbei, die gern dabei hilft, eine Unterkunft zu finden.

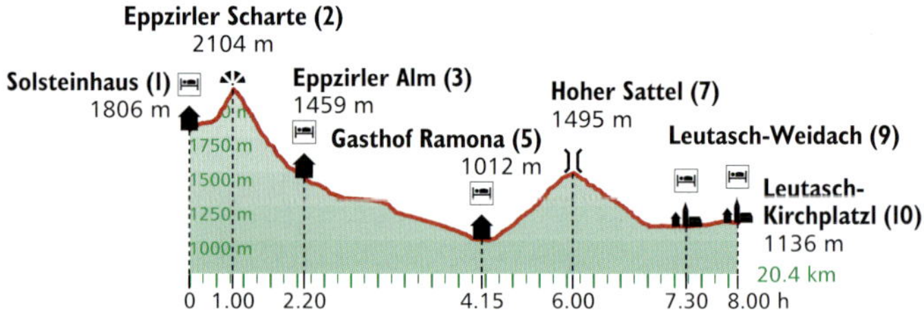

Ausgangspunkt: Solsteinhaus, 1806 m.
Anforderungen: Mittelschwer, Pfade, Wald- und Fahrwege, Trittsicherheit am Anfang über Eppzirler Scharte erforderlich, dann unschwierig.
Karten: Freytag & Berndt WK 322 (1:50.000); Kompass 5 (1:50.000).
Stempelstelle: Eppzirler Alm.
Einkehr: Eppzirler Alm, Speisen aus eigener Landwirtschaft; Gasthof Ramona, diverse Möglichkeiten in Leutasch.
Unterkunft: **Eppzirler Alm:** 1459 m, privat, Lager mit heißer Du, WC, Mitte Mai bis Anfang Oktober, Tel 0664 9379033, www.eppzirleralm.at; **Gasthof Ramona:** 1012 m, Gießenbach 310, A-6108 Scharnitz, Tel. +43 5213 5541; www.gasthof-ramona.at; diverse Möglichkeiten in Leutasch, 1106 m, z. B. in Weidach.
Einkauf: In Scharnitz (4 km Fußweg von Gießenbach), in Leutasch diverse.
Zustieg: Auf-/Abstieg vom Solsteinhaus; Innsbruck bis Hochzirl (12 km, 8 Tunnel), von dort 2,5–3 Std. Aufstieg über Garbersalm sowie Solnalm; von/nach Gießenbach: 4 Std., Bahnverbindung von/nach München und Innsbruck; An-/Abreise Leutasch: Bus 4184 von Seefeld/Tirol (an der Bahnstrecke München–Innsbruck) ca. 10 Min. bis z. B. Weidach.
Information: **Tourismusverband Inns-**

bruck, Burggraben 3, 6020 Innsbruck, Tel. +43 512 5356340, www.innsbruck.info; **Tourismusverband Olympiaregion Seefeld,** Informationsbüro Leutasch, Weidach 320, 6105 Leutasch, Tel. +43 508 80510, info.leutasch@seefeld.com, www.leutasch.net, www.seefeld.com.

Tipp: Wir empfehlen erstens, die morgendliche Ruhe an der Eppzirler Alm zu genießen, zweitens, eine Unterkunft so in Leutasch auszuwählen, dass die Strecke morgen nicht zu lang wird, und drittens, einen Besuch im Ganghofer-Museum in Leutasch-Kirchplatzl 154. Öffnungszeiten: Di–Mi 10–12 Uhr; Do–Fr 16–18 Uhr, Tel. +43 5214 20093, +43 676 6056184, www.leutasch.at.

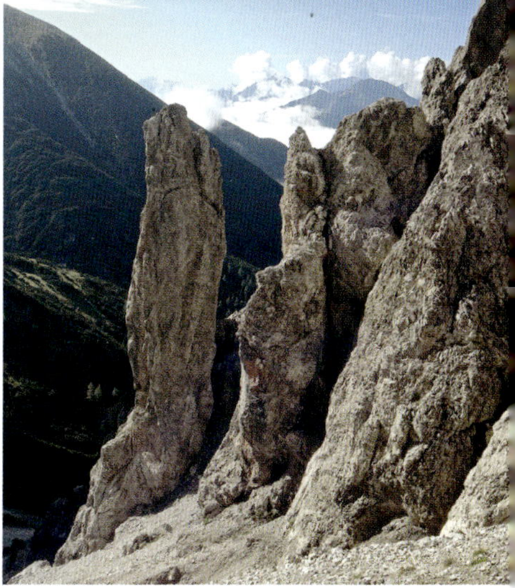

Felsnadeln an der Eppzirler Scharte.

Wir starten am Wegweiser hinter dem **Solsteinhaus (1)**, 1806 m, auf dem Weg 212 in Richtung Eppzirler Scharte und gehen auf einem schmalen Pfad am Berg entlang auf die nahe Scharte zu, die sich vor uns in der Morgensonne erhebt. Wir wandern durch Wiesen, klettern über Gestein, bis wir ihr zu Füßen stehen. Das Solsteinhaus hinter uns hat sich hinter Hügeln versteckt. Nun geht es steil und in Serpentinen hinauf, das Ziel fest im Blick. Der Pfad ist manchmal kaum zu erkennen. Am frühen Morgen hält der Tau den feinen sandartigen Untergrund gut zusammen, dennoch ist ein fester Tritt gefragt. Unter der Scharte verlassen uns links nach Westen die Wanderer zur Nördlinger Hütte. Wir erreichen nach ca. 1½ Stunden die **Eppzirler Scharte (2)**, 2104 m, und genießen den traumhaften Blick in alle Richtungen. Rechter Hand liegt östlich die Erlspitze, 2405 m, und linker Hand westlich die Kuhljochspitze, 2297 m. Auch die ausgewaschenen Felsnadeln sind entzückend. Nun steigen wir jenseits der Scharte erst steil, dann allmählicher in das riesige Schuttkar und zur nächsten Höhenstufe, dem Kuhljoch, hinab. Wir bleiben auf dem Weg 212, der gerade ins Tal und auf die gut sichtbare **Eppzirler Alm** zuführt. Auf ca. 1700 Metern Höhe liegt der Schotter hinter uns und wir betreten zunächst Latschenflächen und später aufwachsenden Jungwald. Kurz nachdem wir das Flußbett gequert haben, erreichen wir die weitläufige Alm. Wir werfen einen Blick in die kleine, hübsche Marienkapelle und wandern zum Almgebäude **(3)**, 1459 m, hinab, wo es Produkte aus eigener Herstellung gibt. Meist sind wir hier noch die ersten, doch wenn wir die Alm verlassen, begegnen uns schon drahtige Mountainbiker und frühe Wanderer. Wir wandern auf dem breiten Fahrweg das Tal hinunter und erfreuen uns nach all dem grauen Gestein wieder an grünen Bäu-

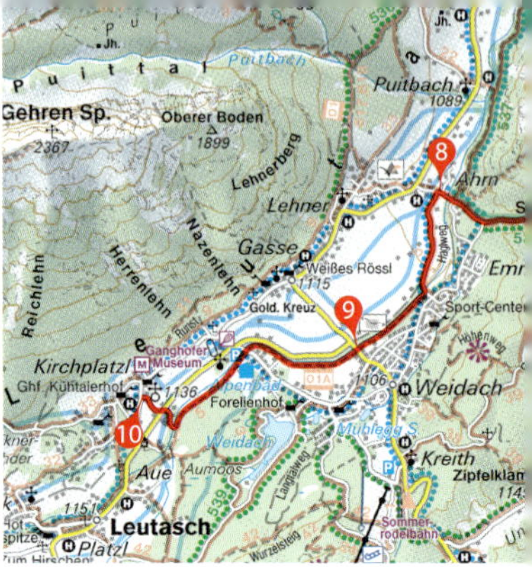

men und bunten Alpenblumen. Vor etwa 5 Jahren wurden mit schweren Maschinen die Wildbacheinfassung und Vorsorgebefestigungen gegen Lawinen und Überschwemmungen neu gebaut. Bald rauscht der Gießenbach immer stärker. Über Jahrtausende hat er die Gießenbachklamm ausgewaschen. Beim Erreichen der Bahnstation von **Gießenbach (4)**, 1012 m, weniger als 2 Stunden ab der Eppzirler Alm, haben wir nun das Karwendel endgültig verlassen. Wir überqueren geradeaus die Brücke und die Bahnschienen und queren – auch geradeaus – die vor uns liegende Bundesstraße B 177. Gegenüber gehen wir in die Anwohnerstraße hinein. Wir biegen in die erste Querstraße nach rechts ein und wandern bis zum Ende der Straße, am **Gasthaus Ramona (5)**, 1012 m, vorbei. Hier biegen wir nach links in Richtung Leutasch/Hoher Sattel ab. Nach der nächsten scharfen Linkskurve (Achtung!) **(6)**, 1003 m, führt unser Weg uns an einem plötzlichen Wegweiser auf einen schmalen Pfad zum Bach hinunter, über eine verwunschene Brücke und nach rechts wieder hinauf. Oben halten wir uns wieder rechts und gehen geradeaus in Richtung Leutasch (über Hoher Sattel). Die Markierungen werden nun spärlicher. Unser Weg führt auf dem breiten Fahrweg immer weiter hinauf. Rechts abgehende Wege ignorieren wir. Parallel zum Flussbett geht es bald in den Wald hinein. An einer etwas ausgesetzten Stelle wird der Weg zum Pfad und windet sich nun steiler an der rechten Klammseite

Eppzirler Alm.

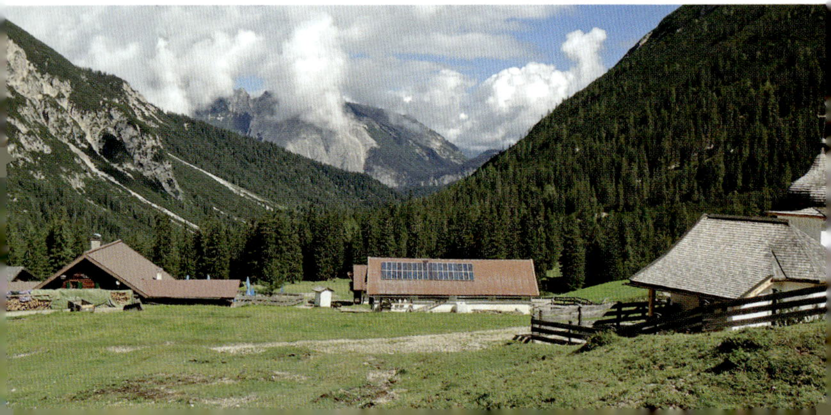

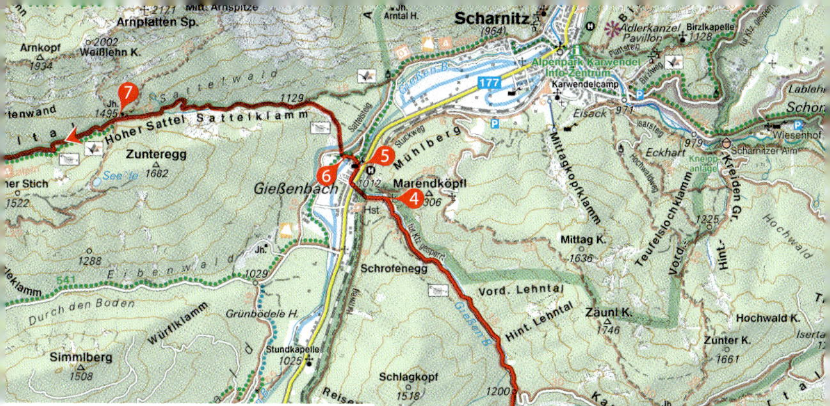

über 200 Höhenmeter den Berg hinauf. Oben angekommen treffen wir auf die Via Alpina. Wir halten uns links und können bald von einer Bank auf der linken Seite einen letzten Blick auf das Karwendel werfen. Noch ist der Sattel jedoch nicht erreicht. Schön geht es nun durch lichten Wald auf breitem Wege zum höchsten Punkt, dem **Hohen Sattel (7)**, 1495 m, wo Jagdhütten und schöne Picknickwiesen uns erwarten. Mehrere Wege treffen sich hier. Unser Weg führt geradeaus, zwischen dem Naturschutzgebiet Arnspitze rechter Hand sowie dem Zunteregg, 1682 m, und dem Hohen Stich, 1522 m, linker Hand, hindurch und durch das Satteltal steil hinab. Dabei erhaschen wir mit Spannung die ersten Ausblicke auf die Leutasch und grüßen die gegenüberliegenden Bergspitzen des Wettersteingebirges, insbesondere die deutlich auffallende Gehrenspitze, 2367 m. Wir folgen dem Hauptweg, bis wir

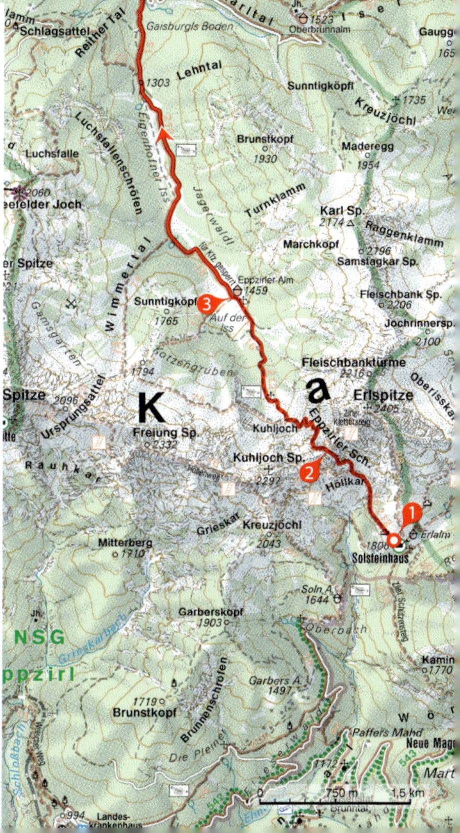

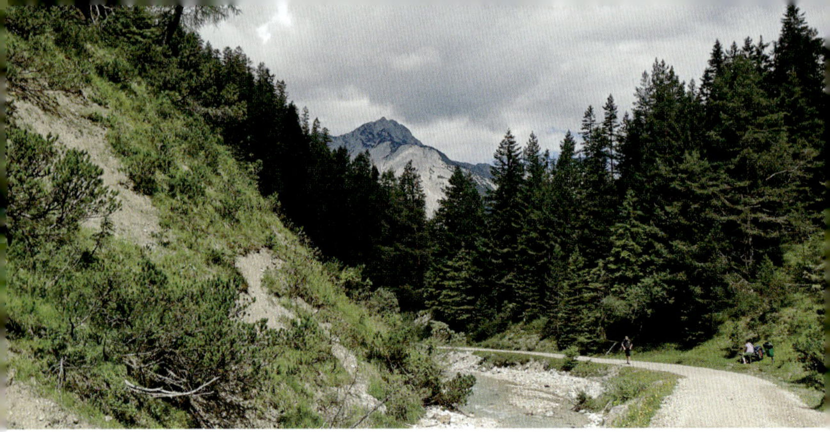

Durch das Gießenbachtal.

aus dem Wald heraustreten und im breiten Hochtal der Leutascher Ache auf ca. 1100 m Seehöhe stehen. Im gesamten, 16 km langen Tal leben ca. 2200 Menschen in vielen kleinen Ortsteilen. Wir überqueren die **kleine Straßenbrücke (8)**, 1103 m, und biegen dann links auf den Radwanderweg »Achenweg« ein, der sich als Kunst- und Naturlehrpfad sowie als rege Verbindung zwischen den Orten entpuppt. Wir folgen ihm, überqueren eine kleine Straße, bis an der nächsten größeren Straßenquerung deutlich sichtbar links hinter der Brücke **(9)**, 1106 m, der Ort **Weidach** beginnt. Hier befindet sich die Touristeninformation, die gern bei der Übernachtungssuche behilflich ist. Wir laufen nun auf der linken Achenseite weiter, an einer Brücke vorbei. Am Schwimmbad geht es aufwärts in den Wald hinein. Bald darauf treffen wir auf Bretterbuden am Weg, in denen im Winter die Loipengebühr kassiert wird. Hier biegen wir rechts über die Brücke ab und stehen nach ca. 200 m am Etappenziel in **Kirchplatzl (10)**, 1136 m, mit seiner schönen Kirche Maria Magdalena und der ehemaligen Dorfschule, in der heute das weiß getünchte Ganghofer-Museum untergebracht ist.

i *Ludwig Ganghofer im Gaistal*

Wer zeitig genug dran ist, sollte noch einen Besuch im Ganghofer-Museum in Leutasch-Kirchplatzl machen. Hier wird dem bayrischen Schriftsteller Ludwig Ganghofer (1855–1920) gedacht, der noch zu Lebzeiten für seine »kitschigen« Heimatromane ebenso heiß umschwärmt wie belächelt wurde. Die Geschichte »Das Schweigen im Walde« spielt in Leutasch und wurde sogar verfilmt. Ganghofer war als Dramaturg, Chronist, Kriegsberichterstatter und Librettist äußerst vielseitig und lebte 20 Jahre im Gaistal, das wir morgen durchwandern. Hier pachtete er mit Freunden ca. 20.000 Hektar Jagdrevier und empfing in seinem großzügigen Jagdhaus »Hubertus« an der Tillfussalm zahlreiche bekannte Persönlichkeiten seiner Zeit.

Die nächsten Tage: Etappen 16 und 17

Je nachdem wie unsere Bedürfnisse und Planungen sind, bieten sich für die nächsten beiden Tage wieder zwei Alternativmöglichkeiten an. Beide treffen sich am dritten Tag auf dem Weg zur Anhalter Hütte.
Die Originalroute des Adlerwegs führt am Ende der Almen hinunter in das hübsche Örtchen Ehrwald, 994 m, mit Einkaufsmöglichkeiten, Eis am Dorfplatz, Geldautomaten, Bank und Schwimmbad. Am nächsten Tag geht es von hier weiter durch das Lermooser Becken, mit der Bahn hoch auf den Grubigstein und von dort wieder hinunter zum Fernpass und dem direkt anliegenden Hotel Schloss Fernstein am Fernsteinsee. Gestört wird dieser idyllische Ort von den unablässig vorbeilärmenden Fahrzeugen, die über den Pass kommen. Eine Übernachtung findet man an diesem dennoch sehr interessanten Ort nur im Schloss ab ca. 70 € pro Person, auf dem Campingplatz mit eigenem Zelt oder man läuft weiter nach Nassereith (ca. 2 Stunden) oder auf die Loreahütte hoch (3 Stunden), für die man aber vorher einen Schlüssel von der Sektion holen muss. Oder man schläft dort zur Not im Flur, Wasser und Toilette sind zugängig. Von dort geht es dann am nächsten Tag ins Tegestal und über die Hintere Tarrentonalpe zur Anhalter Hütte hinauf, wohin uns auch die beschriebene Alternative führt. Wer sich für die Varianten entscheidet, in Nassereith zu übernachten oder hoch auf die traumhaft gelegene Loreahütte zu wandern, den erwarten wunderbare Touren. Alternativ könnte man die Wanderung aber auch als Tagesausflug machen, am Schloss Fernstein enden lassen, von dort mit dem Bus zurück nach Ehrwald fahren und am nächsten Tag wieder zurück zum Schloss und von dort die Wanderung ins Tegestal beginnen.
Als empfehlenswerte Variante beschreiben wir folgende Tour, die auf anderen Wegen zum Beginn des Tegestals führt, aber nicht an Geldautomaten vorbeikommt. Wir folgen an der Wanderkreuzung hinter dem Igelsee nach links und steigen an der Seebenalm und am Seebensee vorbei in ca. 1½ Stunden zur Coburger Hütte auf. Wir befinden uns wieder im Hochgebirge und direkt am Drachensee. Am nächsten Tag wandern wir von hier über die Biberwierer Scharte, den Jubiläumsweg und den Weg 25 zur Nassereither Alm (Muthenaualm). Von dort geht es dann am Folgetag mit kurzem Abstecher zum Schloss Fernstein am Campingplatz ins Tegestal hinein und weiter über die Hintere Tarrentonalpe zur Anhalter Hütte hinauf.

Originalroute:
16: Leutasch-Weidach – Ehrwald, **17:** Ehrwald – Schloss Fernstein – Tegestal + Alternativen.
Variante:
16: Leutasch-Weidach – Coburger Hütte, **17 V:** Coburger Hütte – Nassereither Alm.

16 Leutasch – Ehrwald (oder Coburger Hütte)

7.00 Std.

↑610 ↓750

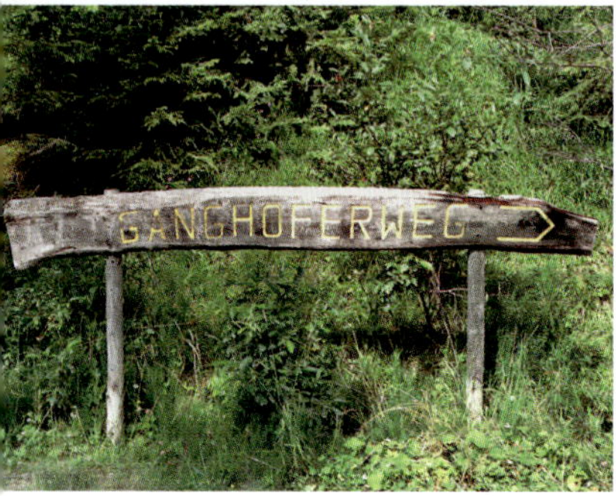

Von Alm zu Alm durchs Gaistal

Zwischen Wettersteingebirge und den Mieminger Bergen führt unsere gemütliche, aber weite Wanderung heute erst durch die Leutasch und dann durch das Gaistal. Beide Hochtäler liegen auf 1000 bis 1600 Metern Höhe. Erst am Ende des Tages, wenn wir nach Ehrwald absteigen, wird uns bewusst werden, wie hoch wir uns befanden. Wir wandern heute zunächst auf dem Lehrpfad an der Leutascher Ache nach Westen. Wenn wir den letzten der 24 Weiler hinter uns gelassen haben, betreten wir das engere und kaum besiedelte Gaistal und befinden uns nun auf dem Ganghoferweg, der uns an der Gaistalalm, der Tillfussalm und am Jagdhaus von Ludwig Ganghofer vorbeiführt. Ohne eine Einkehr kommen wir hier sicher nicht vorbei. Idyllisch zwischen Wiesen und Kuhherden, Wald und Wildnis hindurch gelangen wir zum Igelsee und von dort zur Kreuzung, wo links der Weg zur Coburger Hütte und rechts der zur Ehrwalder Alm führt: Hier müssen wir uns entscheiden. Beide Richtungen bieten tolle Eindrücke.

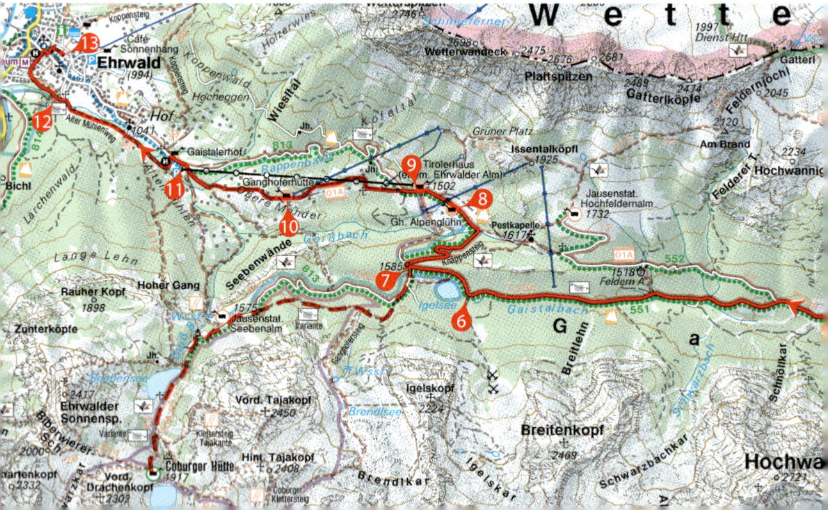

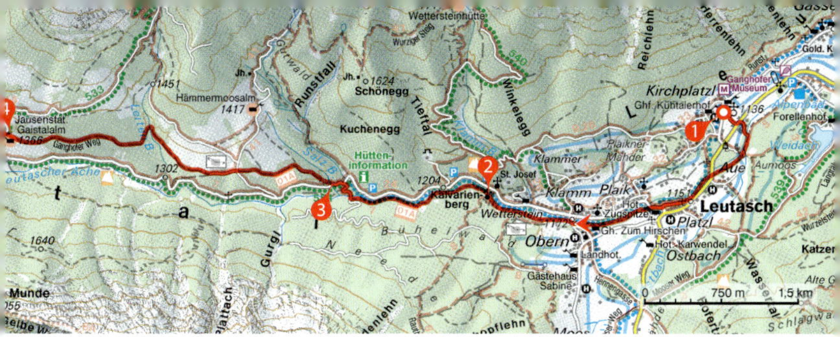

Ausgangspunkt: Leutasch-Kirchplatzl, 1136 m.

Anforderungen: Wald- und Fahrwege, wenige Pfade; etwas schwieriger vom Abzweig bis zur Coburger Hütte (Variante).

Karten: Freytag & Berndt WK 322 (1:50.000); Kompass 5 (1:50.000).

Stempelstellen: Gaistalalm, Ehrwalder Alm.

Einkehr: Gaistalalm; Tillfussalm; Berggasthof Alpenglühen, Tel. +43 5673 2349, Ehrwalder Alm 4, 6632 Ehrwald; Ehrwalder Alm/ Tiroler Haus an der Ehrwalder Almbahn, 1502 m, Mitte Mai bis Mitte Oktober, Mi geschlossen, Tel. +43 5673 21255 (Ehrwalder Alm), Tel. +43 664 8278204, Ehrwalder Alm 3, 6632 Ehrwald, www.ehrwalder-alm.com; Ganghofer Hütte, 1289 m, nur im Winter geöffnet, Produkte aus eigener Landwirtschaft, Tel. +43 664 1431357, +43 664 5046443, www.ganghoferhuette.at; diverse Möglichkeiten in Ehrwald; auf der Variante: Seebenalm, 1575 m, Juni bis Mitte Oktober, Tel. +43 6765 946926, www.seebenalm.jimdofree.com; Coburger Hütte.

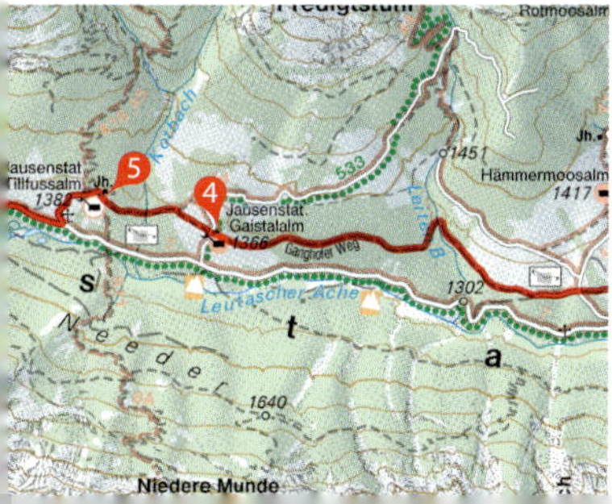

Unterkunft: Gaistalalm: 1366 m, 15 Lager im Sommer, vorher reservieren, Tel. +43 5214 5190, Gasse 180, 6105 Leutasch, www.gaistalalm.at; Tillfussalm: 1382 m, Mai bis Oktober, +43 676 6104770; diverse Unterkünfte in Ehrwald, 994 m; auf der Variante: Coburger Hütte: 1917 m, DAV, sehr familiär, Anfang Juni bis Anfang Oktober, Tel. +43 664 3254714, www.coburgerhuette.at.

Einkauf: In Ehrwald diverse Geschäfte.

Verkehrsmittel: An-/Abreise Leutasch: Bus 4184 von Seefeld/ Tirol (an der Bahnstrecke München-Innsbruck) ca. 10 Min. bis z. B. Weidach; An-/Abreise Ehrwald: Regionalbahn München-Garmisch-Ehrwald, Zugspitzbahn und Bus 4250, Zugverbindung nach Innsbruck.

Information: **Tourismusverband Olympiaregion Seefeld**, Informationsbüro Leutasch, Weidach 320, 6105 Leutasch, Tel. +43 508 80510, info.leutasch@seefeld.com, www.seefeld.com, www.leutasch.net, www.leutasch.at; **Tourismusverband Zugspitzarena**, Tel. +43 5673 20000, Schmiede 15, 6632 Ehrwald, www.zugspitzarena.com; **Touristenbüro Ehrwald**, Mo–Fr 8:30–18 Uhr, Sa/So mind. bis 12 Uhr, Tel. +43 5673 20000208, Kirchplatz 1, 6632 Ehrwald, www.ehrwald.com.

Tipp: Lassen Sie sich im Quartier in Ehrwald die Gästekarte für den folgenden Tag geben. Sie können sie für die Seilbahn (Ermäßigung!) gebrauchen.

Unsere Wanderung beginnt an der Kirche Maria Magdalena von **Kirchplatzl (1)**, 1136 m, und führt zurück über die Brücke auf den Fuß- und Radweg an der Ache. Wir folgen der linken Flussseite und wandern auf bequem zu gehenden Wegen an der murmelnden Ache entlang. An der Straße von Obern angekommen, führt unser Weg (wie auch die Wegbeschilderung) nun rechts über die Brücke in das letzte Dörfchen Klamm. Wir folgen der Straße hinter der Brücke nach links, kommen am Dorfplatz vorbei und erreichen nach einigen hundert Metern das Ende von Leutasch, wo an einer verengten Stelle die St.-Josefs-Kapelle und der Kalvarienberg auf uns warten. Diese Talenge hat schon vermehrt zu Überschwemmungen geführt. Auf einer Tafel wird die Geschichte »in den Öfen« erzählt. Jedes Jahr findet hier am 19. März, dem Josefitag, einem Tiroler Landesfeiertag, eine Andacht zur Erinnerung an das Hochwasser vom Juni 1959 und zum Schutz vor neuen Katastrophen statt. Am dahinter liegenden **Mauthäuschen (2)**, 1204 m, zweigt unser Wanderweg über eine Brücke wieder auf die linke Seite der Ache und führt gemütlich auf dem herrlichen Flussweg in das Gaistal hinein. Nach nicht allzu langer Zeit überqueren wir wieder die Leutascher Ache und erreichen den Fahrweg. Nun geht es erst links, dann rechts weiter steil aufwärts auf den **Ganghoferweg (3)**, 1242 m. Schnell haben wir den Anstieg überwunden und wandern nun eben auf dem Hauptweg durch beweidete Wiesen und lichte Fichtenwälder. Wir schauen den Kühen beim Grasen zu und genießen das friedliche Kuhglockengeläut ohne Autolärm. Dabei folgen wir den oft zahlreichen Tageswanderern, von denen viele bei der ersten Jausen-

Das Gaistal und die Gaistalalm.

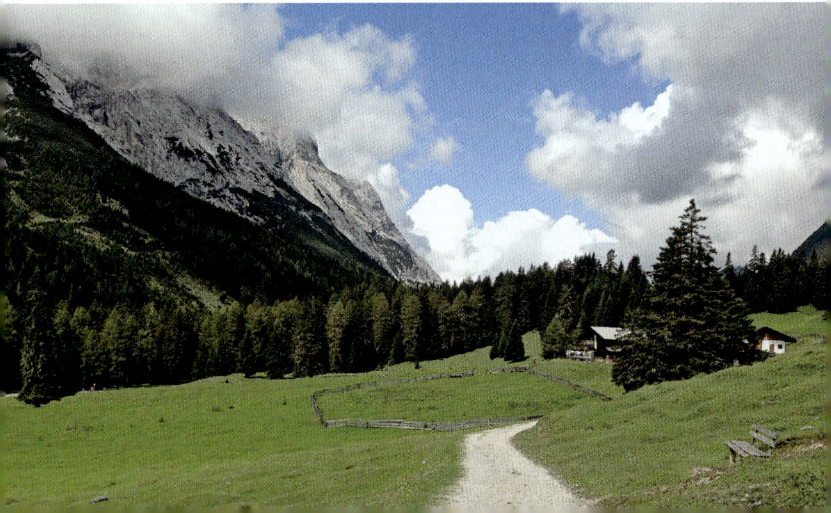

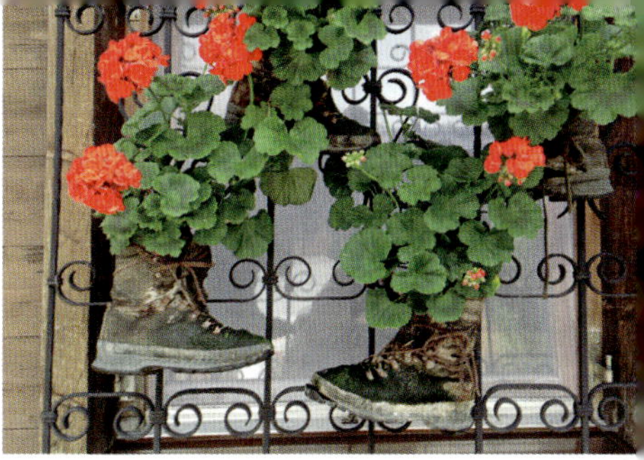

Das zweite Leben unserer Wanderschuhe.

station am Wegesrand bereits einkehren werden. Ab der **Gaistalalm (4)**, 1366 m, geht es nun quer über die Wiese auf einen etwas wilderen Waldpfad über Wurzeln und Steine. Eine Viertelstunde später erreichen wir die **Tillfussalm (5)**, 1382 m, für eine zweite Jause. Beide Almen liegen herrlich auf saftig frischen Wiesen. Hinter der Tillfussalm entdecken wir das Ganghoferhaus, nicht zu verwechseln mit der Ganghoferhütte. Das ehemalige Jagdhaus »Hubertus« ist in Privatbesitz und leider nicht öffentlich zugänglich. 20 Jahre verbrachte der Schriftsteller Ludwig Ganghofer (1855–1920) hier seine Ferien, schrieb Bücher und empfing zahlreiche Gäste aus Kunst und Kultur.

Unser Weg führt nun ca. 5 km weiter auf dem Hauptweg, den wir uns ab hier mit den Radlern teilen. An der nächsten Kreuzung folgen wir dem linken Weg in Richtung **Igelsee (6)**, 1543 m, den wir nach ca. 1½ Stunden erreichen. Wir wandern weiter bis zur **Kreuzung (7)**, 1585 m, wo wir uns nun entweder nach rechts zur Ehrwalder Alm/Ehrwald wenden. Oder wir gehen nach links zur Coburger Hütte (Wegbeschreibung siehe Variante unten).

Gehen wir rechts Richtung Ehrwalder Alm, die sich heute auch Tiroler Haus nennt, wandern wir auf einem breiten Weg durch den Wald und erreichen bald die breiten Wiesen der großzügigen Alm. Wir kommen am **Gasthaus Alpenglühn (8)**, 1506 m, vorbei und gehen bis zur Seilbahnstation **Ehrwalder Almbahn (9)**, 1502 m. Wer hier abfährt, den treffen wir auf unserem Weg an der Talstation wieder. Wer die eine Stunde laufen möchte, findet dafür den breiten »Ehrwalder Wiesenweg« hinter der Seilbahn. Mit herrlichem Blick auf das bereits nächste Gebirge, die gegenüberliegenden Lechtaler Alpen, geht es schnell hinab. Erst hier wird uns die schwebende Lage des Hochtales bewusst, die uns vorher so selbstverständlich vorkam. Hier sehen wir auch

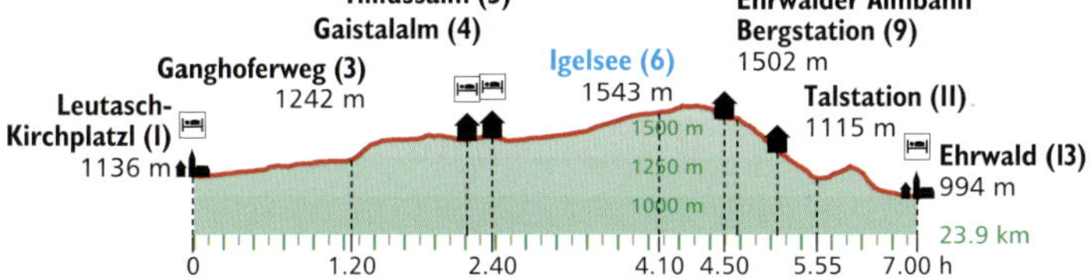

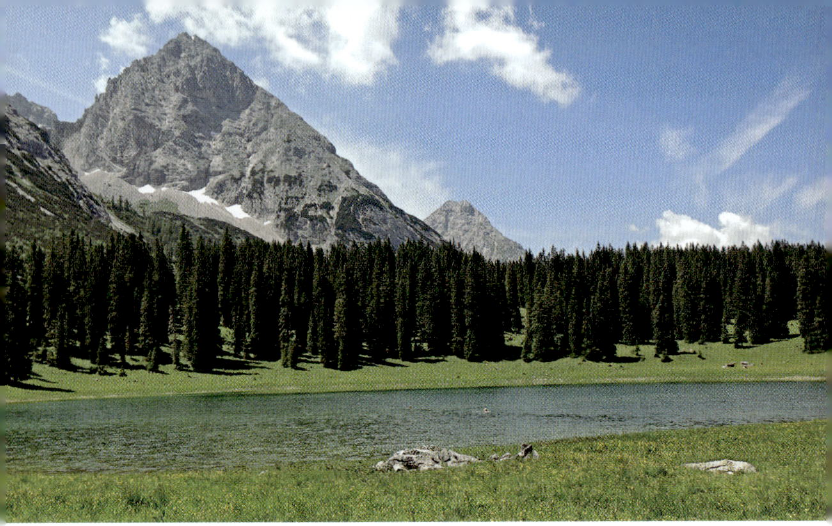

Rast am Igelsee.

nochmal auf die Mieminger Bergkette zur Linken und erkennen die Zugspitze zur Rechten. Auf halbem Wege treffen wir an der **Ganghoferhütte (10)**, 1289 m, auch »Arche Alm« genannt, auf »blobe Ziegen«. Sie gehören zu einer alten, fast verschwundenen Gebirgsrasse, die hier wieder gezüchtet wird. »Blobe« ist tirolerisch und steht für die »blaue« bzw. blaugraue Fellfarbe der hochgebirgstauglichen, genügsamen Tiere.
Neben der **Talstation der Seilbahn (11)**, 1115 m, folgen wir den gelben Schildern links in den Wald hinein. Wir wandern auf dem Alt-Mühlentalweg weiter ins Tal, überqueren dafür den Bach und lassen uns nicht davon irritieren, dass nicht alle Schilder mit dem Adlerweg gekennzeichnet sind. Wir bleiben auf der linken Bachseite und kommen immer wieder an Wiesen mit Alm-Schobern vorbei. Die erste Brücke, die rechts weg geht, ignorieren wir. Wir gehen weiter gerade aus, bis unser Weg an der **Zippermühle (12)**, 1016 m, über eine Brücke führt. Wir gehen nun die Straße rechts den Berg hinauf. Oben am gelben Wegweiser bleiben wir geradeaus, bis wir das östliche Ende des Martinsplatzes mit seinem Kapellchen erreichen. Wir wandern nun nur noch die Straße links hinunter und können die **Ehrwalder Touristeninformation (13)**, 994 m, auf der rechten Seite nicht verfehlen. Ehrwald hat alles zu bieten, was man sich im Urlaub nach etlichen Wandertagen so wünscht. So kann man am Abend am zentralen Kirchplatz mit einem Eis in der Hand auf den Holzrelaxliegen entspannen und mit der Ehrwalder Sonnenspitze, 2417 m, vor Augen den Tag genüsslich ausklingen lassen.

i **Leutasch,** *das grüne Hochtal zwischen Wettersteingebirge und Mieminger Bergen, ist für Tirol untypisch breit und reich an Wald. Die Besitzungen am Flüsschen »Liutaske« wurden 1166 erstmalig urkundlich erwähnt. Das Leben der Menschen wurde lange Zeit durch die Land- und Forstwirtschaft und die Jagd bestimmt. Innsbruck und Hall nutzten Leutasch als »Holzkammer«. In den letzten Jahren wurde die Leutascher Ache aufwändig renaturiert. Sie hat nun wieder den nötigen Platz, um sich auszubreiten und bildet mit den angesiedelten Pflanzen und Tieren ein komplexes, funktionierendes Ökosystem. Die Leutascher Ache zählt zu den saubersten Fließgewässern Tirols und verfügt im gesamten Verlauf über die Gewässergüteklasse I. Sie entspringt ca. einen Kilometer vom Igelsee entfernt, nimmt das Wasser vom Igelsee mit, nennt sich dort erst Gaistalbach und mündet nach 30 km beim Austritt aus der Geisterklamm, die ebenfalls einen Besuch wert ist, bei Mittenwald in die Isar.*

Variante zur Coburger Hütte (ca. 1½ Stunden ab Abzweig):
An der Kreuzung hinterm Igelsee folgen wir dem breiten Wanderweg nach links in Richtung Seebenalm und biegen an der nächsten Möglichkeit nach links in den Wald auf den Wanderweg ab, dem wir nun ohne nennenswerte Steigungen über Stock und Stein in Richtung Seebenalm folgen. Dabei lassen wir den Ganghofersteig links liegen und treten schon bald wieder aus dem Wald heraus. Vor uns liegt die gut besuchte Jausenstation Seebenalm, 1575 m. Wir steigen an ihr vorbei den steilen Berg hinauf, bis wir den Geißbach erreichen, an dessen linker Seite wir zum Seebensee weiter aufsteigen. Auf der linken Seite wandern wir um den glasklaren Seebensee herum und auf die Materialseilbahn zu, die hier nicht ins idyllische Märchenlandbild passen will. Von hier steigen wir leicht in Serpentinen zur **Coburger Hütte,** 1917 m, auf. Nach dreißig Minuten haben wir unser Tagesziel am geheimnisvollen Drachensee erreicht.

Blick auf Seebensee und Zugspitze.

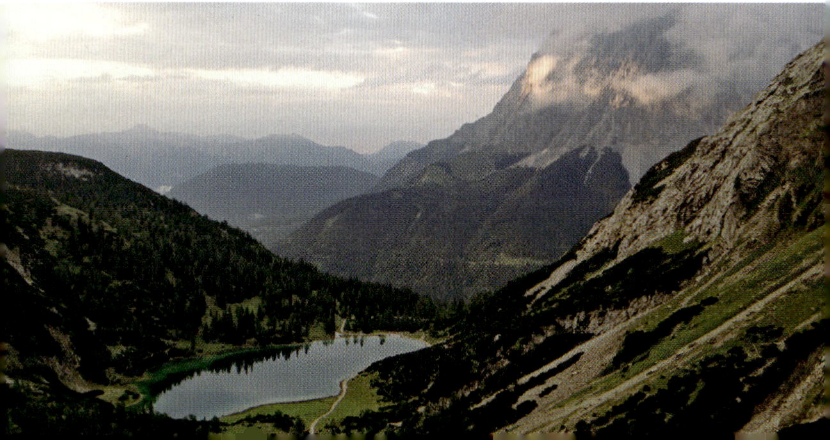

17 Ehrwald – Schloss Fernstein – Loreahütte

7.00 Std.

↑1200 ↓1190

Smaragdgrüne Seen mit einem Märchenschloss

Von Ehrwald nach Lermoos queren wir heute eine der wichtigsten Heer- und Handelsstraßen der Römer, den sogenannten Prügelweg. Diese Via Claudia Augusta wurde unter Kaiser Augustus und seinem Nachfolger Claudius erbaut. Da die Route weder rechts noch links abweichen durfte, wurden Baumstämme und Schotter in das unwegsame Moor regelrecht hinein »geprügelt«. Das so entstandene Fundament verdichtete das wabernde Moor und machte es befahrbar. Von Lermoos überwinden wir per Seilbahn oder zu Fuß die ca. 700 Höhenmeter zur Grubigalm/Grubighütte. Von dort wandern wir abwärts in Richtung Fernpass an der Lechtaler Alpenkette entlang. Unterwegs bieten sich uns traumhafte Ausblicke auf die smaragdgrünen Seen in den Wäldern unter uns. Kurz vor dem Fernpass müssen wir ein kurzes Stück die Passstraße entlanggehen. Dann wandern wir wieder im Wald und über die schöne Via Claudia Augusta zum Schloss Fernstein am Fernsteinsee. Weiter geht es nun zur Übernachtung: zur Loreahütte den Berg hinauf, ins Schloss vor Ort oder nach Nassereith durch lichten Wald den Berg hinab.

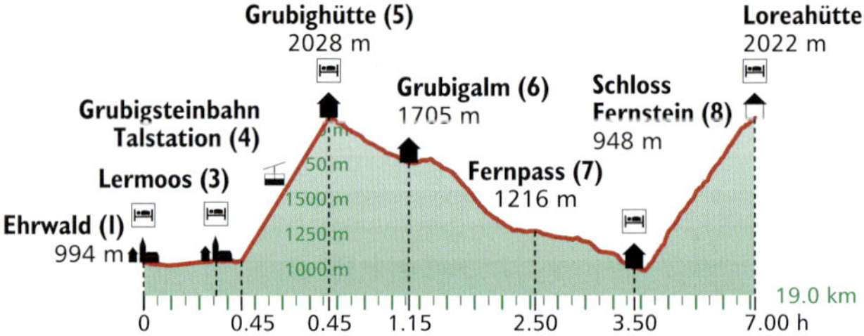

Ausgangspunkt: Ehrwald, 994 m.
Anforderungen: Leicht bis mittelschwer, Abstieg zum Schloss Fernstein teils steil abwärts, gut zu gehende Wege und Pfade, kurze, unangenehme Strecke auf der Fernpassstraße, steiler Aufstieg zur Loreahütte.
Karten: Freytag & Berndt WK 352 (1:50.000); Kompass 5 (1:50.000).
Stempelstellen: Grubigalm, Loreahütte.
Einkehr: Diverse in Lermoos; Brettlalm (Mittelstation der Grubigsteinbahnen/ Grubig I), Tel. +43 5673 2573, www.brettlalm.at; Grubighütte, Grubigalm, Tel. +43 5673 22565 230, +43 5673 20297, www.grubigalm.at; Hotel Schloss Fernstein, diverse Möglichkeiten in Nassereith.
Unterkunft: Diverse in Lermoos; **Gipfelhaus Grubigstein:** privat, (Bergstation der Grubigsteinbahnen, Grubig II), Ü/F nur im Sommer, 4-Bett-Zimmer und Lager, Tel. +43 5673 21026, www.gipfelhaus.at; **Hotel Schloss Fernstein:** Tel. +43 5265 5210, www.fernsteinsee.at; **Lorea-Hütte:** DAV, Selbstversorgerhütte, Ende Mai bis Anfang Oktober, Sa/So ist oft jemand da, 2021 geschlossen, Infos und

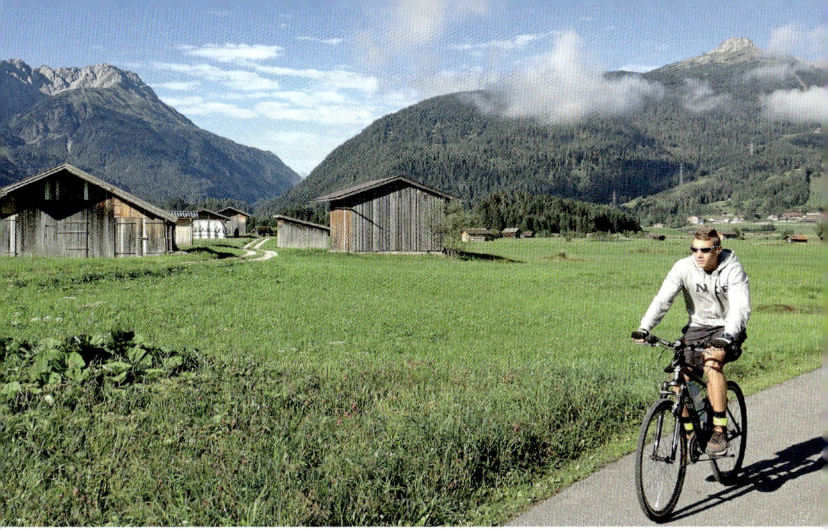

Von Ehrwald nach Lermoos über den einstigen Prügelweg.

Anmeldung unter +49 89 438944 oder kontakt@lorea-huette.de, den Winterraum- und SV-Hüttenschlüssel vorher in der eigenen Sektion besorgen, www.lorea-huette.de; diverse Möglichkeiten am Eingang von Nassereith.

Einkauf: In Lermoos diverse Geschäfte, Supermarkt am Fernpass.

Verkehrsmittel: Grubigsteinbahn, Lermoos-Grubigstein, Mai–November 8:30–17 Uhr, www.bergbahnen-langes.at; An-/Abreise Ehrwald: Regionalbahn München-Garmisch-Ehrwald, Zugspitzbahn und Bus 4250, Zugverbindung nach Innsbruck; An-/Abreise Nassereith/Schloss Fernstein: Bus.

Information: **Tourismusverband Zugspitzarena**, Tel. +43 5673 20000, Schmiede 15, 6632 Ehrwald, www.zugspitzarena.com; **Touristenbüro Ehrwald,** Mo–Fr 8:30–18 Uhr, Sa/So mind. bis 12 Uhr, Tel. +43 5673 20000208, Kirchplatz 1, 6632 Ehrwald, www.ehrwald.com, **Tourismusverband Imst,** Tel. +43 5412 6910-0, Johannesplatz 4, 6460 Imst, www.imst.at, **Touristenbüro Nassereith**, Tel. +43 5412 691041, Postplatz 28, 6465 Nassereith, www.nassereith.at.

Tipp: Wir empfehlen, sich die Seilbahn auf den Grubigstein zu gönnen und auf die Loreahütte aufzusteigen (prüfen ob geöffnet) oder noch bis Nassereith weiterzugehen. Zur Übernachtung siehe die Informationen bei Unterkunft, sonst bleibt nur der überdachte Eingang für die Nacht. Toilette und Wasser sind aber zugänglich.

Unsere Wanderung beginnt heute an der Touristeninformation in **Ehrwald (1)**, 994 m. Wir gehen an der Kirche vorbei, den Kirchplatz bis zum nordwestlichen Ende hinunter und zwischen Sparmarkt und Hotel Grüner Baum hindurch in den **Kirweg (2)**, 984 m. Der geteerte Radwanderweg führt uns schnell aus dem Ort. Nach den letzten Häusern geht es nach rechts quer über die Wiesen durch das Lermooser Moos, eine einstige Sumpflandschaft. Das Moor trug dazu bei, dass die römische Via Claudia Augusta noch erhalten war, als man sie 1991–1995 ausgrub. Nun liegt Lermoos mit dem Grubigstein, 2233 m, vor uns und die Zugspitze, 2962 m sowie die Sonnenspitze, 2417 m, liegen hinter uns. Wir queren in gerader Richtung die Loisach über eine Brücke und folgen dem Weg am Lussbach entlang. Seit 1991 steht das Lermooser Moos unter Schutz. Mindestens 41 Vogelarten brüten hier. Eine davon ist der Neuntöter, der seine Beute, gern größere Insekten, auf Dornen aufspießt. Ihm gesellt sich eine mordlustige Pflanze hinzu: das seltene Rundblättrige Sonnentau, ebenfalls eine Fleischfresserin.

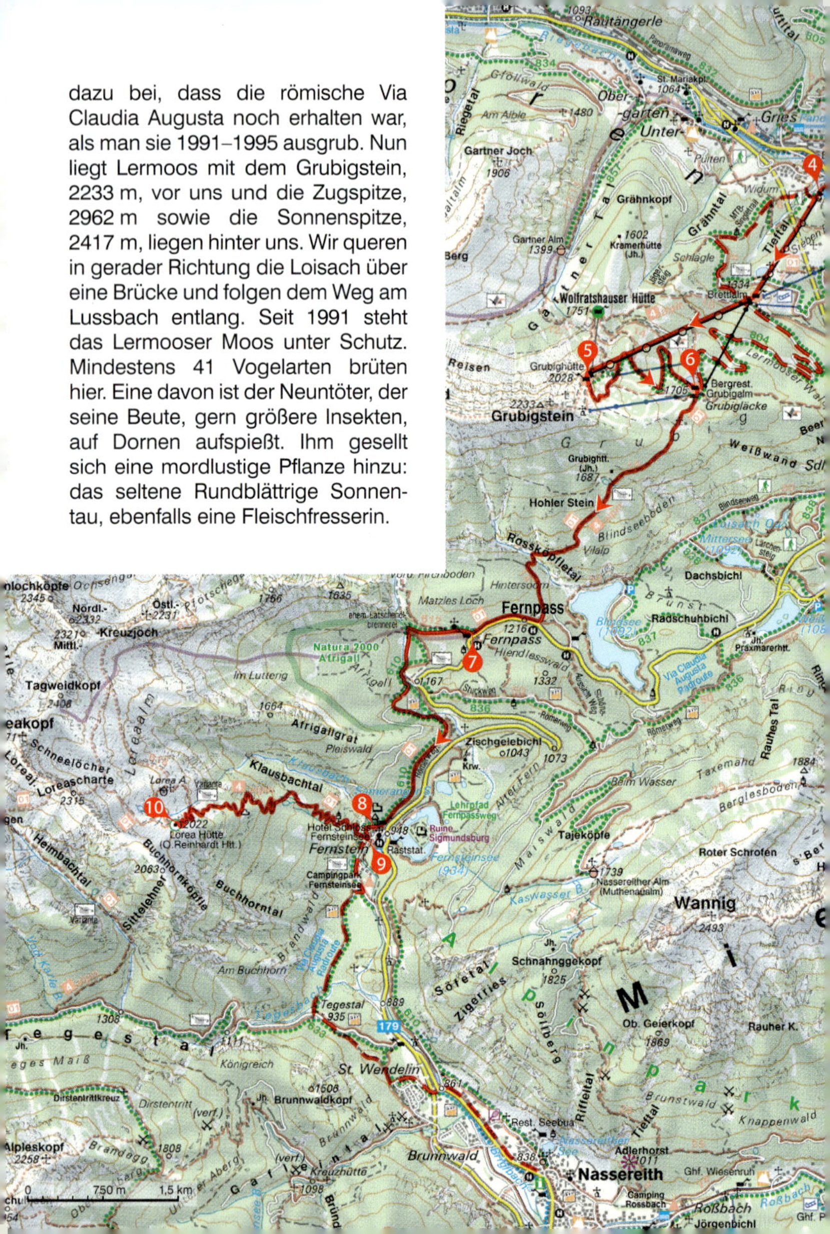

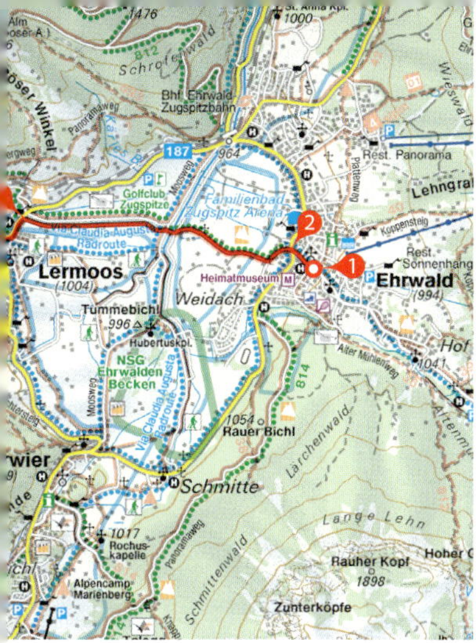

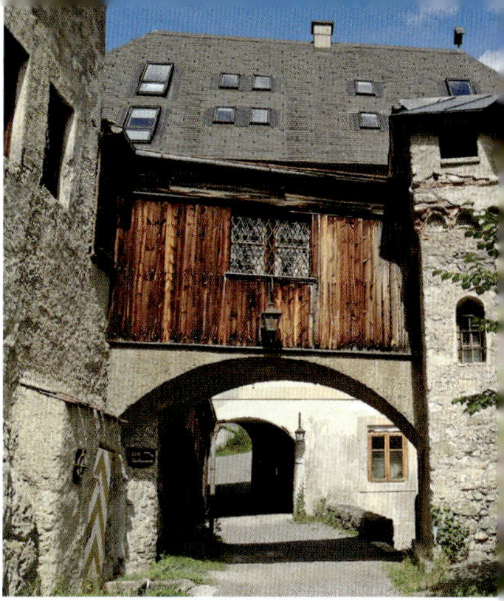

Schloss Fernstein.

Beim Erreichen der Hauptstraße von **Lermoos (3)**, 1004 m, überqueren wir die Straße und folgen ihr auf dem gegenüberliegenden Fußweg nach links und später im Rechtsschwenk in den Ort hinein. Am Hotel Bergland befindet sich ein großes Schild der Grubigsteinbahnen, dem wir nach links folgen und über einen Parkplatz die **Talstation (4)**, 1004 m, erreichen. Hier müssen wir uns nun entscheiden: Der Adlerweg beginnt offiziell an der Grubigalm. Wenn wir heute bis zur Loreahütte gehen, nehmen wir am besten die Seilbahn. Wenn hierhin keine Seilbahn fährt, fahren wir am besten höher hinauf zur **Grubighütte (5)**, 2028 m, mit einem Mal umsteigen an der Brettlalm. Wir können aber auch von der ersten Station, der Brettlalm, 1334 m, in ca. 1½ Stunden zur **Grubigalm (6)**, 1705 m , aufsteigen oder den Aufstieg komplett zu Fuß machen. Dazu beginnt der Weg Nr. 15 links bzw. hinter der Talstation zunächst auf der linken Seite der Bahn, schwenkt später unter der Bahn hindurch auf die rechte Seite und kommt an der Brettlalm vorbei.

Wer zur Grubighütte/Grubigstein aufgefahren ist, läuft von der Bergstation über die Terrasse der Grubighütte und folgt dann dem Schild in Richtung Grubigalm/Fernpass auf einem breiten Fußweg nach links die Serpentinen abwärts. Kurz bevor wir die Alm und die Lifte erreichen, biegt unser Weg rechts in den Wald ab. Wir wenden uns nun gen Süd-Südwest und wandern auf dem Weg Nr. 14, der gleichzeitig Nordalpenweg 1 und E4 ist. Erst geht es in leichtem Auf und Ab durch den lichten Wald, dann führt der Weg hinab, oberhalb der Via Claudia Augusta in das schmaler werdende Tal zwischen Mieminger Bergen und Lechtaler Alpen hinein. Wir genießen die wunderschönen Ausblicke von oben auf den kleinen Mittersee, den mittleren Weißensee und den großen

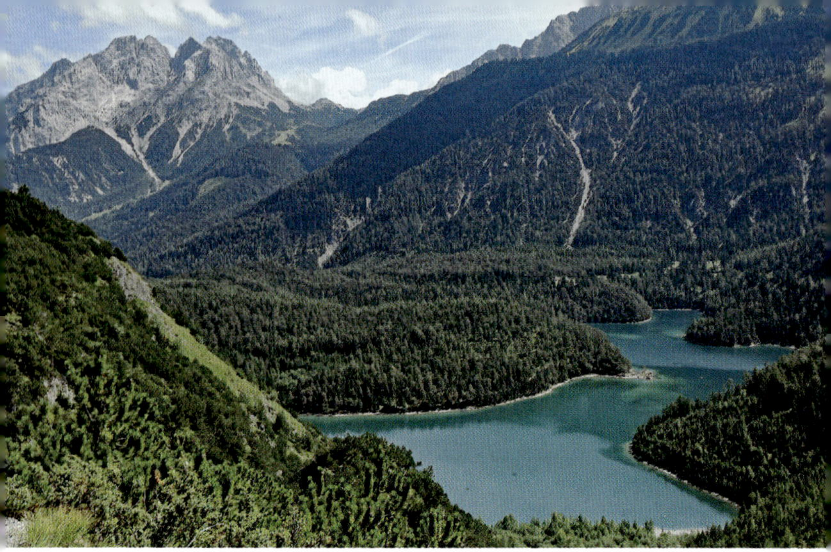

Blindsee.

Blindsee, die uns herrlich blau-türkis entgegen strahlen. Am Ende des Abstiegs erfrischen wir uns an einem kleinen Wasserfall und erreichen einen Forstweg, dem wir nach links zur rauschenden Fernpassstraße folgen. Unser Weg läuft nun ca. 600 m an der rechten Straßenseite der Verlängerung der A7 entlang. Wir erreichen den **Fernpass (7)**, 1216 m, und verlassen die Straße nach rechts, wo hinter der Fernsteinrast und gegenüber vom Supermarkt eine zunächst asphaltierte Straße rechts abführt. Von hier sind es bis zum Fernsteinsee mit dem Schloss Fernstein noch ca. 1,5 Stunden. Die Straße, die gleichzeitig Weg 612 ist, geht bald in den schönen Weg 610 über, der sich an der Galtbergalm nach links wendet und nun durch Kieshalden hindurchführt, die hier

***i* Fernsteiner Märchenland**

Von smaragdgrün über türkis bis azur leuchten die Seen rund um den Fernsteinpass. Die Farbe lässt sich auf den Kalksinter, das Aragonit, zurückführen, das sich nach einem eineinhalb Kilometer breiten Bergsturz unter den mehrere hundert Meter dicken Gesteinsmassen bildete. Der ca. 550 m lange wie breite Fernsteinsee ist bis zu 17 Metern tief. Auch unter der Wasseroberfläche ist der See bezaubernd. Viele Taucher bewundern die natürliche Kunst bizarrer Baumformationen im kristallklaren Wasser. Vier Kiefernarten sind um den Fernsteinpass heimisch. Davon ist die äußerst selten vorkommende aufrechtwachsende Riesenlatsche »Spirke«, diejenige, die der Gegend zum Naturschutzgebiet Afrigal verhalf.

dem Fluss entnommen werden. Rechter Hand befindet sich das Afrigal, das 2010 als Natura-2000-Gebiet unter Schutz gestellt wurde. Wir nähern uns wieder der Straße 179 und gehen, bevor wir sie erreichen, rechts hinauf auf den Römerweg, der bald darauf links hinunter führt. Unser Weg führt nun direkt auf der Via Claudia Augusta, einer beliebten Fernradroute am Schanzlsee vorbei. Vorsicht Fahrradverkehr! Bald erkennen wir, dass die alte Handelsverbindung aus dem Fels hinaus bzw. in den Fels hinein geschlagen wurde. Durch die Blätter erhaschen wir immer wieder Blicke auf den kleineren Samerangersee und den Fernsteinsee mit der Burgruine Sigismund. Im Sommer ruderte hier im 19. Jahrhundert schon mal der bayrische König Ludwig II. – oder wurde er gerudert?

Unser Weg führt nun in einen Torbogen hinein: Wir haben das obere Geschoss des **Schlosses Fernstein (8)**, 948 m, erreicht. Das Schloss wurde 1519 erstmals erwähnt, die ältesten Teile stammen jedoch aus dem 12. Jahrhundert. Wer nun zum Schlosscafé bzw. Restaurant (Eisbecher!) möchte, nimmt hier am besten gleich die Treppe links hinunter. Wer weiter will, läuft geradeaus. Der breite Weg führt uns abwärts und direkt zum **Abzweig Loreahütte (9)**, 933 m. Von hier aus geht es rechts, durch den Wald, in drei Stunden steil hinauf, bis wir auf der Höhe einen schier überwältigenden Blick und die ewige Stille der stolzen Gipfel und geschafften Bergsteiger genießen. Die 1928 fertiggestellte **Loreahütte (10)**, 2022 m, ist eine liebevoll gepflegte Selbstversorgerhütte der DAV-Sektion Isartal. Im Jahr 2021 war sie geschlossen, deshalb unbedingt vorher erkundigen, ob sie wieder Gäste aufnimmt. Im Sommer ist an den Wochenenden häufig jemand oben. Der etwas anstrengende Aufstieg empfiehlt sich sonst mit gefüllter Brotbüchse und dem SV-Schlüssel in der Tasche. Unterwegs können auch ein paar Scheite Holz vom gekennzeichneten Holzschober aufgeladen werden.

Loreahütte: geschafft!

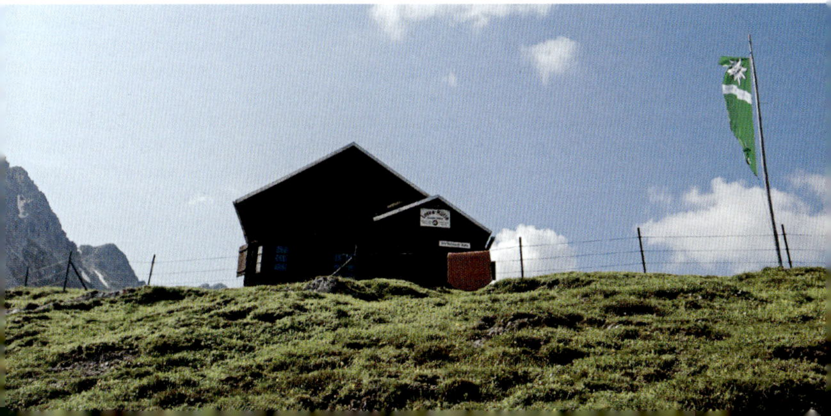

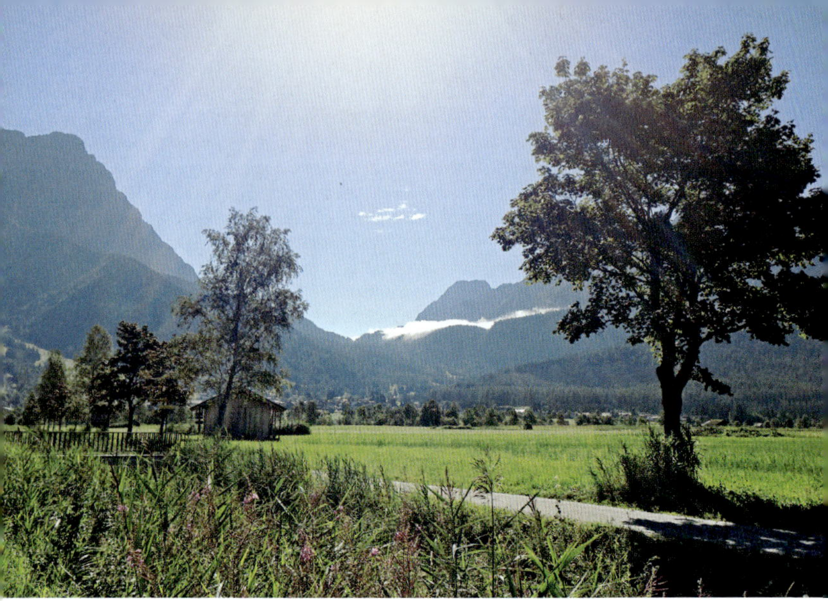

Vom »Prügelweg« Blick zurück auf Ehrwald mit Zugspitze (links).

Variante Schloss Fernstein – Nassereith

Wer statt auf der Loreahütte im beschaulichen Nassereith den Abend am See ausklingen lassen will, der folgt dem breiten Weg ab dem Abzweig Loreahütte geradeaus, durch den Campingplatz hindurch, bis uns der Wegweiser nach rechts durch ein breites Gatter in Richtung Tegestal und Tarrentonalpe führt. Wir kommen auf einem herrlichen Weg durch den lichten Wald. Im leichten Auf und Ab haben wir den Lärm der Fernpassstraße verloren. Hinter einer kleinen Anhöhe erreichen wir den Tegesbach und damit den Abzweig ins Tegestal, 935 m. Wir folgen nun am Forsthaus vorbei den breiten Fahrweg nach links und können ihn etwas später durch den Wald sogar noch abkürzen. Dafür nehmen wir den kleinen Pfad nach rechts immer geradeaus durch den Wald, bis wir einmal kurz links, dann rechts gehen und den Forstweg wieder erreichen und schließlich geradeaus nach St. Wendelin, einem Ortsteil von Nassereith, gehen. Im Ort gibt es leider keine uns bekannten Unterkünfte. Wenn wir uns aber den Berg hinunter in Richtung Fernstraße 179 wenden und sie an der Bushaltestelle, wo sie inzwischen in einem Tunnel verschwunden ist, überqueren, kommen wir direkt auf der Fernpassstraße, parallel zum Briglbach, nach Nassereith hinein. Gleich zu Beginn finden wir schon etliche Pensionen. Unsere Wegbeschreibung endet an der Touristeninformation in der Ortsmitte.

7.00 Std.

↑570 ↓1550

Coburger Hütte – Nassereither Alm – (Tegestal)

17V

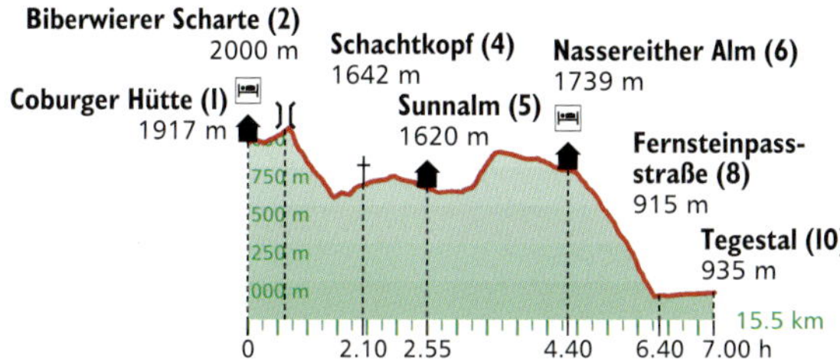

Auf den Spuren des Bergbaus

Heute verlassen wir den Drachensee und den kleinen westlichen Zipfel der Mieminger Bergkette schon wieder und wandern gen Westen zur Biberwierer Scharte. Etliche Höhenmeter tiefer treffen wir auf den Jubiläumsweg, wo wir uns ausführlich mit dem Bergbau in dieser Region beschäftigen können. Mehrere Informationstafeln begleiten uns bis zur Sunnalm. Unterwegs können wir noch kurz den Schachtkopf, 1642 m, besteigen. Vor uns liegen nun auf der anderen Seite des Tals die Lechtaler Alpen in ihrer ganzen Pracht. Wir erkennen den Loreakopf, 2471 m, und den Grubigstein, 2233 m. Unter uns glitzert das Örtchen Biberwier. Von der belebten Sunnalm führt unser Weg durch Wiesen und lichten Wald auf den nordwestlichen Ausläufer des Wannig, 2493 m, hinauf und auf einem herrlichen Panoramaweg zur Nassereither Alm, 1739 m, wo wir übernachten.

Wir beschreiben im Anschluss gleich die Fortsetzung für den nächsten Tag, wo wir zur Fernpassstraße absteigen und auf der gegenüberliegenden Talseite auf den Weg vom Schloss Fernstein und den originalen Routenverlauf des Adlerwegs treffen.

Die Seen am Fernsteinpass.

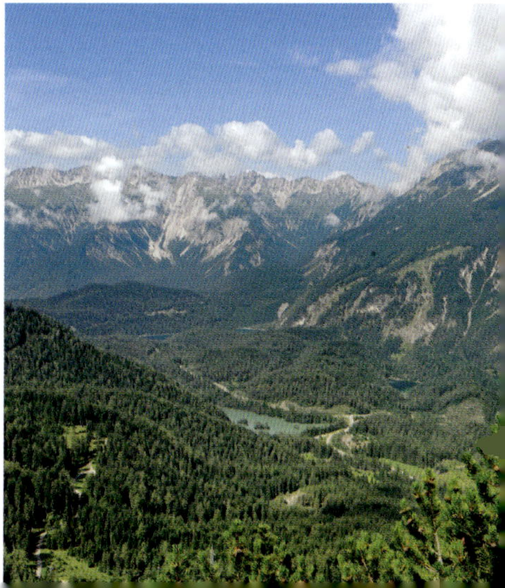

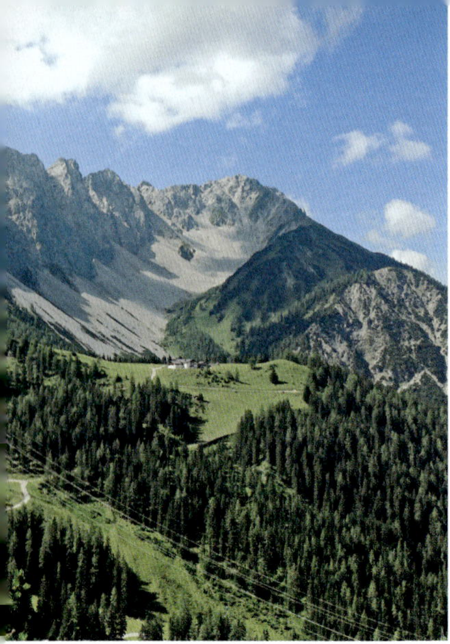

Die Sunnalm vor dem Wannig.

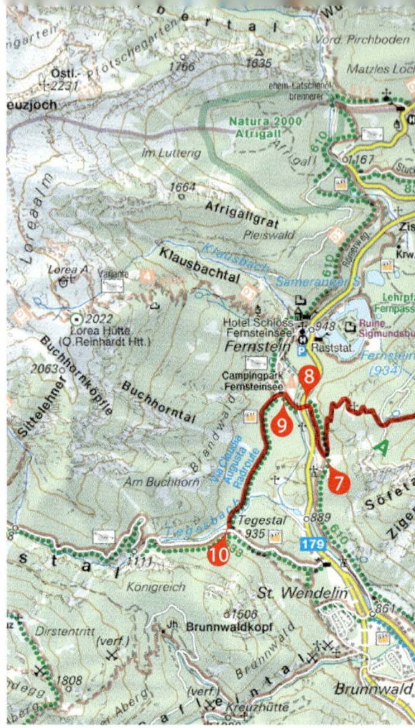

Ausgangspunkt: Coburger Hütte, 1917 m.
Anforderungen: Mittelschwer, Bergpfade, schmale und breite Waldwege, Abstieg von der Biberwierer Scharte und Nassereither Alm erfordert Trittsicherheit, Ausdauer und Konzentration, der feine Untergrund kann rutschig sein.
Karten: Freytag & Berndt WK 352 (1:50.000); Kompass 5 (1:50.000).
Stempelstelle: Keine.
Einkehr: Sunnalm, 1620 m, Do–So 10.30–16.30 Uhr, Tel. +43 5673 20297, www.sunnalm.at; Nassereither Alm (Muthenaualm); Hotel Schloss Fernstein.
Unterkunft: Nassereither Alm (Muthenaualm), 1739 m, Ende Mai bis Mitte Oktober, Mi Ruhetag, Tel. +43 660 6567467, Übernachtung im Matratzenlager mit deftigem Almfrühstück, www.nassereither-alm.at, Hotel Schloss Fernstein, Tel. +43 5265 5210, www.fernsteinsee.at.
Einkauf: Unterwegs keine Möglichkeit.
Zustieg: **An-/Abreise Coburger Hütte:** Regionalbahn München-Garmisch-Ehrwald, Auffahrt mit Ehrwalder Almbahn zur Ehrwalder Alm, ca. 2 Std. Aufstieg; **An-/Abreise Nassereither Alm:** Postbus 4250 bis Haltestelle Fernsteinsee oder Fernstein, Blindsee, Aufstieg ca. 2–3 Std.
Information: **Tourismusverband Zugspitzarena**, Schmiede 15, 6632 Ehrwald, Tel. +43 5673 20000, www.zugspitzarena.com; **Touristenbüro Ehrwald**, Kirchplatz 1, 6632 Ehrwald, Tel. +43 5673 20000208, Mo–Fr 8:30–18 Uhr, Sa/So mindestens bis 12 Uhr, www.ehrwald.com; **Tourismusverband Imst**, Johannesplatz 4, 6460 Imst, Tel. +43 5412 69100, www.imst.at; **Touristenbüro Nassereith**, Tel. +43 5412 691041, Postplatz 28, 6465 Nassereith, www.nassereith.at.
Tipp: Wir empfehlen eine Übernachtung auf der Nassereither Alm und am nächsten Tag die Fortsetzung der Wanderung zur Tarrentonalm oder zur Anhalter Hütte.

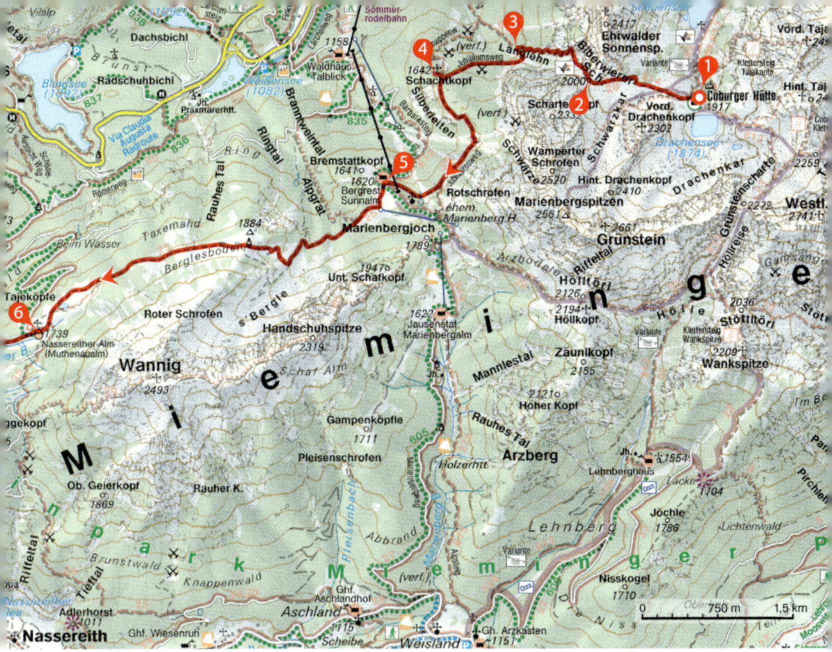

Unser Wandertag beginnt mit dem Gefühl eines fliegenden Adlers, der über den Alpen in den Lüften schwebt und den Lauf der Welt unter sich betrachtet; so hoch befinden wir uns hier im westlichsten Zipfel der Mieminger Berge.

Wir bleiben erst mal auf der Höhe und wandern von der Nordseite der **Coburger Hütte (1)**, 1917 m, auf dem Weg 814 in Richtung Biberwierer Scharte nach Westen. An der ersten Kreuzung bleiben wir rechts, an der zweiten nehmen wir den linken Weg und erreichen leicht aufwärts gehend nach ca. 45 Minuten die **Biberwierer Scharte (2)**, 2000 m. Hinter der Scharte geht es sofort steil hinab. Achtung, das feine Geröll kann etwas rutschig sein. Kehre um Kehre führt der Pfad uns abwärts, bis wir den **Abzweig zum Jubiläumsweg (3)**, 1554 m, der auch Montanwanderweg genannt wird, erreichen. Nun begleiten uns mehrere Informationstafeln mit interessanten Auskünften über Einzelheiten des Bergbaus in diesem Gebiet. Über mehrere Jahrhunderte hinweg, vor allem im 13. bis 15. Jahrhundert, wurden hier Erze geschürft und reiche Silbervorkommen abgebaut. Dass sie überhaupt entdeckt wurden, ist den bergliebenden, geländekundigen Einheimischen zu verdanken, dessen Nachfahren Jahrhunderte später Touristenbergführer und Kletterer geworden sind.

***i* Das versunkene Dorf**

Zu Zeiten der Goldsuche bat ein sterbender Bettler um die Aufnahme für eine Nacht und wurde an jeder Tür zurückgewiesen. Er ging schließlich in die Berge, sank nieder und verfluchte im letzten Moment das Dorf, die Bewohner und das Bergwerk. In der Nacht begann es zu donnern und zu beben und am nächsten Morgen war kein Dorf mehr zu sehen. Dort wo es gelegen hatte, hatte sich ein großer See gebildet. Die Dorfbewohner aber leben seitdem zur Strafe bis heute als Geister unten im See – von einem Drachen bewacht. Deshalb heißt der See Drachensee. Der Drache wurde schon ein paar Mal beim Auftauchen gesichtet. In der Christnacht kann man noch heute das Glöckchen der versunkenen Dorfkirche läuten hören und die Büßer zur Kirche ziehen sehen. Aber wehe dem, der von ihnen gesehen wird. Den wird der Drache packen und zu den Verdammten hinabstoßen.

Die Knie können sich etwas erholen. Wir wandern ebener unter dem Schartenkopf, 2332 m, entlang durch einen schönen Wald. Wer zum Schartenkopf hinaufschaut, erkennt einige der schwer zugänglichen Abbaue. Inmitten von Latschen erreichen wir den Abzweig zum **Schachtkopf (4)**, 1642 m, dessen Gipfelkreuz wir in zehn Minuten problemlos erreicht haben. Wir folgen dem Jubiläumsweg Nr. 28 weiter am Berg entlang, bis wir auf einer Skiwiese die **Sunnalm (5)**, 1620 m, vor uns haben. Von hier führt unser Weg wieder ein Stück den Fahrweg hinauf und dann den ersten breiten Weg nach rechts durch die Wiesen. An dem Gebäude eines Skiliftes geht der Weg über die Wiesen rechts ab. Hier achten wir unbedingt auf die rotbemalten Steine im Gras, die uns den Weg weisen. Ohne nennenswerte Steigungen geht es nun unterhalb des massigen Wannig, 2493 m, mit seinem Unteren Schafkopf, 1947 m, und der Handschuhspitze, 2319 m, weiter. Im Wald steigen wir über einen Rücken hoch. Kurze Zeit später stehen wir vor einem grünen Sattel wie vor einer Wand, die uns den Blick auf die Lechtaler Alpen versperrt. Mit dem Ziel vor Augen geht es steil durch die grüne Wiese die Stufe hinauf. Auch oben erwartet uns ein grasgrüner Teppich. Unter einem Baum finden wir einen Wegweiser. Wir folgen schnurgerade der Richtung, in die der Wegweiser uns schickt. Nur schwer lassen sich die rot markierten Steine im Gras ausmachen, doch je länger wir in die Richtung gehen, um so mehr wird aus dem vermeintlichen Pfad ein deutlicher Fahrweg. Wir wandern nun mit abnehmender Höhe am Berg entlang – vor uns bzw. rechts von uns immer die Lechtaler Alpen. Nahezu auf Augenhöhe erkennen wir die Loreahütte. Links des Weges liegen die Weiden der Nassereither Alm. Nach einem Gatter erblicken wir die Alm schon vor uns und brauchen nun noch etwa 20 Minuten, ehe wir sie erreicht haben. Wir gehen rechts um den Tränksee herum und ebenfalls rechts um ein moorastiges Feuchtbiotop und stehen endgültig an der **Nassereither Alm (6)**, 1739 m, wo wir nächtigen und uns erholen können.

Auch Kühe mögen einen Rastplatz mit Aussicht.

Weiter geht es – ob heute oder morgen – auf dem Wanderweg um die Alm herum zur kleinen Hütte auf der Wiese am Bach, die wir von der Terrasse aus schon entdeckt haben. Vor der Hütte weist uns der Wegweiser nach rechts. Auch wenn hier kein Weg zu erkennen ist, folgen wir parallel dem Bach auf der rechten Seite bis zum Wald. Bald zeichnet sich ein deutlicher Pfad ab. Zunächst führt er weiter parallel zum Bach steil hinab. Vorsicht, bei Feuchtigkeit kann der lehmige Untergrund recht rutschig sein. Später wechselt der Weg zwischen steilen und ebenen Passagen und windet sich auch mal mit seiner roten Kennzeichnung in Serpentinen den Berg hinab. Zwei Mal überqueren wir eine Forststraße. Jeweils gegenüber geht es leicht links versetzt wieder weiter. Danach hören wir schon deutlich, was uns im Tal erwartet: Die Fernpassstraße, die eine der beliebten Routen über die Alpen ist, ist gut befahren und die Geräusche verstärken sich am Berg noch zusätzlich. Am Ende des Abstieges treten wir aus dem Wald **(7)**, 911 m, auf einen Radwanderweg hinaus. Wir wenden uns nach rechts und folgen ihm bis an die **Fernpassstraße (8)**, 915 m, die wir hier überqueren oder etwas weiter hinten durch einen Tunnel unterqueren können. In beiden Fällen gelangen wir auf den asphaltierten Weg, der zum Campingplatz am Hotel Fernsteinsee führt. Wir laufen geradeaus, über eine Brücke und biegen am Beginn der Campingflächen an einem Wegweiser durch ein Holzgatter nach links **(9)**, 914 m, auf den Adlerweg ein, der hier vom Schloss kommt. Wir wandern gemütlich und entspannt durch den lichten und ruhiger werdenden Wald. Wo wir die Brücke über den Tegesbach erreichen, stehen wir am Eingang des **Tegestals (10)**, 935 m. Zur Hinteren Tarrentonalm bzw. Anhalter Hütte folgen wir nun rechts der Wegbeschreibung der Tour 18.

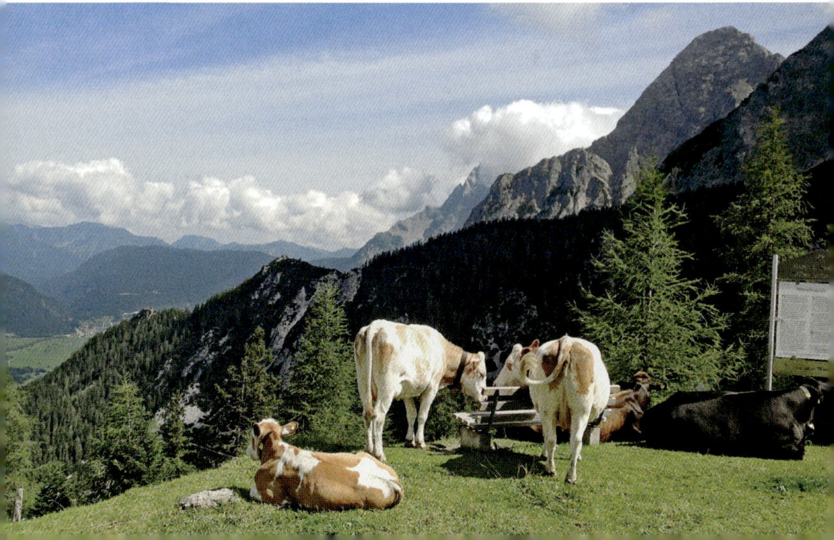

18 Loreahütte – Tegestal – Anhalter Hütte

7.00 Std.

↑1200 ↓1180

Hinauf in die Lechtaler Alpen

Ob wir nun im Tal oder auf der Höhe übernachtet haben, heute geht es hinein in die Lechtaler Alpen, das letzte und anspruchsvollste Gebirge auf unserem Weg. Wer die Hochtouren des Lechtaler Höhenweges umgehen möchte, folgt ab der Anhalter Hütte der in den nächsten Etappen beschriebenen Variante durch das schöne Bschlaber und das weitläufige Lechtal. Doch vorher wandern wir heute – weitgehend allein – gemütlich durchs einsame Tegestal. Wer von der Loreahütte kommt, steigt dorthin über die Loreascharte durch das Heimbachtal ab. Wer von der Nassereither Alm kommt, überquert nach dem Abstieg die Fernpassstraße und wandert zum Beginn des Tegestals. Wer von Nassereith zusteigt, läuft den Weg vom Vortag zurück zum Anfang des Tegestals. Wo der Rotlech das Tegestal verlässt, erreichen wir die Hintere Tarrentonalm. Hier können wir unsere Wanderung beenden oder steigen Schritt für Schritt über Wiesen längs der gigantischen Heiterwand zum Hinterbergjoch auf. Nicht selten begutachten die Schafe dabei jeden unserer Schritte. Danach geht es hinüber zum Kromsattel, hinter dem uns die Anhalter Hütte erwartet.

Auf den letzten Metern vom Kromsattel zur Anhalter Hütte.

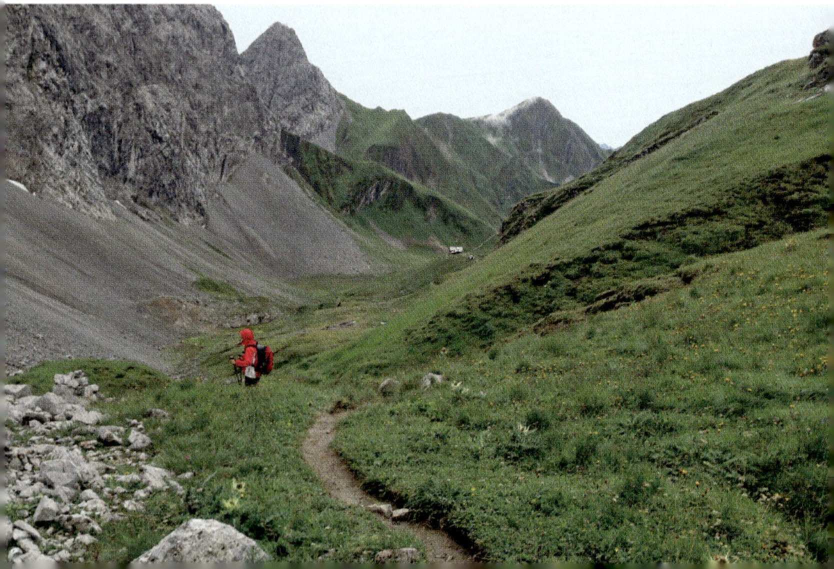

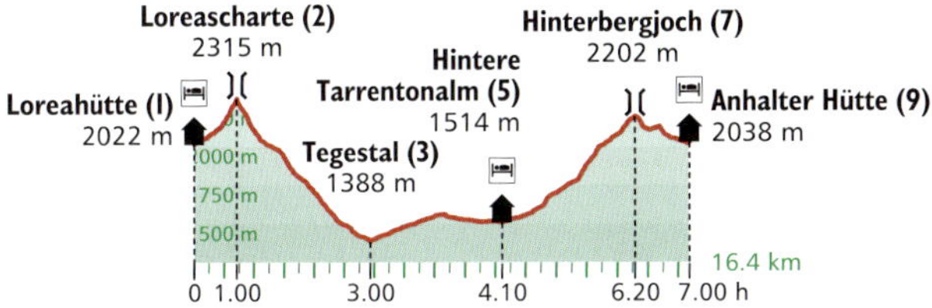

Ausgangspunkt: Loreahütte, 2022 m, Nassereith, 838 m, Nassereither Alm, 1739 m.
Anforderungen: Mittelschwer; Forstwege, Bergpfade, bei Nässe können die Wiesen glatt sein, Trittsicherheit und Ausdauer erforderlich.
Karten: Freytag & Berndt WK 352 (1:50.000); Kompass 24 (1:50.000).
Stempelstelle: Anhalter Hütte.
Einkehr: Hintere Tarrentonalm, Anhalter Hütte.
Unterkunft: **Hintere Tarrentonalm:** 1521 m, Mitte Juni bis Mitte September, Tel. +43 660 6464920, +43 664 75040755, www.tarrentonalm.at; **Anhalter Hütte:** DAV, 2038 m, Tel. +43 660 6647428, www.anhalter-huette.de.
Einkauf: Unterwegs keine Möglichkeit.
Verkehrsmittel: Von Innsbruck, Imst oder Reutte über Ehrwald nach Nassereith; Postbus von Nassereith Postamt bis Fernpass Hotel Fernsteinsee; Bus 4266 von Imst zum Hahntennjoch (mit Gästekarte im Sommer kostenfrei), Zustieg zur Anhalter Hütte (2 Std.).
Information: Tourismusverband Imst, Tel. +43 5412 6910-0, Johannesplatz 4, 6460 Imst, www.imst.at.
Tipp: In der Hinteren Tarrentonalm gibt es würzig-säuerlichen Graukäse, eine Tiroler Spezialität mit einem Fettgehalt von nur 2%, der für leckere Kaspressknödel verwendet wird.

Je nachdem, wo wir übernachtet haben, beginnen wir mit dem Zustieg ins Tegestal:
Starten wir auf der **Nassereither Alm**, folgen wir der Wegebeschreibung in der Tour 17V.
Starten wir in **Nassereith**, 838 m, gehen wir einfach den Weg zurück, den wir am Vortag gekommen sind. Dafür folgen wir der Fernpassstraße in Richtung Norden, überqueren den Autotunnel und steigen in St. Wendelin in den nordwestlichsten Zipfel des Ortes hinauf, wo unser Weg in den Wald führt. Dann geht es leicht bergan, bis wir erst das Forsthaus und dann den Beginn des Tegestales, 935 m, erreichen. Hier treffen wir auch auf Wanderer, die von der Nassereither Alm kommen. Wir nehmen dann den Weg Nr. 633 hinauf zur Tarrentonalm. Am Anfang führt der breite Forstweg steil hinauf. Durch die Serpentinen gewinnen wir jedoch schnell an Höhe. Wir durchqueren einen natürlichen Felstunnel und wandern nun, mäßiger ansteigend, durch das Tegestal. Von rechts kommend trifft dann bald der Weg von der Loreahütte **(3)**, 1388 m, auf unseren Weg.
Haben wir in der **Loreahütte (1)**, 2022 m, übernachtet, beginnen wir unseren Wandertag hinter der Hütte und gehen in nordwestlicher Richtung auf einem

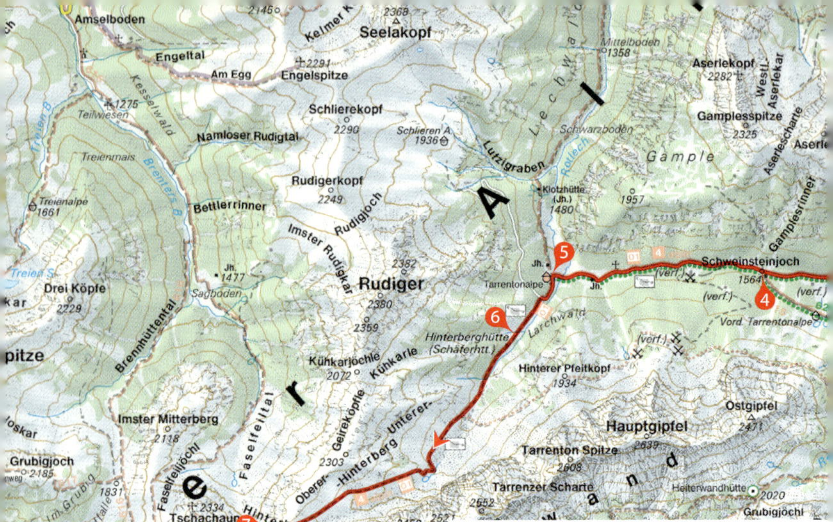
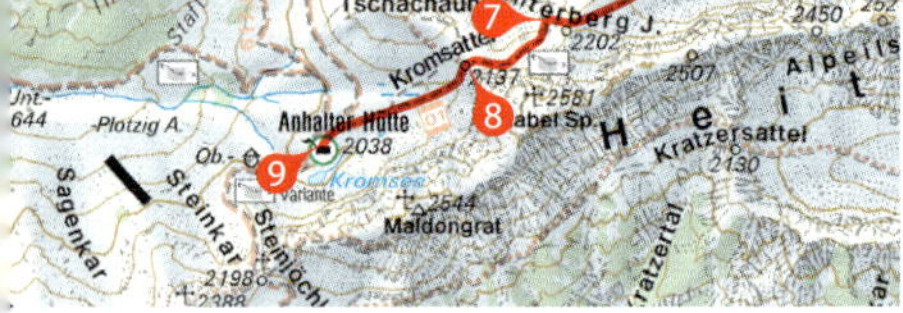

Ein Meer von Sumpfdotterblumen an der Anhalter Hütte.

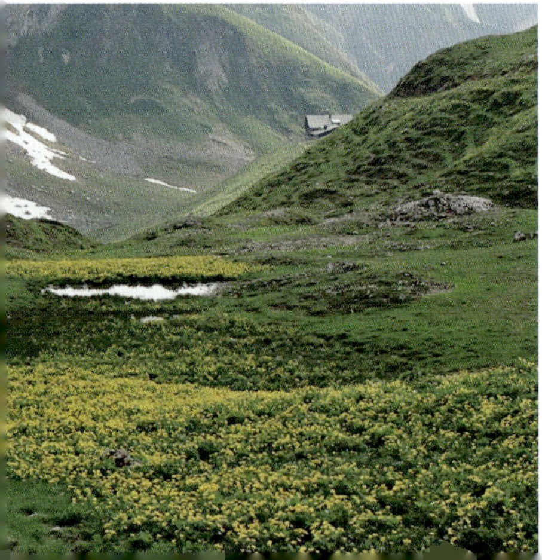

schmalen Pfad über die Hochebene. Nach ca. einer Stunde Aufstieg erreichen wir die **Loreascharte (2)**, 2315 m. Wir befinden uns wieder auf dem Europawanderweg E4 und dem österreichischen Nordalpenweg Nr. 1. Am höchsten Punkt genießen wir einen traumhaften Blick über die Lechtaler Alpen. Dann geht es 300 Höhenmeter in das kaum bewanderte Heimbachtal hinab. Wir erreichen auf 2008 m Höhe die Stelle »Am Kragen«, wenden uns nach links und folgen bald dem Heimbach mal rechts, mal links ins Tal hinunter, bis unser Pfad nach rechts schwenkt, den Bach verlässt und am Fuße des Karlekopfes, 2270 m, um den Berg herumführt. Wir treten aus dem Wald heraus und stehen auf dem Fahrweg Nr. 633 im **Tegestal (3)**, 1388 m.

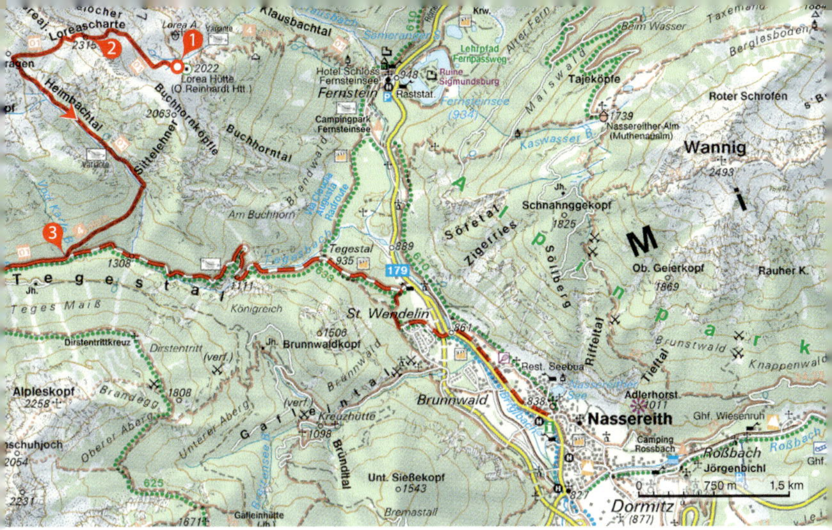

Nun geht es nach rechts, leicht ansteigend, weiter auf dem breiten Fahrweg. Bald führt nach links ein Weg zur Heiterwandhütte, eine weitere Selbstversorgerhütte, den wir nicht nehmen. Wir bleiben geradeaus, kommen an einem verlassenen, verfallenen Anwesen vorbei und erreichen kaum merklich das **Schweinsteinjoch (4)**, 1564 m. Nun geht es leicht abwärts, an einem Privathaus vorbei, bis wir auf das Tal des Baches Rotlech treffen und die **Hintere Tarrentonalm (5)**, 1514 m, erreichen. Wir gönnen uns eine Rast mit Verkostung des hausgemachten Graukäses. Zur Anhalter Hütte geht es in Richtung Südwesten weiter. Zwischen dem Hinterberg zur Rechten und der Heiterwand zur Linken steigen wir hinauf zum Hinterbergjoch. Kurz wandern wir noch auf einem breiten Fahrweg, der an der **Hinterbergalm (6)**, 1571 m, in einen Bergpfad übergeht. Unser Weg führt an der rechten Bergseite entlang und steigt dann über eine Kuppe steiler hinauf, bis es nach der ersten Höhe wieder ebener wird. Bis zum **Hinterbergjoch (7)**, 2202 m zieht sich unser Pfad nun wieder auf der rechten Seite am Fuße des Oberen Hinterbergs hinauf. Die 7,5 km lange Heiterwand zu unserer Linken gilt als die längste geschlossene Felswand der Nördlichen Kalkalpen. Der Weg führt durch Almwiesen, die bei Nässe rutschig und schmierig sind. Die Schafe haben hier ihre Köttel hinterlassen. Sie bimmeln, egal ob Sonne, Regen oder Schnee uns umgeben, fröhlich herum. Hinter dem Weidezaun geht es kurz nach rechts zum höchsten Punkt. Von dort folgen wir den roten Initialien A.H. zur Anhalter Hütte ein kurzes Stück steil hinab. Achtung, bei Nässe kann es auf dem Lehmboden des grasigen Sattels sehr glatt sein. Am Ende der Serpentinen führt unser Weg auf einen Pfad, der das vor uns liegende Schuttkar der Gabelspitze, 2581 m, quert und in dem auch im Hochsommer

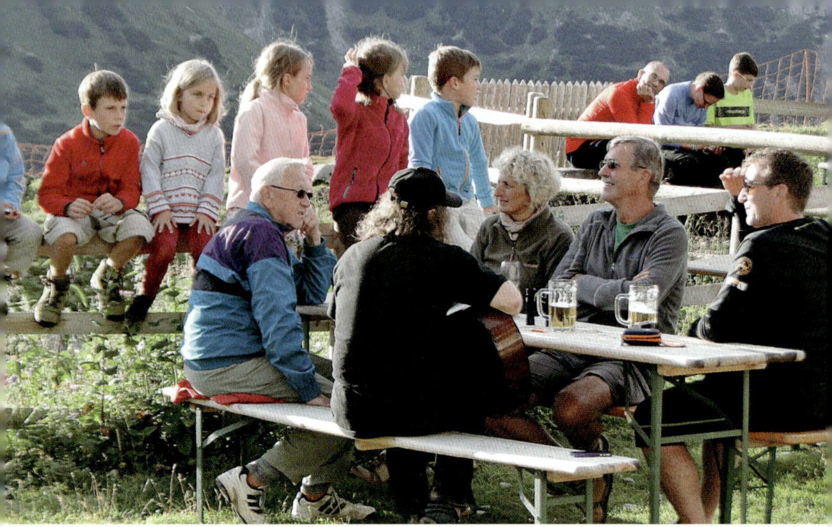

Abendliche Entspannung an der Anhalter Hütte.

noch Altschneefelder liegen können. Wir sehen schon den **Kromsattel (8)**, 2137 m, vor uns. Den letzten kurzen Anstieg überwinden wir schnell und stehen nun auf der Höhe. Hier erwartet uns wieder ein wunderbares Panorama auf die mächtige Heiterwand zu unserer Linken und die umliegenden Almen und Berge der **Anhalter Hütte (9)**, 2038 m, die wir von hier aus schon sehen können. Das letzte Stück zieht sich noch etwas hin und führt durch einen herrlich blühenden Teppich schönster Alpenblumen. Bevor wir die quirlige Hütte erreichen, genießen wir noch den Frieden und die Ruhe des Hochgebirges. Abseits von Straßen bringt hier zum Beginn der Saison der Hubschrauber, was Hütte und Menschen zum Leben brauchen.

i *Wie die Milch in die Stadt kommt*

Kurz nach dem 2. Weltkrieg wurde der Milchhof Imst gegründet. Später entstanden in verschiedenen Ortsteilen Milchsammelstellen. Morgens und abends wurde die Milch hierher gebracht, sodass man sie nicht extra kühlen musste. Damit wurden die Sammelstellen zu Treffpunkten, wo man gleich noch die Neuigkeiten austauschte. Sie verschwanden mit dem technischen Fortschritt, seitdem Tankwagen zweimal täglich direkt zum Hof kommen. Zwei Drittel der Bauern werden heute direkt angefahren. Wer weniger Milch liefert, bringt sie zum nächst größeren Bauern. Im Vergleich zu früher geben die Kühe heute bedeutend mehr Milch. Ohne Maschinen und ohne regionale und überregionale Zusammenschlüsse wäre die Landwirtschaft gar nicht mehr denkbar.

Die nächsten Tage: Etappen 19 bis 24

Die Originalroute des Adlerwegs verläuft in den nächsten fünf Tagen weitestgehend auf dem Lechtaler Höhenweg, der ab der Hanauer Hütte durch schwarz markierte Etappen geprägt ist. Die abenteuerlichen Bergsteigertouren und die unbeschreibliche Schönheit und Abgeschiedenheit der Lechtaler setzen dem Adlerweg damit ein verdientes i-Tüpfelchen auf. Unserer Meinung nach schwingt sich der Weg in den Abschlussetappen zum Höhepunkt auf.
Wer sich jedoch die anspruchsvollen Gebirgsdurchquerungen, die dem Niveau der Birkkar- und Stempeljochüberquerung (Tour 11, 12) entsprechen, nicht zutraut bzw. wenn das Wetter dies absolut nicht zulässt, besteht immer noch die Möglichkeit, die zwei Tage kürzere Variante durchs Bschlaber und Lechtal zu wählen, die ebenfalls sehr schön ist und nach einer Talwanderung durch ein belebtes und beliebtes Naturtal am Schluss noch einmal ins Hochgebirge zur Stuttgarter Hütte führt. Von dort geht es alpin zur Ulmer Hütte hinüber und zum letzten Ziel, dem Arlberg hinab.

Originalroute:
19: Anhalter Hütte – Hanauer Hütte, **20:** Hanauer Hütte – Württemberger Haus, **21:** Württemberger Haus – Memminger Hütte, **22:** Memminger Hütte – Ansbacher Hütte, **23:** Ansbacher Hütte – Lechtaler Hütte, **24:** Lechtaler Hütte – Arlberg/St. Christoph.
Variante:
19 V: Anhalter Hütte – Häselgehr, **20 V:** Häselgehr – Steeg, **21 V:** Steeg – Stuttgarter Hütte, **22 V:** Stuttgarter Hütte – Arlberg/St. Christoph.

Wir wandern von der Hinteren Tarrentonalm auf der Originalroute an der Anhalter Hütte vorbei bis zur Hanauer Hütte (7,5 Std.). Auf der Variante kann eine kürzere Tour (5,5, Std.) in Bschlabs enden und die längere Variante im Lechtal im Gasthaus Helena in Gutschau (vor Häselgehr) (8,5 Std.).

Blick von der Loreascharte, 2315 m, auf die Lechtaler Alpen und ins Heimbachtal.

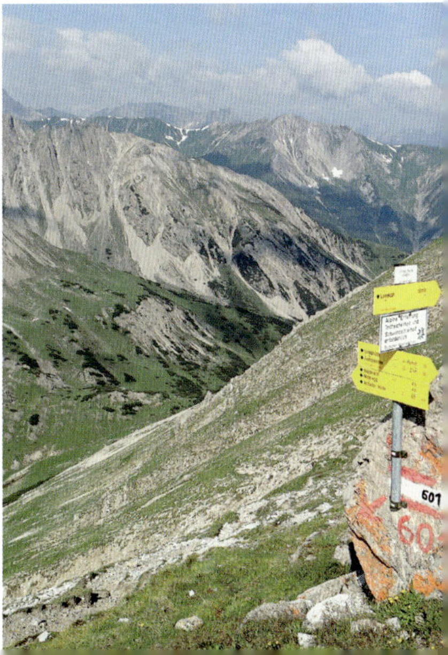

19 Anhalter Hütte – Hanauer Hütte

5.00 Std.

↑780 ↓900

Wo sich Fuchs und Hase »Gute Nacht!« sagen

Wir verabschieden uns von der Heiterwand und steigen über das Steinjöchle hinauf und zum Hahntennjoch hinab. Bei schlechtem Wetter sind wir hier ganz allein, da dann die Passstraße für Fahrzeuge gesperrt wird und die wenigen Dorfbewohner unter sich bleiben: eine Lebensrealität, die kaum dazu führt, dass sich Menschen hier neu ansiedeln. Wir durchqueren die kleinen Bergdörfer Pfafflar und Boden und wandern dann ans Ende des Angerlebachtals, wo wir die Steilstufe erklimmen, auf der oben die Hanauer Hütte thront. Auf der Terrasse wird uns wieder das Hochgebirgs-Hochgefühl erfassen – kein Wunder bei so einem Spitzenpanorama an Bergen und Schuttreisen um uns herum.

Abstieg zum Hahntennjoch.

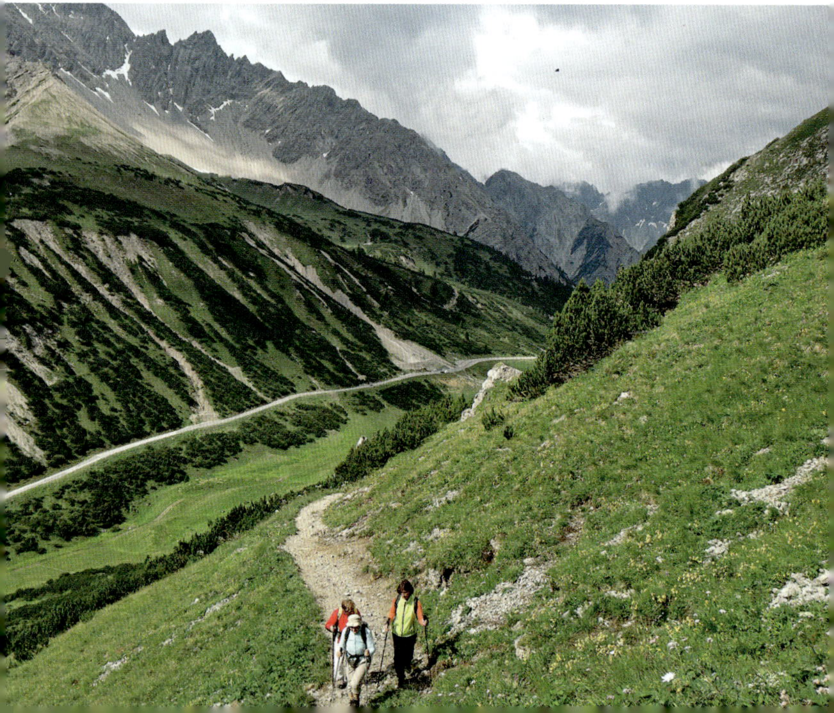

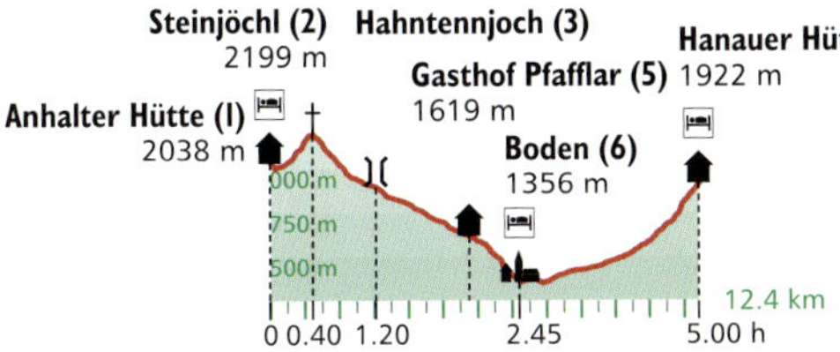

Ausgangspunkt: Anhalter Hütte, 2038 m.
Anforderungen: Mittelschwer, schmale Bergpfade, breite Forstwege.
Karten: Freytag & Berndt WK 352 (1:50.000); Kompass 24 (1:50.000).
Stempelstelle: Hanauer Hütte.
Einkehr: Gasthaus Pfafflar (Knödelhütte) Pfafflar Nr. 89, Tel. +43 664 4398560, Gasthof Bergheimat in Boden, Hanauer Hütte; täglich.
Unterkunft: **Gasthof Bergheimat** in 6647 Boden Nr. 40, Tel. +43 5635 231, www.bergheimat-boden.at; · **Hanauer Hütte:** DAV, Mitte Juni bis Ende September, Tel. +43 664 2669149, hanauer.huette@aon.at, www.hanauer-huette.de.
Einkauf: Unterwegs keine Möglichkeit.
Verkehrsmittel: Bus 155 von Imst nach Elmen 4-mal täglich über Hahntennjoch (Station Passhöhe), Zustieg zur Anhalter Hütte (2 Std.), Boden, Bschlabs (mit Gästekarte im Sommer kostenfrei).
Information: Tourismusverband Imst, Tel. +43 5412 6910-0, Johannesplatz 4, 6460 Imst, www.imst.at; Tourismusverband Lechtal, 6652 Elbigenalp, Tel. +43 5634 5315, info@lechtal.at, www.lechtal.at.
Tipp: Wer von der Anhalter Hütte kommt erreicht schon am späten Mittag die Hanauer Hütte. Wem es dort zu wuselig ist, kann, wenn es das Wetter zulässt, auch noch bis zur idyllisch gelegenen Steinseehütte weiter wandern und dort den Tag in Ruhe ausklingen lassen.

Von der **Anhalter Hütte (1)**, 2038 m, führt unser Weg 601/622/E4 zunächst ein paar Höhenmeter hinab und dann durch grüne Wildkräuterwiesen ansteigend ins Steinkar. Unterhalb des Maldongrates geht es steiler werdend zum Steinjöchl empor. Kurz darauf erreichen wir über betonierte Stufen das Kreuz auf dem **Steinjöchl (2)**, 2198 m, und blicken in das Hahntennental hinunter. Durch herrlich bunte Blumenwiesen geht es nun zum **Hahntennjoch (3)**, 1894 m, abwärts. Vorsicht, bei Frühtau kann es glatt sein. Noch vor dem Erreichen der Straße mit der Bushaltestelle biegt unser Weg Nr. 1 nach rechts, parallel zur Straße, durch die Wiesen des Hahntennental in Richtung Pfafflar. Erst kaum sichtbar, wird er hinter zwei Holzgattern eindeutiger und führt uns ins wunderschöne Bachtal hinab. Kurz vor Pfafflar erreichen wir die Straße **(4)**, 1678 m, wieder und wandern rechts bzw. geradeaus an der Straße entlang zur »Knödelhütte«, dem **Gasthof Pfafflar (5)**, 1619 m. An den Blockhäusern überqueren wir die Straße und gehen durch das Gatter hindurch in die Seitenstraße hinein. Dort wo sie sich plötzlich im nahezu 360°-Winkel nach links wendet, gehen wir weiter geradeaus. Achtung! Unser Wiesenpfad wendet sich plötzlich, leicht zu übersehen, nach rechts zwischen Bäumen hindurch den Berg zum Bach hinunter. Am Bach führt unser Weg romantisch abwärts, bis wir wieder auf Häuser

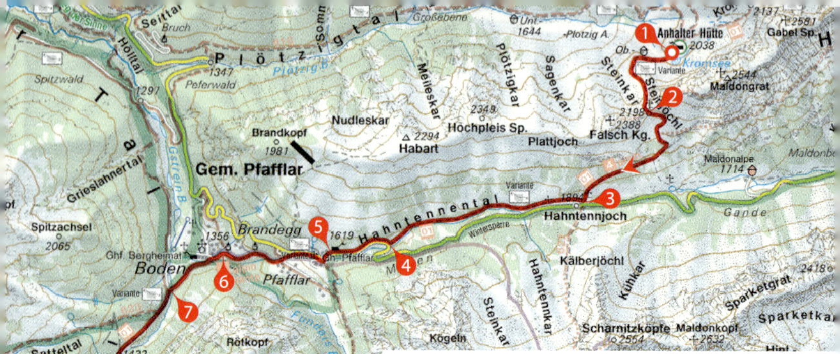

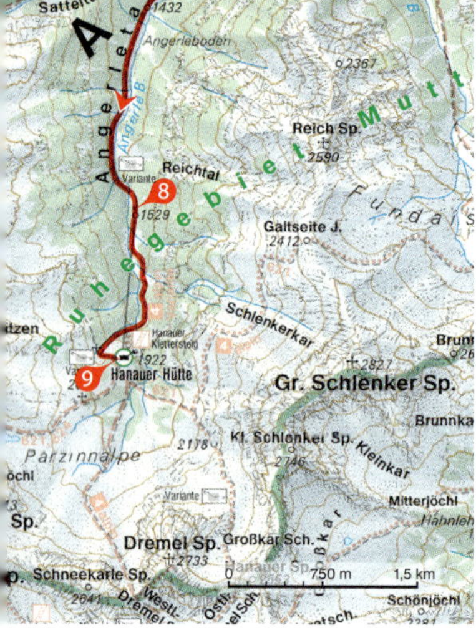

treffen. Vor dem ersten Haus gehen wir nach rechts auf einen schmalen Pfad und weiter hinunter zu einem Forstweg, dem wir folgen und der uns an einem Wasserschutzhäusle vorbeiführt.

Bevor wir aus dem Wald heraustreten und auf das Örtchen **Boden (6)**, 1356 m, hinabschauen, biegen wir nun nach links vom Forstweg auf einen Pfad ab und steigen abermals steil hinab. Wir nähern uns Boden, folgen dem Wirtschaftsweg, gehen über eine Weide und betreten den Ort. Unser Weg führt nach links über ein Bodengitter auf einen breiten Fahrweg in Richtung Hanauer Hütte/Angerletal weiter. Rechter Hand liegt der Gasthof Bergheimat. Eine Einkehr unterstützt die einkommensarme Region. Hinter der Brücke am Fundaisbach geht es für uns an der **Kreuzung (7)**, 1352 m, links hinauf. Durch dichten Wald steigen wir bergan und wo wir ihn wieder verlassen, liegt das Angerletal vor uns. Ganz am Ende erkennen wir aus Adlersaugen die Hanauer Hütte auf dem felsigen Hochplateau. Hinter ihr ragt die sehr markante Dremelspitze, 2733 m, auf, die einem Zuckerhut ähnelt. Wir wandern nun gemütlich durchs Tal mit seinem Angerlebächlein und treffen dabei mitunter auf Kühe. Je näher wir dem Kessel kommen, umso wilder werden die Gefilde um uns herum. Latschen und zahllose Blumen säumen unseren Weg. Wir kommen an der **Materialseilbahn (8)**, 1539 m, der Hanauer Hütte vorbei und nähern uns nun zusehends der Felsstufe. Hier änderte sich in den letzten Jahren immer mal die Wegeführung, je nachdem was die Natur zuließ. So setzte sich zum Beispiel 2015 eine Schneelawine im Tal fest, die bis zum Sommer nicht

*Der Weiler **Pfafflar** liegt auf 1700 m Höhe und ist eine typische Ansiedlung dieser Gegend. In der Mitte eine kleine Kirche, versammeln sich drum herum Bauernhöfe und einzelne Privathäuser. Insgesamt leben hier nicht mehr als etwa 150 Einwohner. Der Weiler schmiegt sich an die kargen Hochwiesen. Eine Straße und landwirtschaftliche Nutzwege verbinden den Ort mit dem nächsten Weiler »Boden«, einem der kleinsten Ortschaften Tirols, die wieder aus eng aneinander geschmiegten Rundblockhäusern besteht. Das tägliche Leben wird vom Wetter und vom Hahntennjoch geprägt. Traditionell wird hier vor allem Viehzucht betrieben. Im Gasthof Bergheimat scheint die Zeit stehengeblieben zu sein. Bis Ende der 60er-Jahre florierte der Tourismus am »Ende der Welt«. Seit 1969 die Passstraße eröffnet wurde, übernachtet hier leider kaum noch jemand.*

schmolz und somit überstiegen werden musste. Unterhalb der Hütte überqueren wir nach rechts den Bach und steigen nun in Serpentinen die letzten 45 Minuten hinauf. Wir nehmen dafür am nächsten Wegweiser den Sommerweg nach links. Haben wir die **Hanauer Hütte (9)**, 1922 m, erreicht, genießen wir den Rest des Tages den gigantischen Ausblick von der Sonnenterrasse auf die Spitzen, die sich im Halbkreis vor uns aufgestellt haben. Von Ost nach West sehen wir im Osten die Große Schlenker Spitze, 2827 m mit Gipfelkreuz und die Kleine Schlenker Spitze, 2746 m, im Süden die Dremel Spitze, 2733 m, mit Gipfelkreuz, die Schneekarle Spitze, 2641 m, und die Steinkar Spitze, 2650 m, und im Westen die Parzinn Spitze, 2613 m, ebenfalls mit Gipfelkreuz.
Die Hanauer Hütte zieht Kletterer, Familien und Tagesausflügler magisch an. Auf der Terrasse herrscht dann schon mal ein großes Gewusel. Viele machen hier Station, um den Klettersteig zu begehen, einen Gipfel zu besteigen oder von der Wanderung zu entspannen. Am Abend kehrt dann wieder Stille ein. Wer heute noch nicht genug gewandert ist, kann noch über die östliche Dremelscharte zur Steinseehütte, 2061 m, weiterwandern und findet hier gewiss die Stille und Abgeschiedenheit, die er sucht.
Wer einen zusätzlichen Bergsteigertag einlegen möchte, kann sich die Besteigung der Kogelseespitze, 2647 m, vornehmen. Sie ist gut erreichbar und eine der einfachen Gipfelbesteigungen in den hohen Lechtaler Alpen.

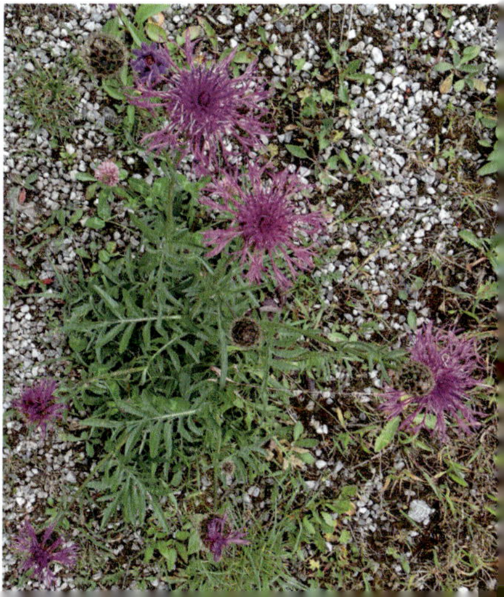

Skabiosen-Flockenblume.

19V

Anhalter Hütte – Häselgehr

6.30 Std.

↑85 ↓1120

Von Tal zu Tal mit allen Sinnen

Unser heutiges Ziel ist das Lechtal – ein breites Tal mit schönen Orten, wo der Lech noch weitestgehend frei und ungehindert seinen eigenen, wilden Verlauf bestimmt. Um hierher zu gelangen, durchqueren wir zwei weitere Täler. Zunächst führt unser Weg durch die weitläufigen Bergwiesen des Plötzigtals und in die älteste Gemeinde dieser Region: nach Bschlabs. Wir kommen an gestreiften Rundholzbauten und der Wallfahrtskirche Maria Schnee vorbei. Dann wandern wir auf dem »Weg der Sinne«, der uns künstlerisch anregen will und gehen das Bschlaber Tal hinab, bis sich schließlich das Lechtal von rechts nach links wie ein Teppich vor uns ausbreitet.

Ausgangspunkt: Anhalter Hütte, 2038 m.
Anforderungen: Mittelschwer bis leicht, Bergpfade, Forstwege, asphaltierte Wege, Trittsicherheit und Ausdauer erforderlich.
Karten: Freytag & Berndt WK 352 (1:50.000); Kompass 24 (1:50.000).
Stempelstelle: Keine.
Einkehr: Gasthof »Zur Gemütlichkeit« in Bschlabs, Gasthof Helena, Gasthof Lechtaler in Häselgehr.
Unterkunft: **Gasthof »Zur Gemütlichkeit«** in Bschlabs, 1316 m, 10 Zimmer, tägl. 11.30–20 Uhr, Tel. +43 5635 259, +43 676 5302455, info@gemuetlichkeit.at, www.gemuetlichkeit.at; **Gasthof Helena**, Gutschau 14, Ortsteil vor Häselgehr, Tel. +43 676 6198186, info@gasthofhelena.at, www.gasthofhelena.com; **Gasthof Lechtaler** in Häselgehr, Haus Nr. 92, Tel. +43 5634 6336, info@alpenhotel-lechtaler.at, www.alpenhotel-lechtaler.at.
Einkauf: Unterwegs keine Möglichkeit.
Verkehrsmittel: Bus 155 von Imst nach Elmen 4-mal täglich über Hahntennjoch (Station Passhöhe), Zustieg zur Anhalter

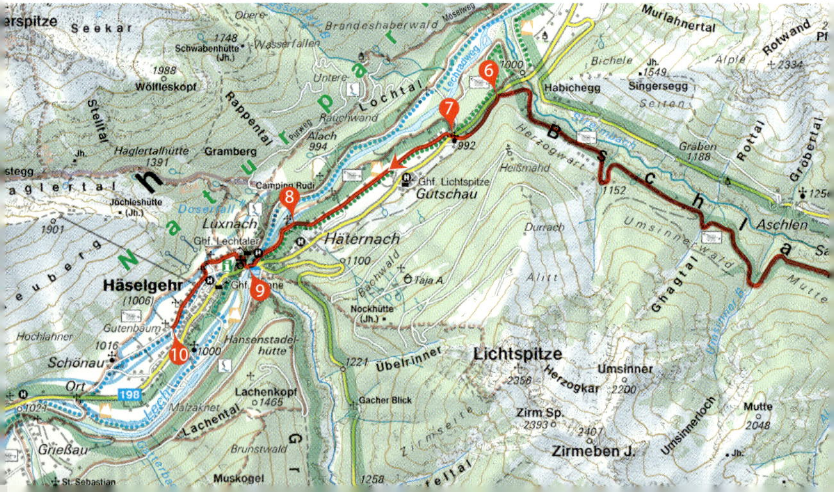

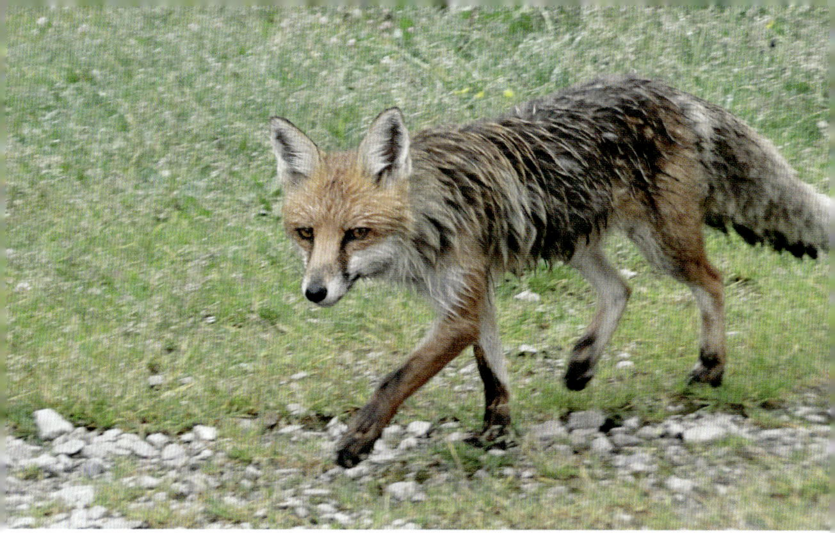

Herr Fuchs zu Besuch.

Hütte (2 Std.), Boden, Bschlabs (mit Gästekarte im Sommer kostenfrei), in Elmen Anschluss an stündlichen Wanderbus durchs Lechtal von Reutte nach Warth.
Information: Tourismusverband Imst, Johannesplatz 4, 6460 Imst, Tel. +43 5412 6910-0, www.imst.at; Tourismusverband Lechtal, 6652 Elbigenalp, Tel. +43 5634 5315, info@lechtal.at, www.lechtal.at.
Tipp: Das Freibad gegenüber der Kirche in Häselgehr hat von Juni bis September von 9–19 Uhr geöffnet.

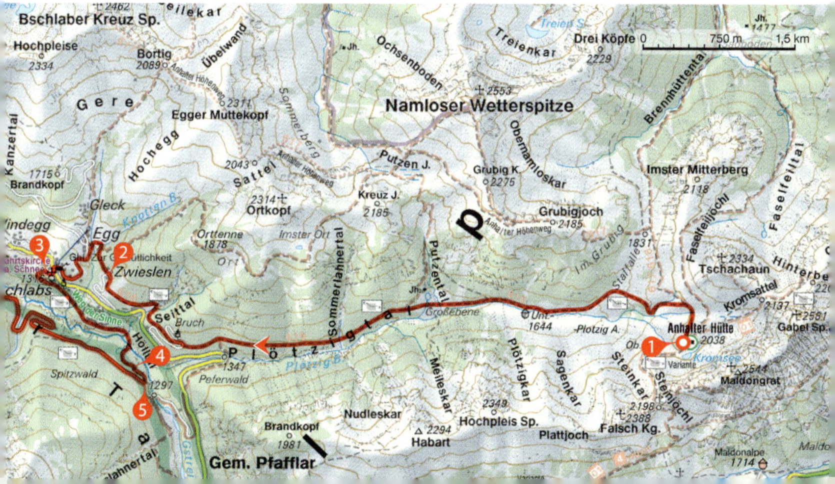

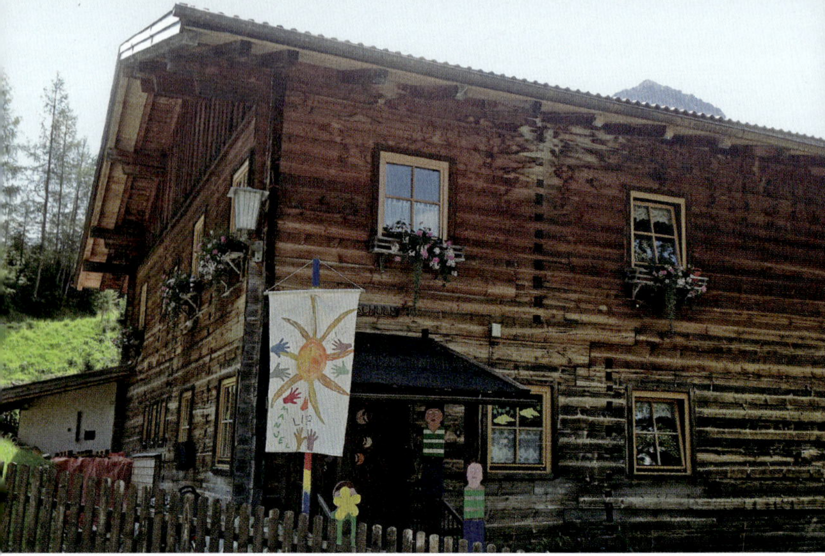

Ehemalige Dorfschule in Bschlabs.

An der **Anhalter Hütte (1)**, 2038 m, beginnt unsere Wanderung auf Weg 616/617 in Richtung Bschlabs/Plötzigtal. Wir nehmen den unteren der beiden Wege in Richtung Norden. Bald teilt sich der Pfad. Wir folgen dem linken Weg 616 den Berg hinab. Über Almwiesen nähern wir uns dem Plötzigbach. Unser Weg führt bald oberhalb des Baches durch Latschen, herrliche Blumenwiesen und lichten Wald das Plötzigtal hinab, bis wir einen Forstweg erreichen, dem wir ca. 40 m nach rechts den Berg hinauf folgen. Dann biegen wir gleich wieder nach links auf den Bschlabser Höhenweg ein. Wir kommen an der Stalzer Kirche vorbei, einem so benannten Felsen, und erreichen die erste Rastbank an der Windharfe. Bläst der Wind, hören wir wunderbare Töne. Als nächstes erreichen wir die teils verlassenen Häuser von **Zwieslen (2)**, 1411 m, einem Ortsteil von Egg. Auffallend ist die hier im Tal traditionelle Bauweise, weiße Fugen zwischen dunklen Rundbalken, die uns die Fassaden als gestreift erscheinen lassen. Als nächstes durchqueren wir den Knottenbach und erreichen nach kurzem Anstieg Egg, von wo wir nun auf der Straße hinab nach **Bschlabs** kommen. Die **Ortsmitte (3)**, 1316 m, beherbergt den »Gasthof der Gemütlichkeit« gegenüber der Wallfahrtskirche Maria Schnee. Die Kirche wurde 1639 als Kapelle gebaut und 1648 geweiht. Das ermöglichte eine Bestattung der Toten vor Ort, die vorher bis nach Dormitz bei Nassereith und Imst getragen werden mussten. Die Kirche wurde durch die Jahrhunderte hinweg vergrößert. Der Turm mit sei-

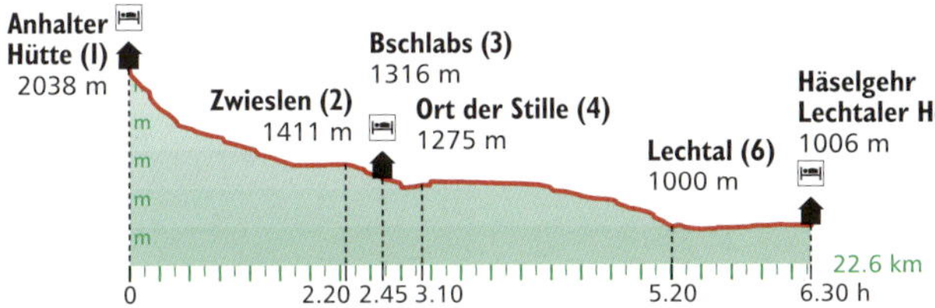

nem achteckigen Obergeschoss und der Zwiebelhaube kam 1780 hinzu. In der Mitte des Hochaltars von 1859 ist statt eines Gemäldes die Figur der Gnadenmadonna mit Kind zu sehen.

Wir überqueren die Straße und gehen auf der Seite der Kirche über den Wanderparkplatz in die vermeintlich falsche Richtung rückwärts in den Wald hinein auf den Weg der Sinne. Schritt für Schritt steigen wir in das Hölltal hinab und werden von Kunstwerken aus Holz, Metall und Stein begleitet, die einheimische Künstler geschaffen haben, so zum Beispiel »Den Hörenden« von Gotthard Weißenbach aus Häselgehr. Bei der Überquerung des Mühltalbaches weist uns die Kombination von Fels und Ton »Dem Wandernden den Weg weisen« von Daniel Praxmarer die Richtung. Später überqueren wir den Streimbach auf einer federnden Hängebrücke und steigen zum **Ort der Stille (4)**, 1275 m, hinauf. Von hier geht es bis zu einem **Forstweg (5)**, 1297 m, weiter aufwärts. Dann wenden wir uns nach rechts und wandern eben weiter. Hinter einer Wildfütterstelle endet der breite Forstweg. Unser Weg setzt sich als Fußpfad durch Wald, an Berghängen und über Wasserbäche fort, bis wir plötzlich wieder auf einem breiten Forstweg stehen. Die Wälder zwischen den immer wieder folgenden Bächen sind nach den Bergspitzen benannt. So queren wir den Spitzwald, den Muttewald, den Umsinnerwald und den Herzogwart. Am Ende des

»Der Hörende« von Gotthard Weißenbach.

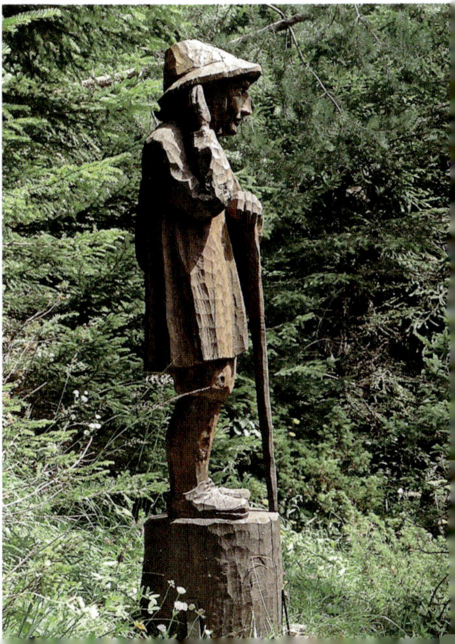

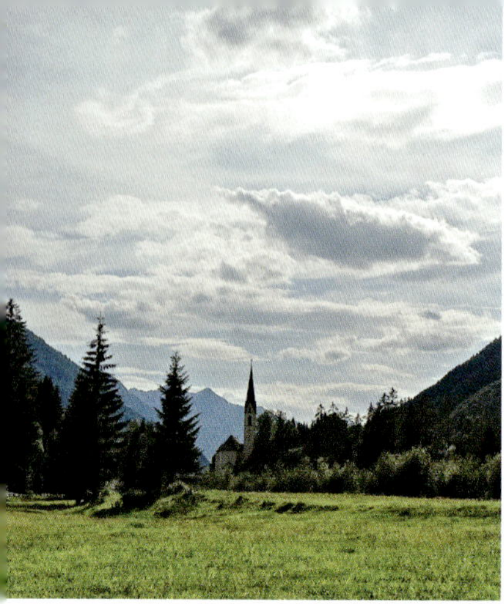

Im Lechtal: Kirche von Häselgehr.

Tals wandern wir an einigen Heuschobern und kleinen Blockhäusern vorbei und erreichen schließlich (ca. drei Stunden hinter Bschlabs) die Straße 198, die durch das Lechtal führt **(6)**, 1000 m. Nun gehen wir auf dem befestigten Weg nach links. Nach einiger Zeit weitet sich unser Sichtfeld und wir erreichen eine **Wegekreuzung (7)**, 992 m. Wer im Gasthof Helena in Gutschau übernachtet, geht an dieser Stelle noch einige Minuten weiter geradeaus. Nach Häselgehr folgen wir der rechten Straße, die uns durch den Tunnel auf die andere Seite der 198 bringt. Hinter der Unterführung wenden wir uns auf dem kombinierten Radwanderweg nach links und wandern nun inmitten des Tals mit herrlichem weiten Blick auf das vor uns schimmernde Häselgehr mit dem weithin sichtbaren Kirchturm zu. Kurz vorm Ziel wendet sich unser Weg vor einer Staustufe nach rechts zum **Lechufer (8)**, 1002 m, und wir folgen dem unbefestigten breiten Weg am Ufer, ohne den Lech zu überqueren. Nun geht es an Wald und Koppel entlang in den Ort hinein, den wir an der **Brücke von Häselgehr (9)**, 1006 m, erreichen. Wer sich am Ende eines verschwitzten Tages gleich im frischen Wasser entspannen will, findet auf der anderen Brückenseite das Freibad des Ortes, das von Juni bis September bis 19 Uhr geöffnet hat. Auch hier ist ein Adlerweg ausgezeichnet, der aber nicht unserer ist. Unser Adlerweg führt über die Brücke und gleich dahinter nach rechts. Wir nehmen den nächsten linken Weg in Richtung Hagertal/Hagertalhütte, der uns im Links-Rechts-Schwenk eine Ebene höher bringt. Am nächsten Wegweiser biegen wir vor einem Holzschuppen nach links in Richtung Elbigenalp/Schönau ab und wandern nun wunderschön, etwas erhöht, mit Blick auf die Gartenspitze, 2331 m, um Häselgehr herum. Wir biegen am nächsten Abzweig links ab, nähern uns wieder dem Ort, gehen wieder rechts und wandern nun direkt am Ortsrand entlang, bis wir nach links zum **Gasthof Lechtaler (10)**, 1006 m, abbiegen. Der Lechtaler ist zur Zeit der einzige Gasthof im Ort, da Gasthof Sonne geschlossen ist. Alternativ bieten sich nur einzelne private Möglichkeiten an, weswegen wir unbedingt empfehlen zu reservieren. Man kann aber auch von hier den regelmäßig fahrenden Bus nach Steeg nehmen, dort übernachten und dann am nächsten Tag mit dem Bus wieder herunterkommen und die Tageswanderung durchs Lechtal mit leichterem Gepäck absolvieren. Der Varianten sind hier keine Grenzen gesetzt.

i **Hoffnung für ein sterbendes Tal?**

Im ganzen Bschlaber Tal lebten im Jahr 2014 112 Menschen. Vor dem 2. Weltkrieg waren es doppelt so viele. Die Alten sterben, die Jungen wandern ab. In Bschlabs, dem Gemeindehauptort, wohnen weniger als 90 Personen. Unter ihnen sind sicher noch Nachfahren der Engadiner Religionsflüchtlinge, die diesen Ort seit 1280 besiedelten. Arbeitsplätze gibt es kaum. Der Tourismus, der andernorts eine Goldgrube ist, fasst im Bschlaber Tal nicht recht Fuß. Der Motorradverkehr ist im Sommer Fluch und Segen zugleich. Im Winter ist der Weg über den Pass gesperrt. Die einklassige Volksschule wurde im Sommer 2014 geschlossen, da im neuen Schuljahr 2014/2015 keine Klasse mehr zusammenkam. Vier Kinder im Grundschulalter sind die Voraussetzung für eine Lehrkraft. Doch die Hoffnung stirbt zuletzt. In den letzten Jahren sind wieder Menschen hierher gezogen, und Bschlabs wirbt mit den anderen beiden »Auszeitdörfern« (Boden und Pfafflar) um die Aufmerksamkeit der erholungsbedürftigen Städter.

Wallfahrtskirche Maria Schnee in Bschlabs.

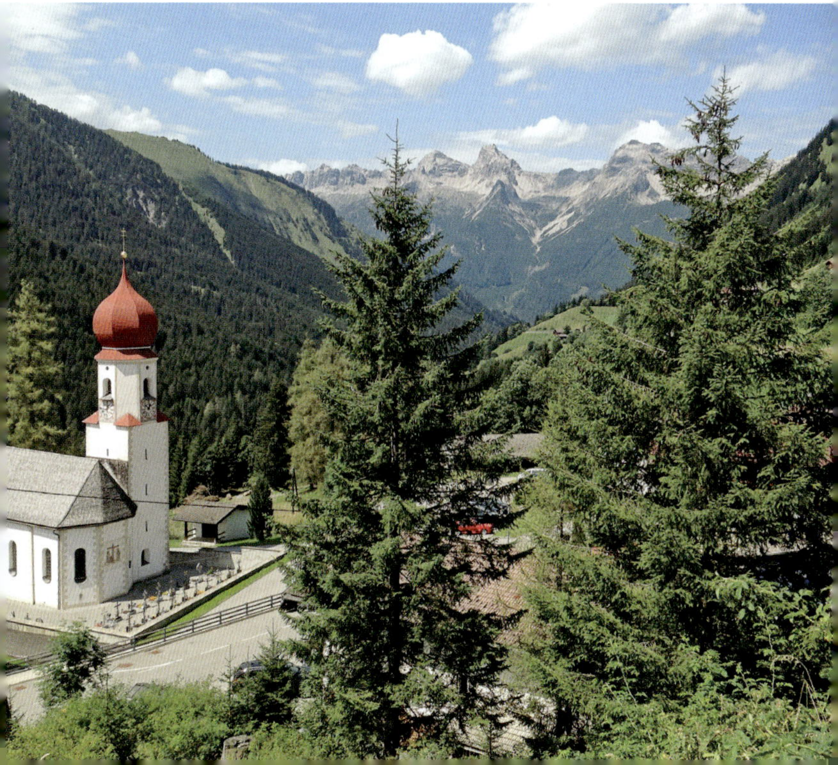

20 Hanauer Hütte – Württemberger Haus

7.00 Std.

↑1150 ↓860

Aufregendes Auf und Ab über drei Scharten und ein Jöchl

Heute geht es im fröhlichen Auf und Ab mit vier Höhenüberquerungen zum Württemberger Haus. Wir lernen dabei die Lechtaler Alpen von ihrer rauhen, bröckeligen und gerölligen Seite kennen. Dazwischen entdecken wir grüne Hochalmen, bunte Blumen und unberührte Bergseen. Von der Hanauer Hütte überwinden wir zunächst die Östliche Dremelscharte und wandern am Steinsee vorbei zur Steinseehütte. Danach geht es unproblematisch zum Steinkar hinauf und weiter zur Roßkarscharte, deren Abstieg es in sich hat. Wir beschreiben auch eine Variante über die Gufelgras-, Petri- und Bitterscharte. Nach dem Abstieg von der Roßkarscharte kommen wir auf einem herrlichen Panoramapfad zum nächsten Höhepunkt, dem Gebäudjoch. Auch hier ist der Abstieg etwas ausgesetzt und Trittsicherheit ist unabdingbar, dennoch gibt es sehr schöne Felsformationen. Danach erreichen wir den See »Auf der Lacke« und steigen schließlich zum Württemberger Haus mit seiner Naturdusche ab.

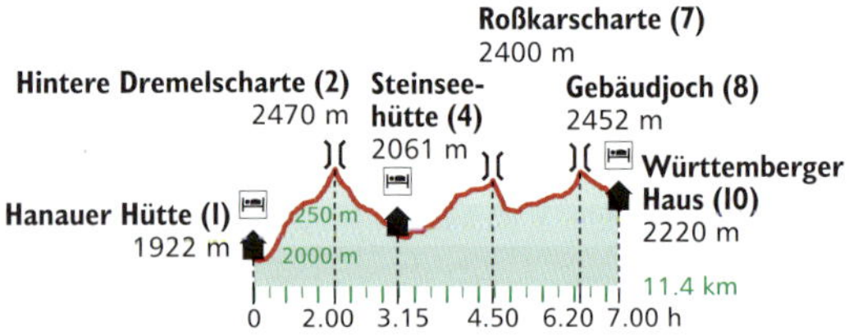

Die Steinseehütte.

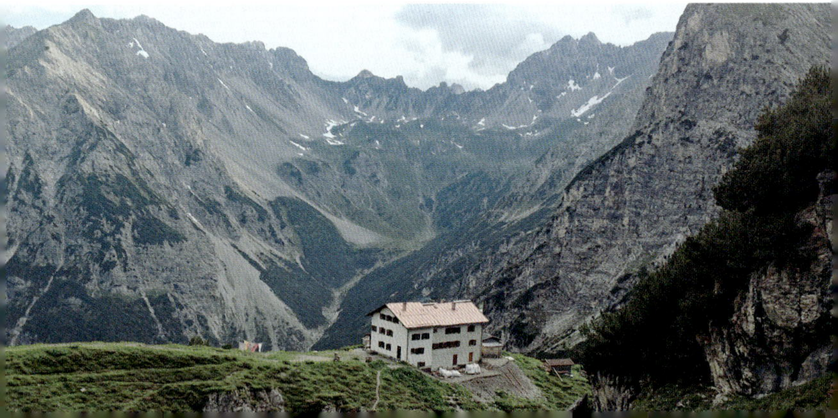

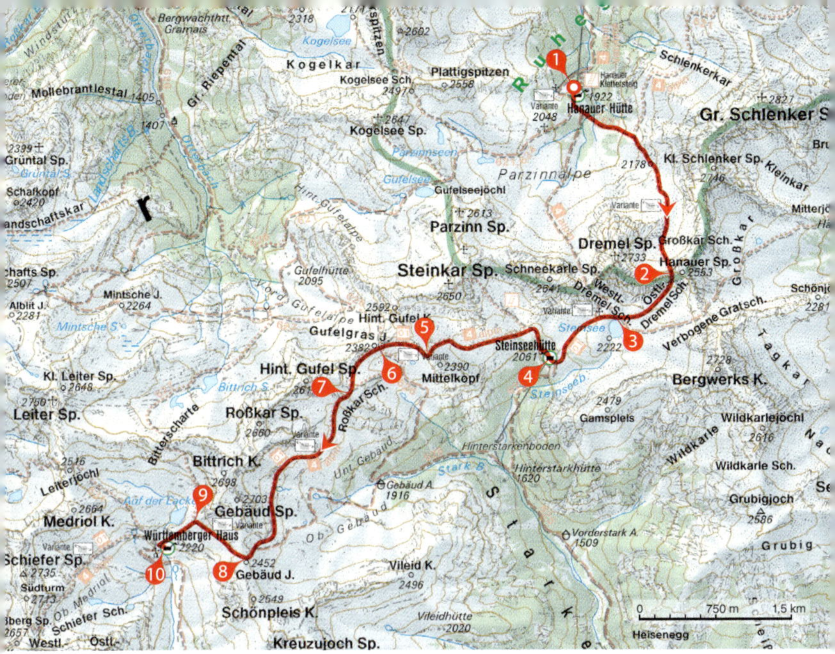

Ausgangspunkt: Hanauer Hütte, 1922 m.
Anforderungen: Schwierig, schmale Bergpfade über Wiesen und Geröll, mehrere seilversicherte Passagen, Konzentration, Trittsicherheit, Schwindelfreiheit und alpine Erfahrung sind unerlässlich.
Karten: Freytag & Berndt WK 352 (1:50.000); Kompass 24 (1:50.000).
Stempelstellen: Württemberger Haus.
Einkehr: Steinseehütte, Württemberger Haus.
Unterkunft: **Steinseehütte:** ÖAV, 2061 m, Mitte Juni bis Ende September, Tel. +43 664 2753770, steinseehuette@reich.co.at, www.steinseehuette.at; **Württemberger Haus:** DAV, 2220 m, Mitte Juni bis Ende September, nur Naturdusche, Tel. +43 664 4401244, wuerttembergerhaus@gmx.at; www.wuerttemberger-haus.at.
Einkauf: Keine Möglichkeit.
Zustieg: **Auf- und Abstieg Steinseehütte:** Bustransfer von Landeck zur Alfuzalm, 1261 m, per Taxi Zangerl (Tel. +43 664 4425575), Aufstieg zur Steinseehütte (2–2,5 Std.); **Auf- und Abstieg Württemberger Haus:** von Zams, 775 m, Weg 625 (4,5–5 Std.), von Madau, 1308 m, Weg 631 über Leiterjöchl (5 Std.); von Gramais, 1300 m, Weg 626, dann 627 über Bitterscharte (5 Std.); von Zams/Alfuzalm-Parkplatz Weg 625, dann 626, dann 627 über Gebäudjoch (3,5–4 Std.).
Information: Tourismusverband Tirol-West, Tel. +43 5442 65600, in Landeck: Malserstraße 10; in Zams: Hauptplatz 6, www.tirolwest.at; Mo–Fr 8:30–12 Uhr/14–18 Uhr, Sa (Juli bis Mitte August) 9–12 Uhr.
Tipp: In dieser Laufrichtung beschreiben wir die Überquerung der Östlichen/ Hinteren Dremelscharte. Wer in entgegengesetzter Richtung läuft, nimmt stattdessen besser die Westliche/Vordere Dremelscharte.

i *Die **Lechtaler Alpen** sind die größte Gebirgsgruppe der Nördlichen Kalkalpen mit einer Ausdehnung von ca. 1000 km². Sie bestehen aus Sedimentgesteinen, wie Kalkstein, Dolomit, Mergel, Sandstein, Schieferton, die über der älteren Grauwackenzone abgelagert wurden. Benannt nach dem zweitlängsten Fluss Tirols, dem 264 km langen Lech, bildet das Lechtal die nördliche und das Inntal die südliche Grenze. Die einzige Nord-Süd-Verbindung verläuft über die 1969 eingeweihte Passstraße, das Hahntennjoch, 1894 m, die bei Regen und Murengefahr mittels einer automatischen Ampel reguliert wird und somit im Sommer nicht verlässlich zu befahren ist. Im Winter ist sie gesperrt. Das Gebirge weist mit zahlreichen Hütten und Wegen eine gute Bergsteigerinfrastruktur auf, bietet aber aufgrund vieler anspruchsvoller alpiner Höhenwege nach wie vor Einsamkeit und friedliche Ruhe vor einer gar nicht so fernen Zivilisation. Der höchste Berg, die Parseierspitze, ragt mit ihren 3063 m als einziger und nördlichster Dreitausender über dem Inntal auf.*

Auf dem Weg 625 steigen wir von der **Hanauer Hütte (1)**, 1922 m, auf der östlichen Kesselseite in Richtung Östliche/Hintere Dremelscharte bis zur ersten grünen Bergkuppe stetig auf. Dort, wo uns unterwegs die Wanderer zur Muttekopfhütte nach links verlassen, halten wir uns rechts. Unser Wegweiser schaut uns leider mit dem Rücken an. Oben angekommen, wandern wir auf einem schmalen Pfad an einem blauen, klaren Schmelzwassersee entlang in das riesige Schuttkar hinein. Wir wechseln von der rechten Bergflanke auf die linke Seite hinüber und steigen auf geröllig losem Grund aufwärts. Wir befinden uns zwischen der Hanauer Spitze, 2553 m, und der Dremelspitze, 2733 m, und erkennen bereits, wo die **Hintere Dremelscharte (2)**, 2470 m, liegen muss. In der schmalen Scharte unterstützen uns Seile, Kraft und aktiver Arm- und Stockeinsatz beim Aufstieg. Der traumhafte Ausblick auf die andere Seite belohnt unsere Mühen. Nun geht es durch einen steilen Wiesenhang konzentriert abwärts, bis wir den Almboden erreicht haben. Wir wandern am **Steinsee (3)**, 2222 m entlang. Bald mündet auch der Weg 601 von der Westlichen Dremelscharte in unseren Weg. Es geht noch einige Höhenmeter zur **Steinseehütte (4)**, 2061 m, hinab, die wir erst kurz vor Erreichen zu Gesicht bekommen. Nach einer kurzen Rast geht es vor der Steinseehütte nach rechts erst kurz hinab und dann wieder hinauf. Es lohnt sich ein Blick zurück auf die exponierte Lage der Hütte, die unter uns schnell kleiner wird. Nach rechts biegt bald der Pfad zur Steinkarspitze, 2650 m, ab. Eine Besteigung heben wir uns für das nächste Mal auf und steigen nun steiler zur **Steinkarscharte (5)**, 2306 m, auf. In einem weiten Rechtsbogen durchwandern wir dahinter Wiesenhänge und Schuttreißen und erreichen den **Abzweig des Weges 626 (6)**, 2342 m, zum Gufelgrasjoch. Bei schlechten Wetter- und Wegebedingungen können wir hier die Variante über das Gufelgrasjoch, 2382 m, nehmen: zum Joch hinauf steigen, dahinter dann an der nächsten Möglichkeit nach links auf den Weg 627 wechseln und über Petri- und Bitterscharte im Linksbogen in etwa der gleichen Zeit zum Württemberger Haus kommen.

Bleiben wir auf dem originalen Adlerweg, lassen wir die Abzweigung zum Gufelgrasjoch rechts liegen, laufen geradeaus daran vorbei und gelangen im alpinen Gelände über Schotter und Felsen auf die **Roßkarscharte (7)**, 2400 m. Hinab geht es dahinter etwas vogelfrei auf sehr steilem, für Hände wie Füße schlecht zu fassenden Untergrund. Knotenseile helfen beim Abstieg, auch Fußabdrücke im Schnee können von Vorteil sein. Unten angekommen bietet sich an einigen abgefallenen Felsbrocken eine schöne Rast an. Dann folgt ein Höhenweg im leichten Auf und Ab. Beim Weiterwandern entspannen wir uns mit Blick auf die herrlichen Blumenhänge, bis wir den letzten steilen Anstieg aufs **Gebäudjoch (8)**, 2452 m, vor uns sehen. Hinten geht es ebenfalls steil wieder hinab. Rutschgefahr! Der Untergrund ist feinsandig, der Fels bröselig. Hinterm Gebäudjoch wendet sich unser teilweise ausgesetzter Weg nach rechts. Nach den letzten seilversicherten Kletterstellen geht es gemütlich ebener weiter bis der Haussee des Württemberger Hauses, »Auf der Lacke«, vor uns liegt. Wir treffen hier auf den Weg 627, der von der Bitterscharte kommt **(9)**, 2351 m, wenden uns nach links und befinden uns bald einige Höhenmeter über dem **Württemberger Haus (10)**, 2220 m, zu dem wir nur noch absteigen. Auf einer kleinen Brücke überqueren wir den reißenden Bach. Rechts weist der Weg zur eiskalten Dusche – eine herrliche Erfrischung für Hartgesottene nach einem verschwitzten Wandertag. Wir freuen uns nach diesem erlebnisreichen Wandertag auf Entspannung im Liegestuhl, der, wie das meiste andere hier, einst mit dem Hubschrauber heraufgeflogen kam.

Letzter Blick auf die Steinseehütte von der Steinkarscharte, dahinter die Dremelspitze.

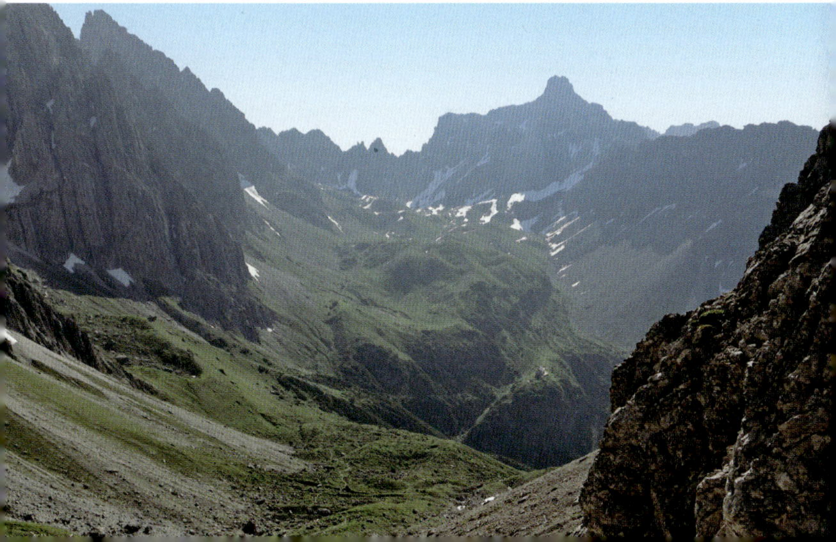

20 V Häselgehr – Steeg

5.45 Std.

↑170 ↓55

Überraschungen im Lechtal

Schöne Örtchen mit spitztürmigen Kirchen, saftige Wiesen, dichter Wald und natürlich der murmelnde Lech lassen einen abwechslungsreichen Tag erwarten. Unterwegs treffen wir zahlreiche Zeugnisse regionaler Kunst und Kultur, für die wir bei genügend Zeit am besten unseren Weg verlassen und von Ort zu Ort in die typische Lebensweise, die Geschichten und das traditionelle Handwerk eintauchen. Unser Weg ist leider an vielen Stellen asphaltiert und verläuft auf dem Lech-Radweg, nicht aber auf dem Lech(wander)weg. Da viele Wege nach Steeg führen, ist der Adlerweg auch nicht immer eindeutig ausgeschildert. Wir beschreiben hier die originale Route, und solange wir in die richtige Richtung gehen, werden wir früher oder später zum Ziel kommen.

Ausgangspunkt: Häselgehr, Gasthof Lechtaler, 1006 m.
Anforderungen: Schmale und breite Wege, asphaltierte Wege und Straßen.
Karten: Freytag & Berndt WK 351 (1:50.000); Kompass 24 (1:50.000).
Stempelstelle: Keine.
Einkehr: Diverse Cafés und Restaurants in den Orten unterwegs, z. B. in Bach, Holzgau.
Unterkunft: Diverse Unterkünfte in nahezu allen Orten unterwegs.
Einkauf: In Untergrünau, Bach, Holzgau, und Steeg.
Verkehrsmittel: Stündlicher Bus durchs Lechtal von Reutte über Steeg nach Lech.
Information: Tourismusverband Lechtal, 6652 Elbigenalp, Tel. +43 5634 5315, info@lechtal.at, www.lechtal.at.
Tipp: Wer die Perlen der Region rechts und links des Weges mit besichtigen will, sollte mindestens Elbigenalp, Bach, Holzgau und Steeg besuchen. So lohnen sich zum Beispiel die Besichtigung der barocken Pfarrkirche Zum Heiligen Nikolaus und des Museums Wunderkammer in Elbigenalp sowie der Lüftlmalereien an den Holzgauer Fassaden.

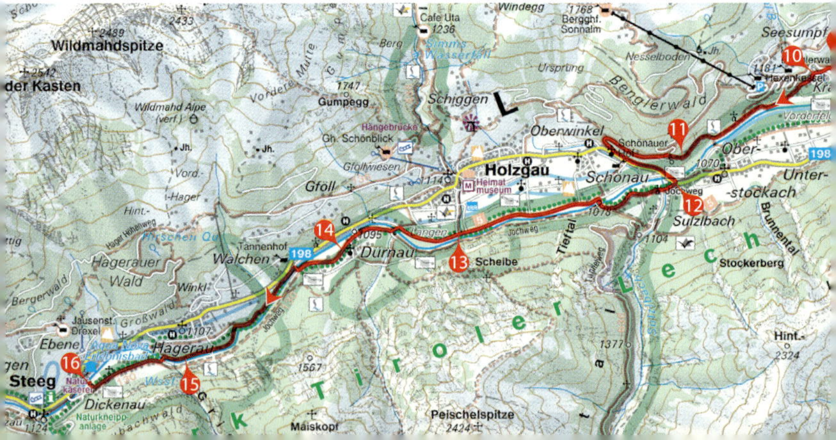

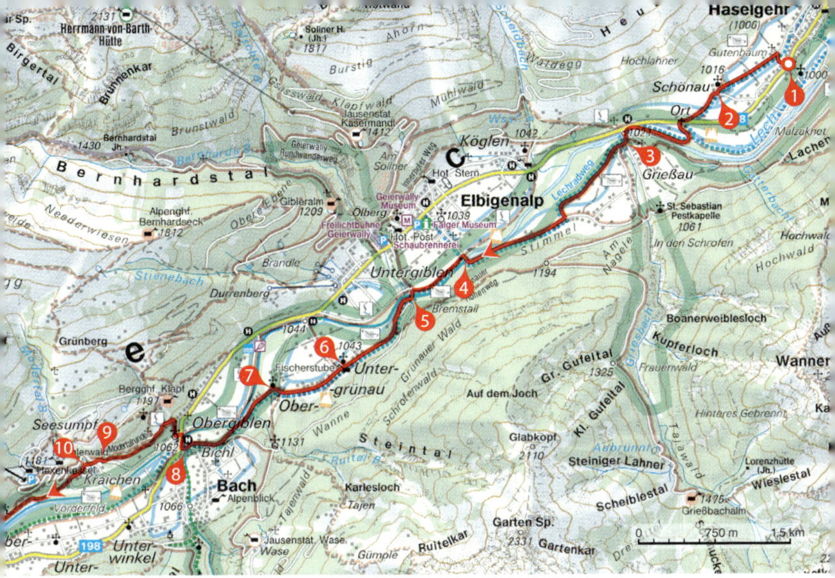

Wir beginnen unsere Lechtalwanderung am Haus Nr. 92, dem **Gasthof Lechtaler in Häselgehr (1)**, 1006 m. Zuerst wandern wir nach Norden zurück auf den Weg, den wir gestern gekommen sind und setzen unsere Wanderung nach links in Richtung **Schönau** fort. Bald durchqueren wir den kleinen Weiler **(2)**, 1016 m, leicht links haltend, mit guter Landluft in der Nase und gehen bis

Holzgauer Klimaschutzfassade.

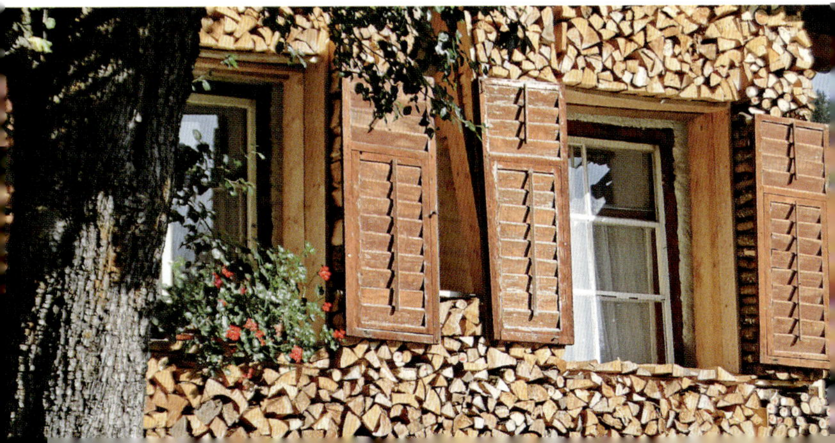

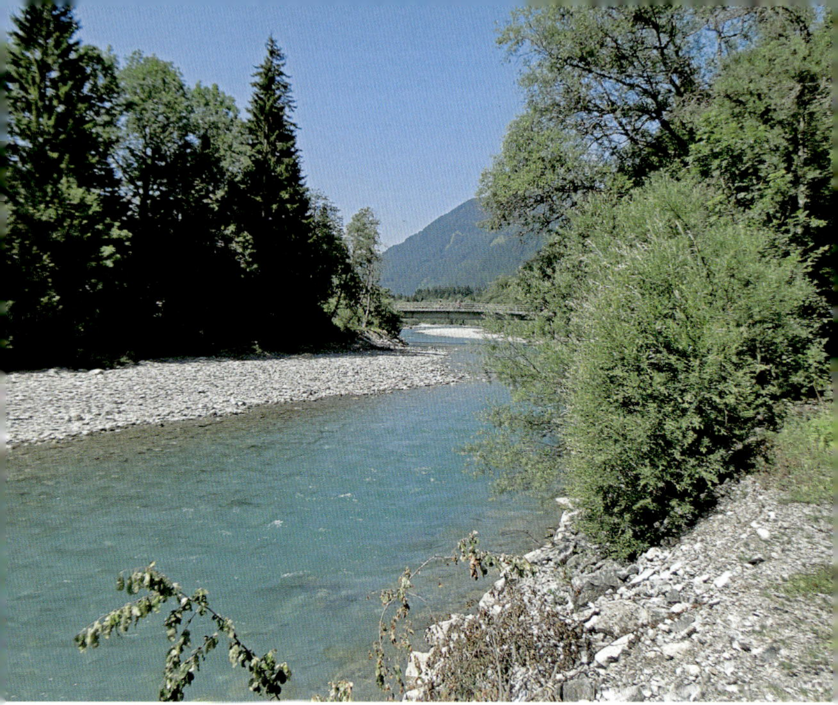

Der Lech vor Grießau.

zur Fernverkehrsstraße 198 vor. Wir folgen ihr ca. 60 m nach rechts, bis wir links in einen Feldweg biegen. Leider fehlt hier ein Wanderhinweis. Wir gehen über das Feld zum Lech hinab und wandern rechts, schön schattig, flussaufwärts. Unterwegs beobachten wir ein paar Flussbadende. Als nächstes erreichen wir die Bushaltestelle von **Grießau (3)**, 1021 m, und überqueren den Lech nach links. Vor uns sehen wir die nächsten Wanderzeichen und folgen dem Weg nach rechts. Unser Weg ist nun gleichzeitig der Lechradweg, der an schönen Tagen gut befahren ist. Wieder wechseln wir die Flussseite nach rechts. Hinter der Brücke **(4)**, 1039 m, liegt vor uns **Elbigenalp**. Wir aber gehen nach links und nehmen dabei nicht den Radweg, sondern den herrlichen Naturpfad. Wir kommen an einem großzügigen Rastplatz vorbei und erreichen bald darauf die aus Fichtenholz gebaute **Nikolausbrücke (5)**, 1040 m, aus dem Jahr 2007. Für Wanderer, die sich Zeit nehmen wollen, empfehlen wir einen Abstecher nach Elbigenalp, wo in der sehenswerten Kirche »Zum Heiligen Nikolaus« Deckenmalereien des berühmten Freskenmalers Johann Jakob Zeiller bewundert

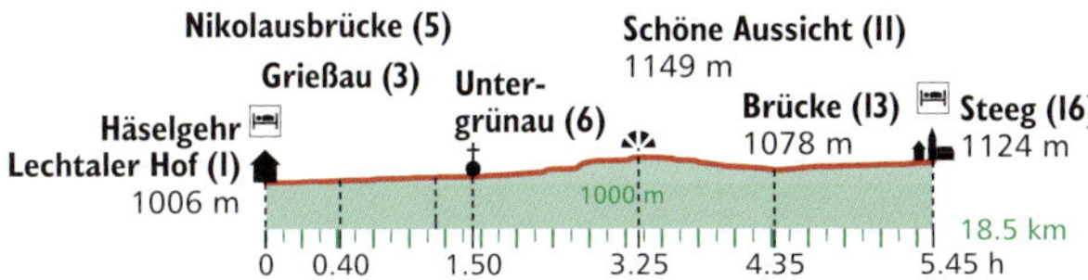

werden können. In der Martinskapelle am Friedhof steht ein eindrucksvolles Beinhaus. Außerdem spielt die Geierwally hier ihre eigene Rolle. Es gibt ein Museum und im Juli und August werden auf der Geierwally Freilichtbühne in der Bernhardstalschlucht volkstümliche Bühnenstücke, wie »Die wahre Geierwally« oder »Die Schwabenkinder« aufgeführt.

Wir überqueren die Brücke (Achtung: kein Adlerwegzeichen!) und sind nun wieder am linken Lechufer, auf dem Grünauer Höhenweg. Von Höhe ist hier im Moment keine Spur. Der nächste Ort ist das freundliche **Untergrünau (6)**, 1043 m, mit einer Kapelle am Wegesrand. Gleich daneben befindet sich das Laterndl (Di–So ab 11 Uhr), das zu einer Erfrischung einlädt. Im folgenden **Obergrünau (7)**, 1050 m, orientieren wir uns an den Radwegemarkierungen auf der Straße, kommen an der Feuerwehr vorbei und haben den Ort, noch ehe wir's gedacht, hinter uns gelassen. Wir bleiben nun auf der linken Lechseite und betreten bald das Örtchen **Bach (8)**, 1066 m, mit seinem perfekten Ensemble aus Volksschule, Gasthöfen, Gemeindeamt und Bank. Hinter den Gasthöfen ist rechts auch noch ein Sparmarkt zu finden. Wer bisher noch nicht eingekehrt ist, dem empfehlen wir Kaffee und Kuchen in einem der Gasthöfe. Dann setzen wir unseren Weg auf der anderen Lechseite fort. Wir gehen über die Brücke und biegen vor der Kirche links ab. Der Adlerweg folgt nun dem Lechweg. Das ist der linke obere Weg, der noch etwas ansteigt. Er geht in einen herrlichen Waldweg über, der uns nach Kraichen führt. Achtung, noch vor **Kraichen** nehmen wir die erste Abzweigung **(9)**, 1088 m, nach links zur Straße hinunter und folgen dieser nach rechts in den Ort **(10)**, 1111 m. Hinter der Kraichen-Brücke führt die Straße im 90°-Winkel langsam wieder aus dem Ort hinaus. Wir folgen dem Weg am Waldrand entlang und biegen dann noch einmal im 90°-Winkel zum Lech hin ab, wo wir an dessen Ufer nun nach

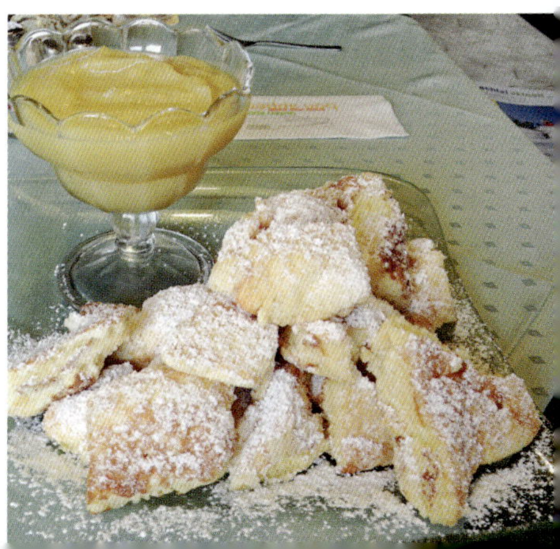

Lecker: Kaiserschmarren mit Apfelmus.

rechts durch wunderbaren Wald wandern. An einer dunkel-hölzernen Brücke führt unser Weg plötzlich in vermeintlich falscher Richtung rechts hinauf zur Schönen Aussicht. Wer hier abkürzen möchte, überquert die Brücke und folgt dann nach rechts dem Weg am Lech entlang. Nach kurzer Zeit wird bereits Stockach erreicht. An der Sulzlbachbrücke mündet der Weg in den originalen Wegeverlauf.

Haben wir uns für die **Schöne Aussicht (11)**, 1149 m, entschieden, genießen wir nach dem Aufstieg an einer Schutzhütte einen lohnenden Ausblick auf Stockach und das Lechtal. Danach gehen wir noch etwas weiter hinauf, bis wir eine Sendestation erreichen und auf einem breiten Schotterweg bergab zur Straße hinunter gehen. Hier wenden wir uns nach links, wandern am Hotel Schönauer Hof vorbei, an der Straße entlang bis zur Brücke, die wir überqueren. Wir gehen bis zur **Bushaltestelle (12)**, 1128 m, und biegen dann rechts

Lüftlmalereien im Holzgauer Zentrum.

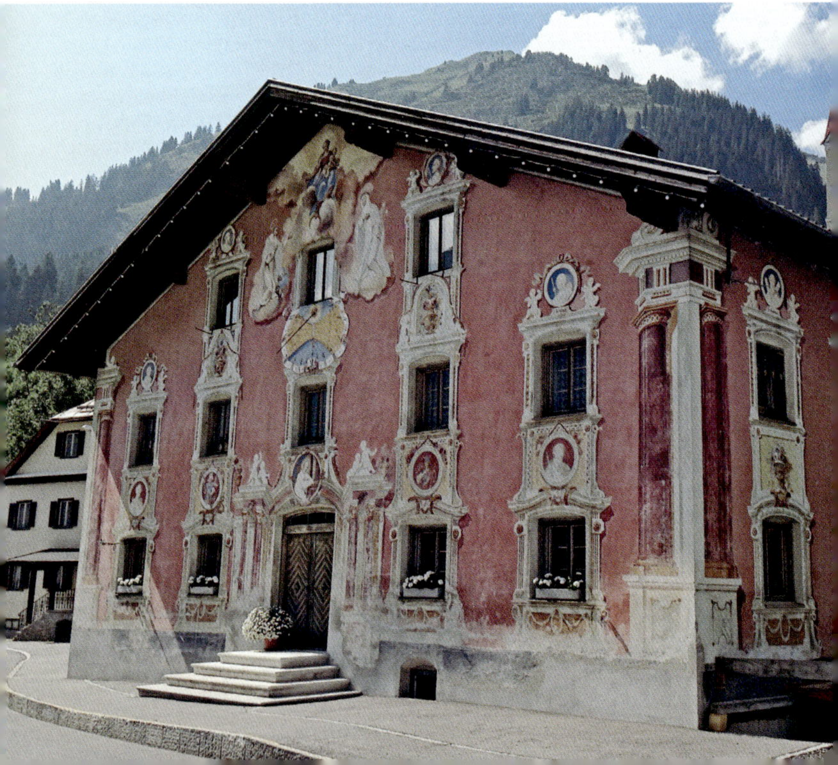

ab. Kurz darauf erreichen wir die Sulzlbachbrücke. Der Adlerweg, der Lechweg und der Europäische Fernwanderweg E5 treffen hier zusammen.
Wir überqueren den Sulzlbach, einen der vielen Zuflüsse des Lechs, in Richtung Holzgau-Hägerau-Steeg und wandern nun auf dem Jochweg. Wieder liegt die faszinierende Weite des Lechtals mit seinen grünen Wiesen und bunten Feldern vor uns. Die nächste **Brücke (13)**, 1078 m, überqueren wir und wenden uns dahinter nach links. Rechter Hand sehen wir den schönen Ort **Holzgau**, dessen einzigartige Lüftlmalereien einen Abstecher lohnenswert machen. Die Händlerfamilien, die im 18. Jahrhundert in Holland viel Geld verdienten, investierten es in die Freskobemalung ihrer Häuser, die seitdem ihr Dorf verschönert. Die Farben werden auf den frischen Kalkputz aufgetragen und verkieseln in der chemischen Carbonatisierung mit dem Putz, der sie lange haltbar macht. Nördlich von Holzgau überquert eine 200 m lange und 150 m hohe Hängebrücke die Höhenbachtalschlucht. Auch nachts ist sie ein besonderes Erlebnis. Ihr Handlauf wird dann mit LED angestrahlt.
Unser Weg führt aber am Ort vorbei – geradeaus nach **Dürnau (14)**, 1095 m. Ein Wegweiser schickt uns wieder auf die linke Lechseite. Nun haben wir die Wahl zwischen dem Jochweg Nr. 28 und dem Felderweg Nr. 27, wobei der Jochweg etwas länger ist. Wir beschreiben hier den Felderweg: Er führt über freies Feld und am Hotel Tannenhof über eine moderne Brücke zurück auf die rechte Lechseite. Nun beginnt ein noch schönerer Wanderweg, nicht asphaltiert und direkt am Lechufer. Wir folgen ihm an **Hägerau (15)**, 1107 m, vorbei und wandern zwischen eng gepflanzten Bäumen hindurch. Den Ort **Steeg (16)**, 1124 m, unser heutiges Etappenziel, erreichen wir an einem Parkplatz. Wir bleiben am besten an der linken Seite und gehen entlang des Ufers geradeaus weiter zwischen Lech und Kindergarten hindurch. Unser Weg endet plötzlich unverhofft. Drei Stufen geht es rechts hinunter auf den Dorfplatz. Nun brauchen wir nur noch zur Straße vorzugehen und finden rechter Hand das Gemeindeamt mit dem Tourismusbüro, eine Holzschnitzerei und die Bushaltestelle Richtung Häselgehr sowie links die empfehlenswerte Naturkäserei Sojer mit Eisdiele.

i *Wunderkammer Lechtal*

Der Lech, einer der letzten nicht beschränkten Flüsse der nördlichen Kalkalpen, gab dem Tal und der heutigen Naturparkregion Lechtal seinen Namen. Im breiten Hochtal sind die vielen ursprünglichen Ortschaften wie eine Perlenkette aufgereiht. Buchstäblich am Wegesrand liegen hier historische, handwerkliche und kulturelle Highlights. In der Wunderkammer Elbigenalp erzählen zahlreiche Zeugnisse in vielen Facetten vom Leben im Lechtal. Gesammelt hat sie der vielfältig interessierte und begabte Künstler Johann Anton Falger (1791–1876), der »Vater des Lechtales« genannt wird. Das heutige Museum war sein Haus. Er schenkte es der Königinmutter Marie von Bayern, der »Alpenrosenkönigin«, die mit ihren Söhnen häufig die Sommer in Elbigenalp verbrachte. Mit ihr verband ihn eine tiefe Freundschaft.

21 Württemberger Haus – Memminger Hütte

5.00 Std.

↑650 ↓630

Auf Händen und Füßen durch die Lechtaler Höhen

Eine sportliche Etappe, ideal für Fels- und Kletterfreunde, erwartet uns: ein weiterer Höhenflug bei schönem Wetter und guter Kondition. Hinterm Württemberger Haus steigen wir am Morgen allmählich an, bis unsere Kletterpartie am Ende des Kessels beginnt. Herrliche Aussichten in alle Richtungen erwarten uns heute von der Schieferscharte, der Großbergspitze, 2657 m, und der Seescharte, 2599 m. Wir steigen auf über 2500 m Höhe am Grat entlang – atemberaubend und wahn-sinnig. Am frühen Nachmittag erreichen wir bereits die Memminger Hütte und können uns nach einer Besteigung des Seekogels, 2412 m, in den Almwiesen richtig gut entspannen.

Überraschender Schnee im Hochsommer hinter der Seescharte.

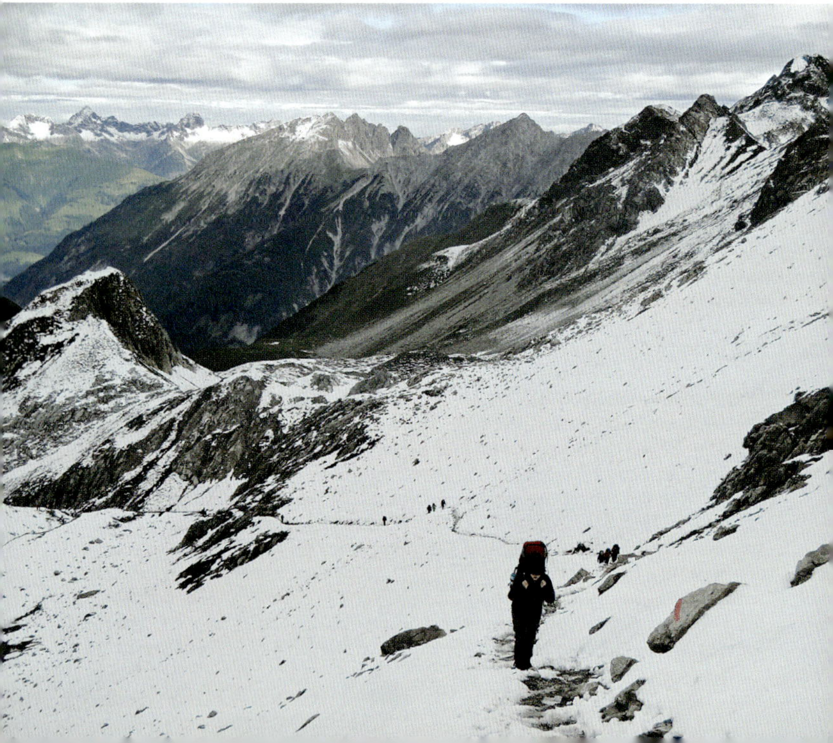

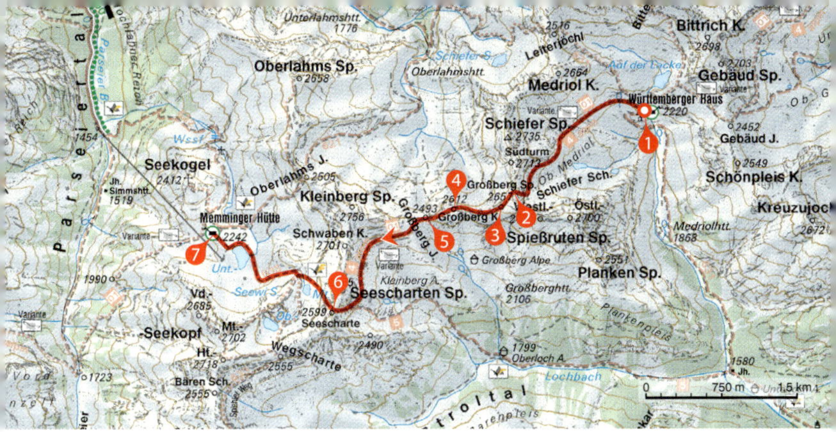

Ausgangspunkt: Württemberger Haus, 2220 m.
Anforderungen: Schwierig, schmale Bergpfade über Wiesen, Geröll und an Abgründen entlang, mehrere seilversicherte Passagen, Konzentration, Trittsicherheit, Schwindelfreiheit und alpine Erfahrung sind unerlässlich.
Karten: Freytag & Berndt WK 352 (1:50.000); Kompass 24 (1:50.000).
Stempelstelle: Memminger Hütte.
Einkehr: Memminger Hütte.
Unterkunft: Memminger Hütte: DAV, 2242 m, Anfang Juni bis Ende September, Tel. +49 8331 75075040 (außerhalb der Saison), kein Telefon auf der Hütte, Reservierungen nur über www.huetten-holiday.de, www.memminger-huette.de.
Einkauf: Unterwegs keine Möglichkeit.
Zustieg: **Auf- und Abstieg Württemberger Haus:** von Zams, 775 m, Weg 625 (4,5–5 Std.), von Madau, 1308 m, Weg 631 über Leiterjöchl (5 Std.); von Gramais, 1300 m, Weg 626, dann 627 über Bitterscharte (5 Std.); von Zams/ Alfuzalm-Parkplatz Weg 625, dann 626, dann 627 über Gebäudjoch (3,5–4 Std.); **Auf- und Abstieg Memminger Hütte:** Bus von Reutte oder Langen am Arlberg nach Bach/Lechtal, mit dem Taxiunternehmen Feuerstein (Tel. +43 5633 5633) zur Talstation der Materialseilbahn im Parseiertal, Abfahrt am Dorfplatz Bach 8:15/14:15/16:15 Uhr; 11 €, Zustieg über Weg 632, Rückfahrt nach Bach ab Materialseilbahn: 8:30/ 14:30/16:30 Uhr.
Information: Tourismusverband Tirol-West, Tel. +43 5442 65600, in Landeck: Malserstraße 10; in Zams: Hauptplatz 6, www.tirolwest.at; Mo–Fr 8:30–12 Uhr, 14–18 Uhr, Sa (Juli bis Mitte August) 9–12 Uhr.
Tipp: Am Nachmittag ist die ca. 45-minütige Besteigung des Seekogels, 2412 m, des Hausbergs der Memminger Hütte, zu empfehlen.

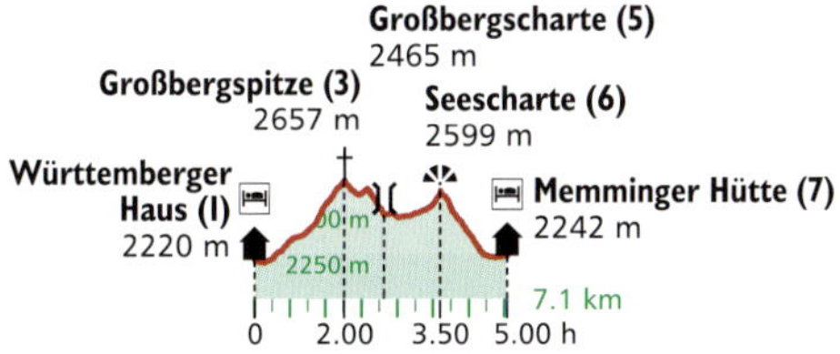

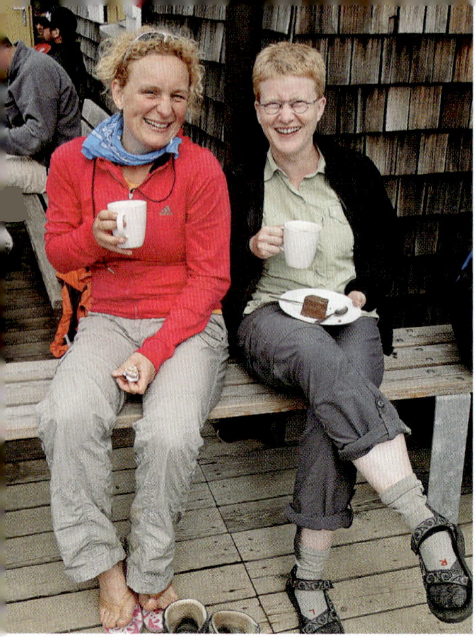

Kaffee & Kuchen an der Memminger Hütte.

Wir verabschieden uns vom **Württemberger Haus (1)**, 2220 m, steigen nach Westen kurz hinab und erreichen bald den Weg, der links nach Zams abzweigt. Dorthin wollen wir nicht, deshalb gehen wir weiter in den Talkessel hinein, leicht ansteigend zur anderen Seite hinüber. Vor uns liegt das Bergmassiv über dem Oberen Medriol. Nun geht es mit Füßen und Händen steil hinauf, wobei wir uns an den roten Markierungen orientieren. Der Weg wendet sich nach einem ersten Felsabsatz nach rechts hinüber und führt am rechten Rand des Massivs aufwärts auf die **Schieferscharte (2)**, 2610 m. Hier erwartet uns die erste gigantische Aussicht des Tages auf die Allgäuer (Nord), die Ötztaler und Stubaier Alpen (Süd) sowie auf das Verwall (West). Um uns herum sind nur noch Felsen, Wind und Wolken. Nun folgen wir den roten Markierungen am Grat entlang zum Gipfelkreuz der **Großbergspitze (3)**, 2657 m. Von hier geht es im spitzen Winkel über den nächsten Grat zum **Großbergkopf (4)**, 2612 m, und zur **Großbergscharte (5)**, 2465 m. Unser Weg wird etwas sichtbarer und breiter und verläuft leicht links vom Grat. Immer wieder finden wir ausgesetzte und seilversicherte Passagen und Kletterstellen, wo wir auch die Hände gut gebrauchen können. Wir kommen langsam voran und sehen schon auf der vor uns liegenden Bergflanke unseren weiteren Weg durch Geröll, der sich wie ein Faden unter Schwabenkopf, 2701 m, und Seeschartenspitze, 2705 m, entrollt. Am Ende des Weges erreichen wir mit Blick ins Zammer Loch den Europäischen Fernwanderweg E5, der nach Zams und zur Oberlochalm, 1799 m, hinunterführt und hier mit dem E4 zusammentrifft. Wir wenden uns nach rechts hinauf und nach einer kurzen steilen Passage stehen wir auf der **Seescharte (6)**, 2599 m, einem schmalen Felsspalt, und schauen ins jenseitige Tal hinunter. Traumhaft, wie der Obere und der Mittlere Seewi-See dort mit mehr oder weniger Schnee und Eis bedeckt unter uns liegen. Unser weiter Blick streift den Almboden um die Memminger Hütte herum, erkennt den spitzen Seekogel, 2412 m, dahinter. Er geht über das Parseiertal hinweg geradewegs zur Freispitze, 2887 m und ins Langkar, das wir morgen

Geschichte der Europäischen Fernwanderwege

Bei der Gründung der Europäischen Wandervereinigung 1969 spielte ein Ziel eine wesentliche Rolle: Man wollte ein Netz von Weitwanderwegen schaffen, das europäische Landschaften und Völker miteinander verbinden sollte. Bereits bestehende Wege wurden genutzt, um europäische Routen zu erstellen und so entstanden auf dem Papier und in den Karten zwölf Europäische Fernwanderwege, E1 bis E12, mit insgesamt ca. 60.000 Kilometern Fußweg. Bis heute sind die Wegemarkierungen nicht abgeschlossen, teilweise sind die Wege de facto nicht existent. Der Adlerweg verläuft an vielen Stellen auf der Route des E4, die oft identisch mit dem österreichischen Nordalpenweg 1 ist. Die Beschreibung des E5 beginnt in Deutschland in Konstanz. Der Weg führt über Oberstdorf nach Bozen und Verona.

bezwingen wollen. Wir steigen langsam am Seil und später im Schotter steil hinab. Bald treffen wir auf ein Feld gelber Gesteinsbrocken und erreichen danach den Almboden mit dem Unteren Seewisee, an dem unzählige Murmeltierfamilien leben. Ein letzter kurzer Anstieg führt uns zur **Memminger Hütte (7)**, 2242 m, die mit über 140 Schlafplätzen zu den großen Alpenvereinshütten zählt.

Blick von der Seescharte auf den Mittleren Seewisee, die Memminger Hütte und den Seekogel.

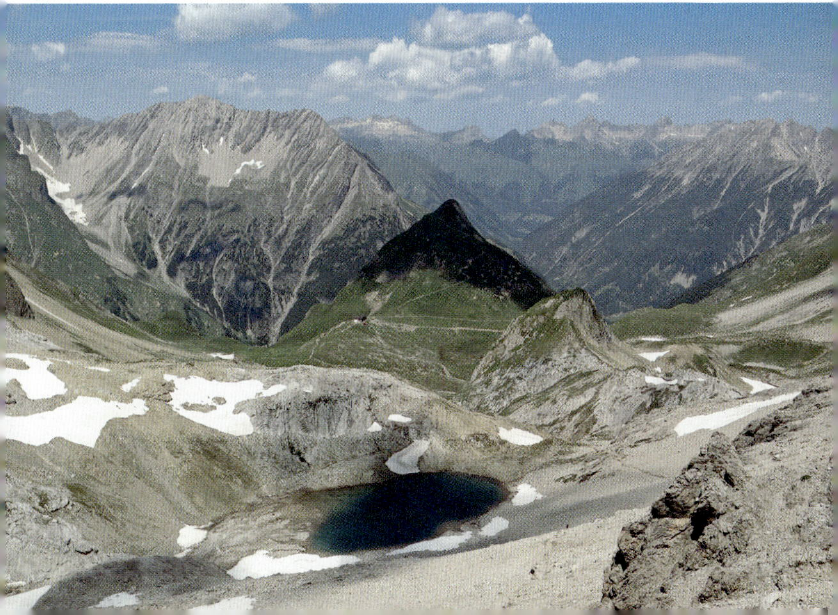

21 V Steeg – Stuttgarter Hütte

5.00 Std.
↑1350 ↓170

Durch das Krabachtal in die Lüfte schweben

Vom Lechtal geht es zum Abschluss unserer Wanderung wieder hinauf in die Höhe der Lechtaler Alpen, zur Stuttgarter Hütte auf 2305 m Höhe. Vom oberen Lechtal steigen wir in Abgeschiedenheit und Ruhe Schritt um Schritt durch das friedliche Krabachtal auf. Hinter der Krabachalpe geht es steiler hinauf, bis wir die erste Hochterrasse an der nicht bewirtschafteten Fürmesgumpalm erreichen. Wir steigen über saftige Wiesen inmitten von kniehohen Kräutern weiter zu der gewagt liegenden Stuttgarter Hütte auf dem Krabachjoch, 2300 m, auf. Unterwegs können wir uns kaum vorstellen, dass auf der linken Seite, jenseits der Gipfel, das bekannte Arlberger Skigebiet um die Valluga liegt. Wir genießen diese ruhigen Stunden, ganz umfangen von der Natur, bis wir nach ca. fünf Stunden und 1100 Höhenmeter Aufstieg an der Stuttgarter Hütte ankommen.

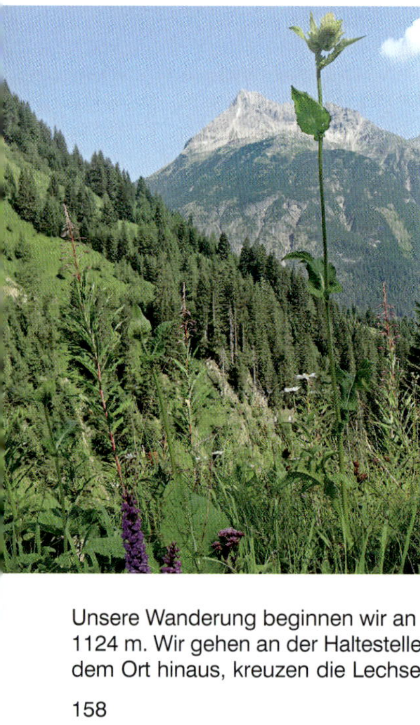

Ausgangspunkt: Steeg, 1124 m.
Anforderungen: Mittelschwierig, Forstwege, Bergpfade, asphaltierte Wege.
Karte: Freytag & Berndt WK 351 (1:50.000); Kompass 24 (1:50.000).
Stempelstelle: Keine.
Einkehr: Stuttgarter Hütte.
Unterkunft: Stuttgarter Hütte, 2310 m, DAV, Mitte Juni bis Ende September, Tel. +43 676 7580250, www.alpenverein-schwaben.de/huetten/stuttgarter-huette.
Einkauf: In Steeg, unterwegs keine Möglichkeit.
Verkehrsmittel: Stündlicher Bus durchs Lechtal in beide Richtungen, Verkürzung der Strecke durch Busfahrt von Steeg in Richtung Lech nach Prenten.
Information: Tourismusverband Lechtal, 6652 Elbigenalp, Tel. +43 5634 5315, info@lechtal.at, www.lechtal.at.
Tipp: Picknick und Mittagsschläfchen in den Almwiesen.

Blick vom Krabachtal zur deutsch-österreichischen Grenze.

Unsere Wanderung beginnen wir an der Tourismusinformation von **Steeg (1)**, 1124 m. Wir gehen an der Haltestelle Steeg Dorf vorbei in Richtung Kirche aus dem Ort hinaus, kreuzen die Lechseite und wandern auf der linken Lechseite auf einem Fahrweg bis zur nächsten Straßenbrücke kurz vor **Prenten (2)**, 1132 m. Hier halten wir uns wenige Meter auf der linken Straßenseite, bis wir den Pfad nehmen, der vor uns bergauf führt. Ein Schild weist uns zur Stuttgarter Hütte. Nun geht es in Serpentinen über Weiden bergan. Unser Weg geht bald in einen Pfad über. Auf dem folgenden Fahrweg wenden wir uns nach rechts bis zu einer roten Bank. Dann geht es links wieder in den Wald, auf ei-

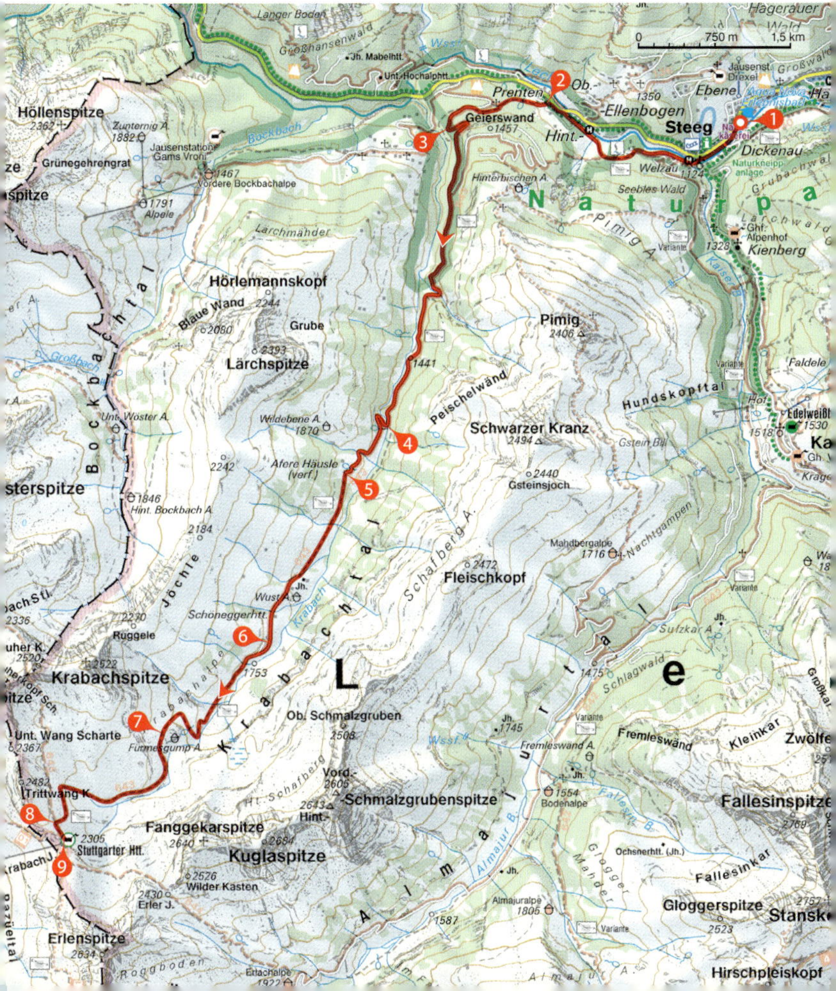

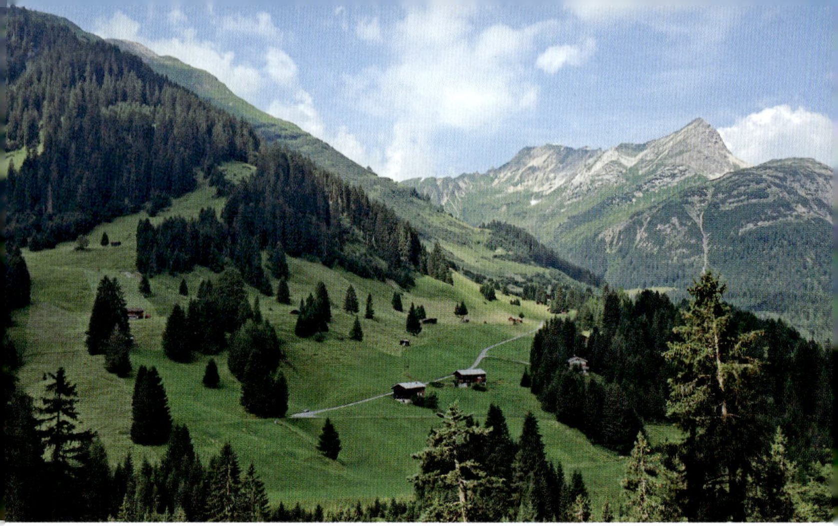

Bauernhäuser am Anfang des Krabachtals bei Prenten.

nem herrlichen Waldpfad weiter aufwärts. Wir gelangen ins **Krabachtal (3)**, 1408 m, erreichen den Forstweg Nr. 643 und wenden uns den Schildern nach, nach links. Nun können wir kräftig ausschreiten. Wir kreuzen den **Krabach (4)**, 1577 m, und steigen durch das enge, wilde Tal auf. Hinter dem neu errichteten **Afere-Häusle (5)**, 1619 m, weitet sich das Tal. Vor uns liegen friedliche Wiesen und Weiden, die zum Teil zur Heugewinnung genutzt werden. Wir passieren verschiedene Hüttchen. Die letzte ist die **Krabachalpe (6)**, 1760 m, die im Sommer in der Regel bewohnt ist. Von hier sind es noch ca. 1½ Stunden bis zum Ziel. Nachdem bei ca. 1800 m Höhe der Fahrweg in einen schmaleren Weg übergegangen ist, überwinden wir die erste Steilstufe aufwärts. Bei Nässe kann es hier rutschig und schmierig sein. Buntes Gestein breitet sich zu unseren Füßen aus. Wir erreichen hinter der Kuppe die herrlichen Almwiesen um die

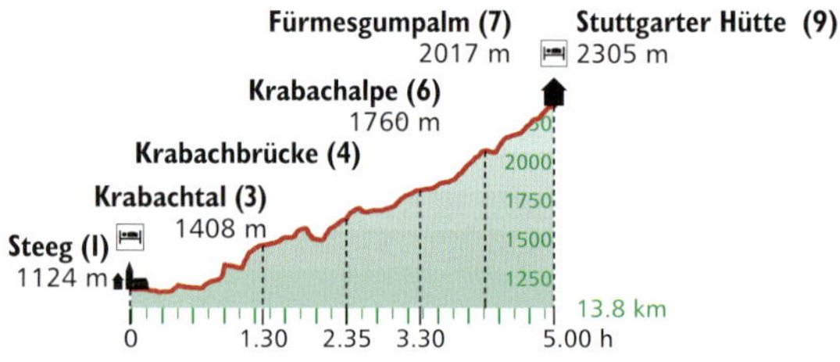

Adler als Wappentiere

Neben dem Löwen ist der Adler das am weitesten verbreitete Wappentier. In mesopotamischen Überlieferungen wurde bereits 3000 v. Christus die Abbildung eines Löwenadlers als Mischwesen nachgewiesen. In allen nachfolgenden Epochen schmückte der Adler, oft auch als Doppeladler, Vasen, Münzen und Hausgiebel. Adler gelten als Symbol für Herrschaft und Göttlichkeit. Für nordamerikanische Indianer sprechen Adlerfedern auch für Tapferkeit. Nach Deutschland kam der Adler erst mit der Krönung Karls des Großen und wurde das Symbol kaiserlicher Macht. Einköpfige Adler sind heute beliebte Wappenzeichen. Sie befinden sich u.a. in Deutschland und in Österreich im Staatswappen.

Fürmesgumpalm (7), 2017 m, mit zahlreichen fließenden Wässerchen. Wir queren die Wiese links hinüber und hangeln uns dabei an den roten Wegezeichen in der Wiese entlang. Dann steigen wir zur nächsten Hochalmstufe auf und sehen nun das erste Mal die Stuttgarter Hütte über uns. Es scheint, als könnte der nächste Wind sie uns entgegenpusten – so waghalsig schwebt sie über dem Abgrund. Durch hochgewachsene Kräuterwiesen wandern wir weiter, erfrischen uns an einem Bach und steigen im Rechtsbogen zum **Krabachjoch (8)**, 2300 m, auf. Nun sind es nur noch wenige Meter bis zur **Stuttgarter Hütte (9)**, 2305 m.

Die Stuttgarter Hütte auf dem Krabachjoch.

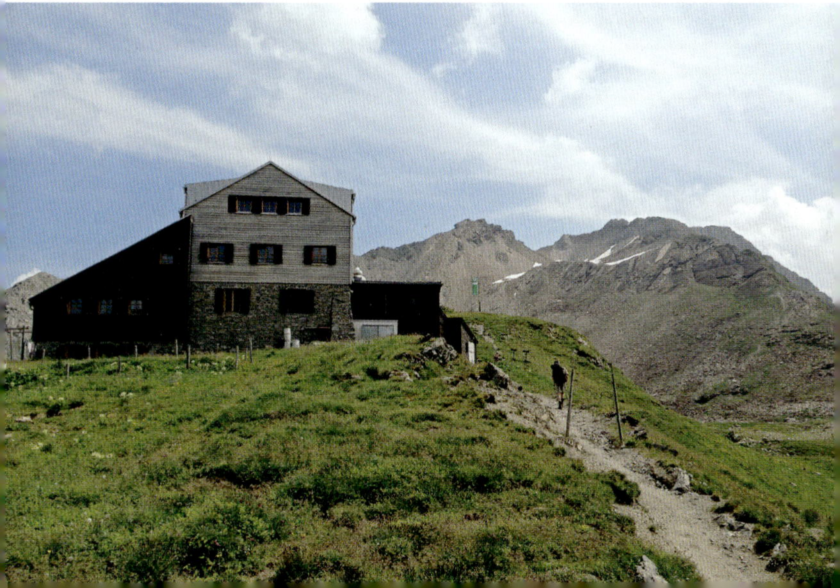

22 Memminger Hütte – Ansbacher Hütte

6.00 Std.

↑1020 ↓880

Und täglich grüßt das Murmeltier

Und wieder genießen wir die Einsamkeit der Natur, bevor wir am Abend das Stanzer Tal und damit auch die Zivilisation wieder vor Augen haben. Die Ruhe in den Lechtaler Alpen wird immer mal wieder durch das Pfeifen der Murmeltiere unterbrochen. Auf der Hälfte des Weges treffen wir vielleicht entgegenkommende Wanderer. Nach dem Austausch von Woher und Wohin sind wir bald wieder für uns. Von der Memminger Hütte kommend überqueren wir mindestens einen Bach und drei Scharten bzw. Jöchl. Ein ordentlicher Hatscher ist dabei das sich langziehende Langkar. Wir erleben traumhafte Ausblicke und eine Abwechslung zwischen konzentrierten An- und Abstiegen und herrlichen Panoramawegen, bevor wir am Nachmittag in die familiäre Ansbacher Hütte einkehren.

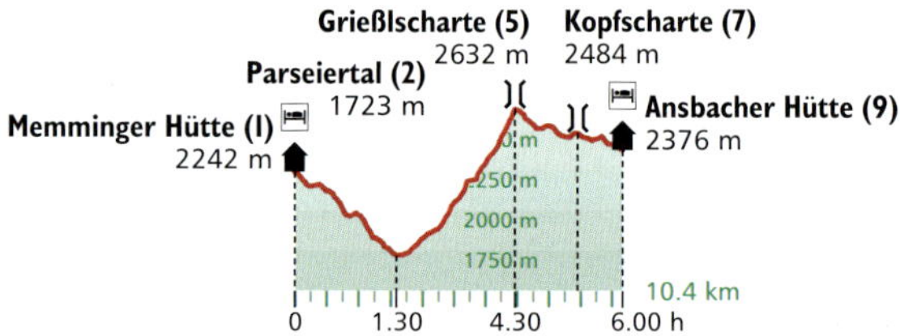

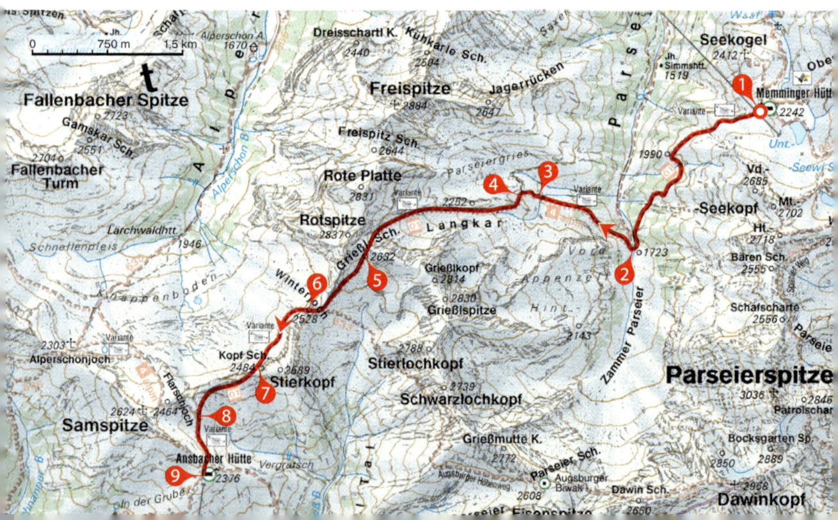

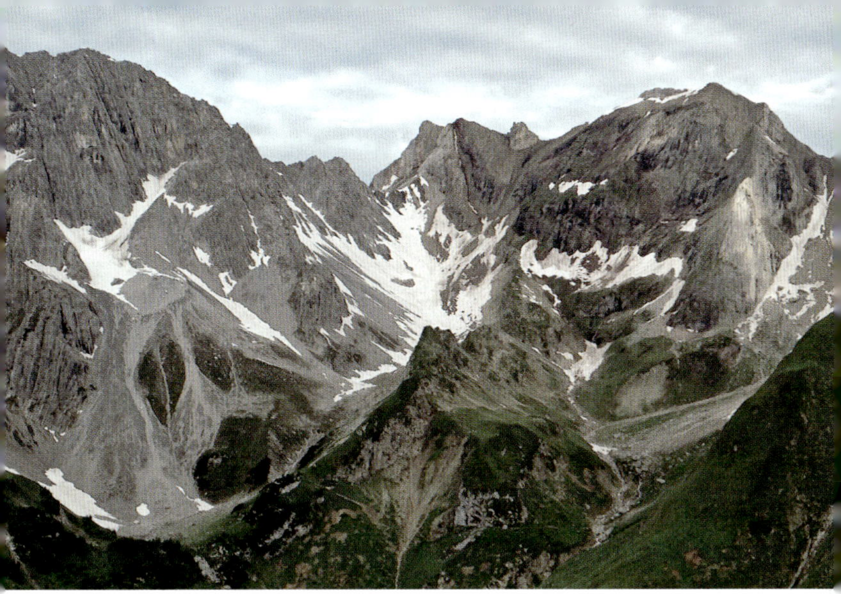

Im Langkar (Bildmitte) schmilzt der Schnee nur langsam.

Ausgangspunkt: Memminger Hütte, 2242 m.
Anforderungen: Schwierig, schmale Bergpfade über Wiesen und Geröll, schlauchender Anstieg durchs Langkar, seilversicherte Passagen, Konzentration, Trittsicherheit, Schwindelfreiheit und alpine Erfahrung sind unerlässlich.
Karten: Freytag & Berndt WK 352 (1:50.000); Kompass 24 (1:50.000).
Stempelstelle: Ansbacher Hütte.
Einkehr: Ansbacher Hütte.
Unterkunft: Ansbacher Hütte: DAV, 2376 m, Mitte Juni bis Mitte September, Tel. +43 676 842927136, ansbacherhuette@gmail.com, www.ansbacherhuette.at.
Einkauf: Unterwegs keine Möglichkeit.
Zustieg: Auf- und Abstieg Memminger Hütte: Bus von Reutte oder Langen am Arlberg nach Bach/ Lechtal, mit dem Taxiunternehmen Feuerstein (Tel. +43 5633 5633) zur Talstation der Materialseilbahn im Parseiertal, Abfahrt am Dorfplatz Bach 8:15/14:15/16:15 Uhr; 11 €, Zustieg über Weg 632, Rückfahrt nach Bach ab Materialseilbahn: 8:30/14:30/16:30 Uhr; **Auf- und Abstieg Ansbacher Hütte:** Anfahrt per Zug oder Bus ins Stanzer Tal, von Schnann/Stanzer Tal (1180 m) Weg 633 über Fritzhütte (1800 m) oder durch die Schnanner Klamm über die Fritzhütte (3 Std.); von Schnann Weg 635 am Schnanner Bach bis zum Alperschon-Joch (2303 m), weiter auf dem E4 über das Flarsch-Joch (2464 m) zur Ansbacher Hütte (4 Std.); von Flirsch/Stanzer Tal (1157 m) Weg 24 (3 Std.).
Information: Tourismusverband St. Anton am Arlberg, Tel. +43 5446 22690, in St. Anton: Dorfstraße 8, Mo–Fr 9–12 Uhr/ 13–17 Uhr, info@stantonamarlberg.com; in Flirsch: Nr. 113 a, Mo–Fr 9–12 Uhr, www.stantonamarlberg.com.
Tipp: Ein Blick von der Terrasse der Ansbacher Hütte ins Stanzer Tal hinab und zum Hohen Riffler, 3168 m, gegenüber.

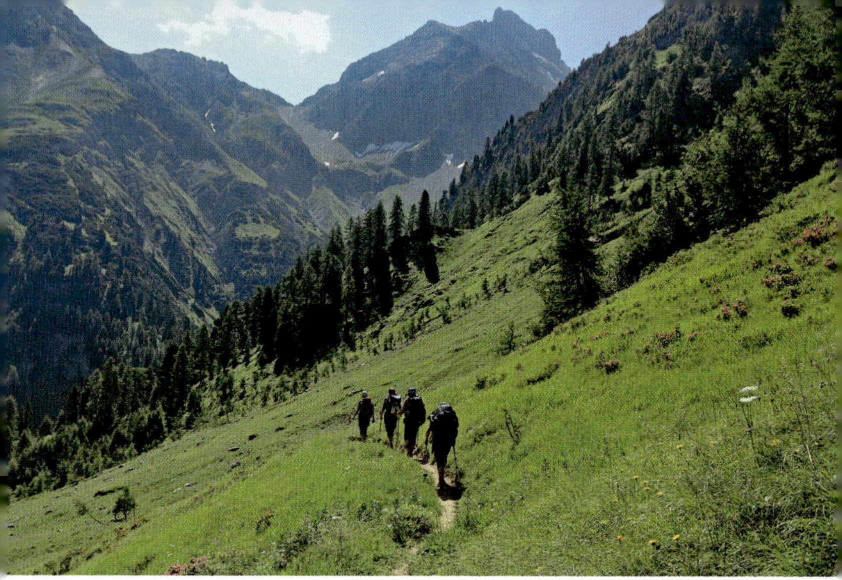

Grüne Berghänge oberhalb des Parseiertals.

Während die E5-Wanderer in Richtung Seescharte streben, verlassen wir, wahrscheinlich als Einzige, die **Memminger Hütte (1)**, 2242 m, in Richtung Seekogel und biegen vorher am Wegweiser links ab. Wir steigen eine Ebene hinab, wo uns am frühen Morgen zahlreiche Mumeltiere begrüßen. Auf lehmigem Boden wandern wir durch Wiesen, queren Bäche, einige ausgesetzte Stellen und steile Hänge, die aufgrund hoher Rutschgefahr mit Vorsicht zu genießen sind. Nach ca. zwei Stunden erreichen wir das **Parseiertal (2)**, 1723 m, wo wir am Parseierbach ein gemütliches Päuschen machen können. Gegenüber geht es etwas schwer erkennbar auf einem Pfad im Wald schräg rechts und ansteigend am Hang aufwärts. Erst allmählich und nach einem Bach steiler aufsteigend überwinden wir in Serpentinen Höhenmeter um Höhenmeter. Kurz vor dem Erreichen einer **Schäferhütte**, die mit separater Toilette unter einen Felsvorsprung gesetzt wurde, wendet sich unser Weg nach links ab **(3)**, 1977 m, und führt zur Kuppe, dem Eingang des **Langkars (4)**, 2051 m, hinauf. Das gewaltige Schuttkar sieht von hier wesentlich harmloser aus als von der Memminger Hütte betrachtet. Im Sommer hält sich der Schnee oft lang. Unser Weg läuft jedoch etwas erhöht mit ausgeblichenen Markierungen an der rechten Karseite überwiegend durch Geröll. Am Ende geht es recht steil und kraftraubend hinauf. Es ist Mittag und da kann das Langkar ganz schön schlauchen, sodass wir vor dem letzten

Alpenarznei

Eine Alpenwanderung ist per se schon Arznei. Sie bietet Anregungen für die Seele, körperliche Fitness und psychische Entspannung. Dazu kommen das reichliche Trinken und hausgemachtes Essen aus überwiegend regionalen Produkten. Unterwegs entdecken wir außerdem zahlreiche Pflanzen, die unsere Gesundheit unterstützen. Eine davon ist Enzian, der in vielen verschiedenen Arten vorkommt. Manche Hüttenwirte sind wahre Meister in der Herstellung von Kräutern, Likören oder Schnäpsen, denen Heilwirkung zugeschrieben wird. So soll bitterer Enzianschnaps gegen Verdauungsbeschwerden helfen. Er wird aus der Wurzel des Gelben Enzians hergestellt, nicht aus dem bekannten blauen Enzian. Neben mindestens 37,5 Volumenprozent Alkohol enthält er oft auch kleine Wurzelmengen des Purpur-, Ostalpen- und Tüpfel-Enzians. Für die Herstellung müssen die Pflanzen gesondert angebaut werden, die Entnahme aus der Natur ist streng reglementiert.

Anstieg eine Jause empfehlen. Im obersten Viertel führt unser Weg – schlecht zu erkennen – in der Mitte des Kars in Serpentinen hinauf und dann auf die linke Seite hinüber. Oberhalb des rieselnden Schutts erkennen wir an Felsvorsprüngen bereits die Seilversicherungen, die bei Sonne glänzen. Nun lohnt es sich wieder, die Stöcke einzupacken und mit allen Gliedmaßen die letzten Meter der **Grießlscharte (5)**, 2632 m, zu erklimmen. Oben genießen wir dann noch einmal den Blick zurück zur Memminger Hütte, die nun unter uns liegt. Wir folgen nun dem markierten Pfad über dem Grießltal leicht abwärts und überqueren eventuell ein ebenes Schneefeld. Wir können bereits hier bis ins Stanzer Tal schauen. Vor uns liegen noch ca. 1½ Stunden zur Ansbacher Hütte. Erst geht es leicht hinab, dann wieder leicht hinauf zum **Winterjöchl (6)**, 2528 m. Dann steigen wir leicht ins Alperschontal ab, halten uns links an der Flanke des Stierkopfs, 2589 m, entlang, wandern durch Geröll, bis unser Weg wieder ansteigt und wir die **Kopfscharte (7)**, 2484 m, erklimmen. Nun auf der Südseite des Stierkopfes angekommen, grüßt uns das Dach der Ansbacher Hütte. Wir wandern allmählich abwärts, bis wir zum Abzweig unseres morgigen Weges **(8)**, 2464 m, kommen und nun noch ca. zehn Minuten bis zum wohlverdienten Lieblingsgetränk in der von drei Generationen geführten **Ansbacher Hütte (9)**, 2376 m, brauchen.

Ansbacher Hütte über dem Stanzer Tal.

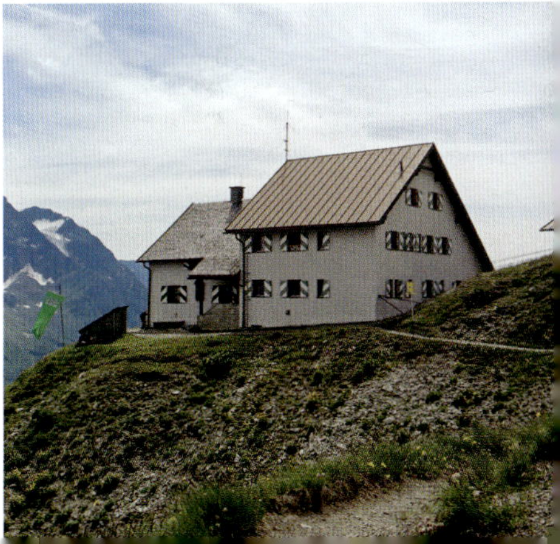

22 V Stuttgarter Hütte – Arlberg

6.00 Std.

↑570 ↓1080

Über Fels und Eis im Sturzflug zu Tal

Wir sind bereits am westlichsten Ende der Lechtaler Alpen angekommen und haben damit auch das Ende von Tirol und die Grenze zu Vorarlberg erreicht. Unser Weg führt heute am letzten Wandertag von der Stuttgarter Hütte über den hochalpinen Robert-Bosch-Weg Nr. 645 (E4) in Richtung Ulmer Hütte. Ein letztes Mal sportliches Kribbeln und Hochgebirgsbedingungen erwarten uns beim Aufstieg auf die Valluga, dem höchsten Berg unserer Wanderung, der aber nicht mehr zu Tirol gehört. Wäre die Trittscharte begehbar, würden wir diesen Weg nehmen. Das Skigebiet um die Valluga bietet uns dafür ein surreales Gerätepanorama auf höchstem Niveau. Dann geht es über das Valfagehrjoch, 2543 m, zur Ulmer Hütte abwärts und weiter zum Ziel unserer Fernwanderung, dem Arlberg bei St. Christoph.

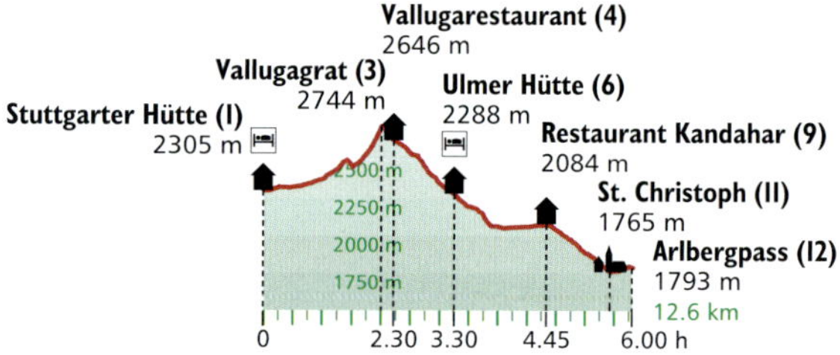

Schnee am Valfagehrjoch (rechts).

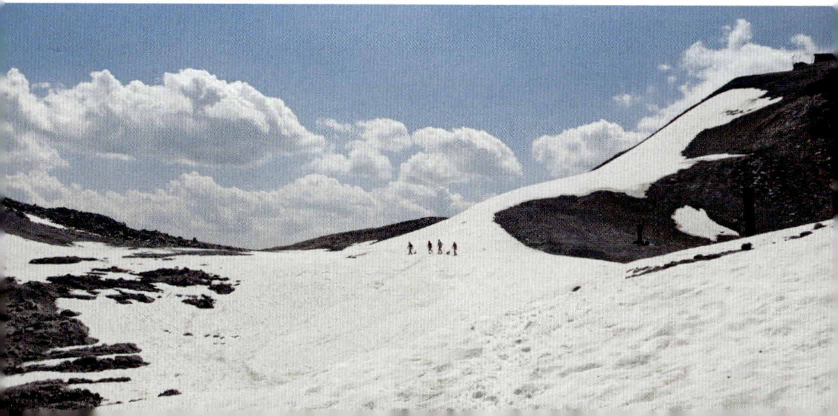

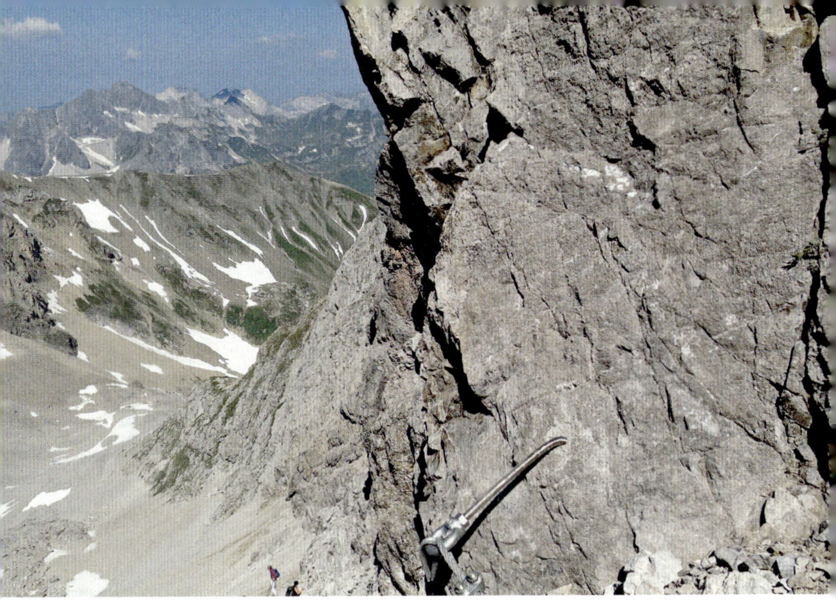

Aufstieg zur Valluga.

Ausgangspunkt: Stuttgarter Hütte, 2305 m.
Anforderungen: Schwierig, Schwindelfreiheit, Trittsicherheit und alpine Erfahrung für steile Passagen mit Altschnee erforderlich.
Karten: Freytag & Berndt WK 352 (1:50.000); Kompass 24 (1:50.000).
Stempelstellen: Keine.
Einkehr: Ulmer Hütte, Restaurants an den Bergstationen der Valluga- und Galzigbahn, einzelne Möglichkeiten in St. Christoph, weitere in St. Anton.
Unterkunft: Ulmer Hütte: 2279 m, DAV, 1. Samstag im Juli bis 2. Samstag im September, Tel. +43 5446 30200, www.ulmerhuette.at; diverse Möglichkeiten in St. Anton, wenige in St. Christoph.
Einkauf: Unterwegs keine Möglichkeit, in St. Anton zahlreiche.
Zustieg: Wanderung von Zürs durch das Pazüeltal zur Stuttgarter Hütte (ca. 2 Std. Aufstieg/1,5 Std. Abstieg), vom Vallugagrat oder per Vallugabahn und Galzigbahn 1 Std. von/nach St. Anton.
Verkehrsmittel: Arlberger Bergbahnen, Tel. +43 5446 23520, www.abbag.com.
Information: **Tourismusverband Lechtal**, 6652 Elbigenalp, Tel. +43 5634 5315, info@lechtal.at, www.lechtal.at; **Tourismusverband St. Anton am Arlberg**, Dorfstraße 8, 6580 St. Anton am Arlberg, Mo–Fr 8–18 Uhr, Sa, So, Feiertag 8–12 Uhr, Tel. +43 5446 2269-0, www.stantonamarlberg.com.
Tipp: Erkundigen Sie sich in der Stuttgarter Hütte über die Wegebeschaffenheit der Trittscharte. Und überlegen Sie sich, wo Sie am Abend übernachten wollen. Am Ziel, dem Arlberg, und im nahen St. Christoph gibt es wenige Möglichkeiten in hohen Preisklassen, in St. Anton ist die Auswahl größer. Außerdem fährt ein Bus über den Flexenpass ins Lechtal. Eine weitere Möglichkeit ist eine Nacht auf der Ulmer Hütte mit Abstieg und Heimreise am Folgetag.

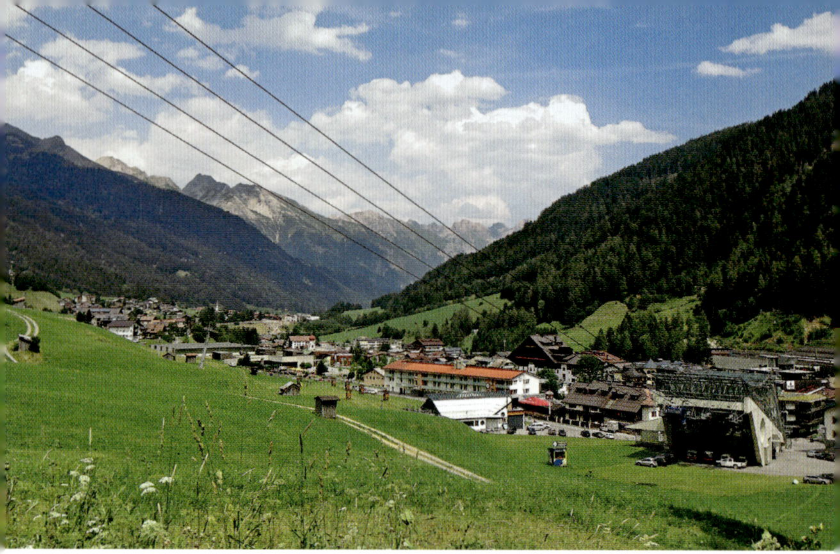

St. Anton am Arlberg im Stanzer Tal.

Von der **Stuttgarter Hütte (1)**, 2305 m, starten wir auf einem schönen Höhenpfad nach Süden in Richtung Ulmer Hütte. Anders als auf den Schildern angegeben, werden wir dafür ca. 3½ bis 4 Stunden benötigen. Die ausgewiesenen blau-weißen Wegezeichen weisen darauf hin, dass wir uns auf der Grenze zwischen den österreichischen Bundesländern Tirol und Vorarlberg befinden. Blau-weiß entspricht einem Weg mit dem höchsten (schwarzen) Schwierigkeitsgrad. Wir folgen dem Robert-Bosch-Weg an steilen Berghängen und Schuttreisen entlang. Der bekannte Diplomingenieur Robert Bosch war Mitglied in der schwäbischen Sektion des Alpenvereins und stiftete 1911 das Geld für diesen Verbindungsweg zwischen der Stuttgarter und der Ulmer Hütte. Der Weg, der 2011 erneuert wurde, ist schmal, zeitweise etwas ausgesetzt und vorsichtig zu begehen. Am nächsten **Wegweiser (2)**, 2463 m, ist der Adlerweg über die Trittscharte ausgeschildert, die aber bisher nur mit Steigeisen zu begehen war. Deshalb nehmen wir den frisch markierten Weg nach links in Richtung Valluga. Zunächst steigen wir über wildes Blockwerk. Das erfordert ein stetes Langhangeln an gefundenen roten Markierungen. Zur Valluga hin steigt unser Weg dann deutlich an. In Serpentinen geht es nun über schottrigen, rutschigen Untergrund aufwärts. Unter dem Grat helfen uns zusätzliche Seilversicherungen. Am **Vallugagrat (3)**, 2744 m, angekommen genießen wir den atemberaubenden Blick und betrachten die Technik des 21. Jahrhunderts am Berg.

i **Die Valluga** *(rätoromanisch für Kuhtal), 2809 m, ist der höchste Gipfel im Arlberggebiet und liegt auf der Grenze zwischen den Bundesländern Tirol und Vorarlberg. Am 6.09.1877 wurde sie von Andreas Madlener, dem Vorsitzenden der Deutsch-Österreichischen Alpenvereinssektion Vorarlberg, erstmalig bestiegen. Weithin sichtbar wurde auf ihrem Gipfel ein C-Band-Wetterradar platziert. Außerdem befinden sich hier die technischen Voraussetzungen für den Amateurfunk, so zum Beispiel eine 2-Meter-Relaisstation und ein Digipeater für Packet Radio. Auch die Vallugakabinenbahn hat hier noch Platz. Oberhalb der Seilbahnstation liegt zudem das letzte Stück Eisfeld des einstigen Gletschers Vallugaferner.*

Zuweilen spielt sich unter uns am Vallugarestaurant ein surreales Schauspiel herumtollender Menschen im Schnee ab. Wir können nun links weiter hinauf die Valluga besteigen, die mit ihrer weißen Kuppel schon sehr nah wirkt. Nach rechts steigen wir zur Seilbahnstation **Vallugarestaurant (4)**, 2646 m hinab. Dazu gehen wir ein paar Meter auf dem Grat entlang und klettern dann links über brüchiges, rutschiges Gestein und Gesteinsmehl steil hinab. Unten angekommen, gehen wir am Restaurant vorbei. Ein wieder rot markierter Weg führt uns direkt auf der Bundesländergrenze über Schutt- und Gesteinshänge erst östlich, dann um den Berg herum zum **Valfagehrjoch (5)**, 2543 m, hinüber, das wir vom Vallugagrat schon erkennen konnten. Am Joch fehlt leider jeglicher Wegweiser, doch wenn wir über das Joch hinunter schauen, sehen wir unter uns eine Seilbahnstation, die braun gestrichene Ulmer Hütte und einen dahinterliegenden größeren Speichersee. An der linken Seite führt unser rot markierter Weg in Serpentinen zur **Ulmer Hütte (6)**, 2288 m, hinab. Hier können wir einkehren oder übernachten. (Die weitere Wegbeschreibung bis zum Arlbergpass siehe Etappe 24.)

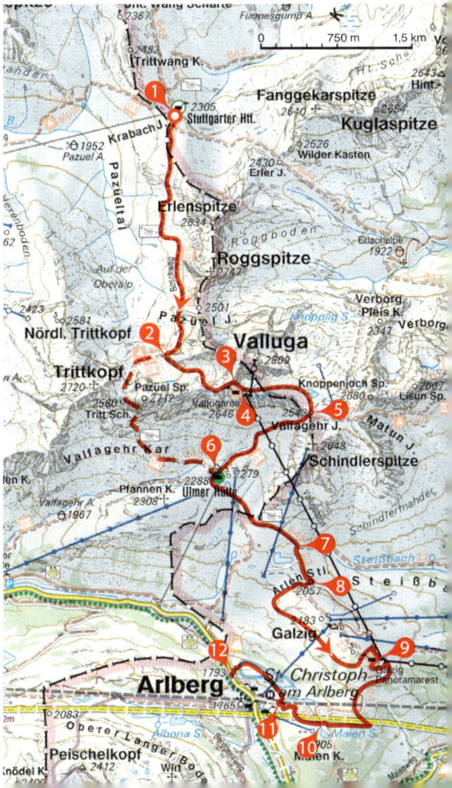

23 Ansbacher Hütte – Kaiserjochhaus

5.00 Std.

↑480 ↓540

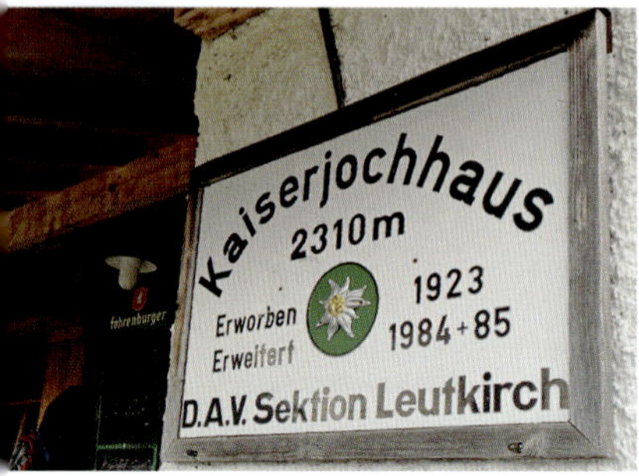

Mit Adleraugen über dem Stanzer Tal

Oberhalb der Zivilisation des Stanzer Tals wartet heute der letzte vollständige Bergtag mit Hüttenübernachtung auf uns. Wir bewegen uns wieder in luftigen Höhen. Die zahlreichen Scharten sind jedoch einfacher als bisher zu überqueren, sodass wir den Blick schweifen lassen können. Schöne blumige Berghänge wechseln mit kargen grauen Schotterpisten ab. Der Hintersee überrascht uns mit seiner blau-grünen Farbe und fantasieanregenden Wolkenspiegelungen. Wir erleben herrliche Einblicke in einsame, buntgemalte Täler unter markanten Bergspitzen und lassen die Wandertage noch einmal Revue passieren, während sich unser Adlerweg sichtbar dem Ziel nähert.

Ausgangspunkt: Ansbacher Hütte, 2376 m.
Anforderungen: Schwierig, schmale Bergpfade über Wiesen und Geröll, seilversicherte Passagen, Konzentration, Trittsicherheit, Schwindelfreiheit und alpine Erfahrung wichtig.
Karten: Freytag & Berndt WK 352 (1:50.000); Kompass 24 (1:50.000).
Stempelstelle: Kaiserjochhaus.
Einkehr: Kaiserjochhaus.
Unterkunft: Kaiserjochhaus: DAV, 2310 m, Juni bis September, Tel. +43 664 1556533, info@kaiserjochhaus.at, www.kaiserjochhaus.at.
Einkauf: Unterwegs keine Möglichkeit.
Zustieg: Auf- und Abstieg Ansbacher Hütte: Anfahrt per Zug oder Bus ins Stanzer Tal, von Schnann/Stanzer Tal (1180 m) Weg 633 über Fritzhütte (1800 m) oder durch die Schnanner Klamm über die Fritzhütte (3 Std.); von Schnann Weg 635 am Schnanner Bach bis zum Alperschon-Joch (2303 m), weiter auf dem E4 über das Flarsch-Joch (2464 m) zur Ansbacher Hütte (4 Std.); von Flirsch/Stanzer Tal (1157 m) Weg 24 (3 Std.); **Auf- und Abstieg Kaiserjochhaus:** Bus über Steeg/Lechtal nach Kaisers (1530 m): vom Edelweisshaus (DAV) oder vom Gasthaus Vallugablick durch das Kaisertal über die Kaiseralm zum Kaiserjochhaus in 2,5–3 Std. oder per Bus oder Bahn nach Pettneu im Stanzer Tal (1222 m) und vom Nordrand des Ortes auf Weg 641 zur Kaiserjochhütte in 3–3,5 Std.
Information: Tourismusverband St. Anton am Arlberg, Tel. +43 5446 22690, in St. Anton: Dorfstraße 8, Mo–Fr 9–12 Uhr/13–17 Uhr, info@stantonamarlberg.com, www.stantonamarlberg.com.
Tipp: Die Original-Adlerwegetappe endet am urigen Kaiserjochhaus. Wenn es Wetter und Kondition zulassen, können wir jedoch noch zur Leutkircher Hütte weiterwandern, da dann die morgige letzte Etappe mit einer eventuellen Abreise nicht zu lang wird.

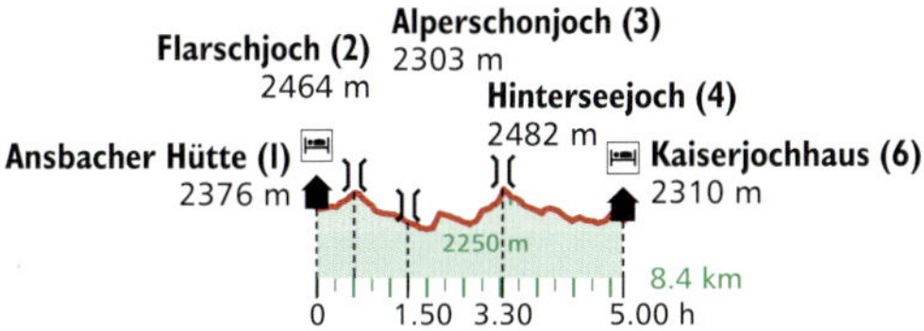

Von der **Ansbacher Hütte (1)**, 2376 m, wandern wir auf dem Weg, den wir gestern gekommen sind, zehn Minuten bis zur Weggabelung zurück und wenden uns links hinauf in Richtung Kaiserjochhaus. Problemlos ersteigen wir das vor uns liegende **Flarschjoch (2)**, 2464 m, und wandern jenseits über die terrassenartigen oberen Knappenböden nach links hinüber zum **Alperschonjoch (3)**, 2303 m. Seit 1927 wird unser Weg Jahr für Jahr von ehrenamtlichen Bergfreunden ausgebessert. Sie überprüfen und reparieren Seile und Tritthilfen. Eine in Stein eingelassene Tafel erinnert uns hier daran, und ein niedergelegtes Dach soll uns auf dieser windigen Höhe einen Unterschlupf vor Regen bieten. Wir wandern auf dem Theodor-Haas-Weg weiter, der sich mehrfach als ausgesetzt entpuppt und unsere volle Konzentration fordert. Seile helfen uns beim Klettern durch die Bergfalten. Oberhalb des kleinen Vordersees windet sich unser Weg nun durch ein steiniges Kar steiler werdend zum **Hinterseejoch (4)**, 2482 m, hinauf. Dahinter geht es auf

Blick vom Hinterseejoch auf den Hintersee.

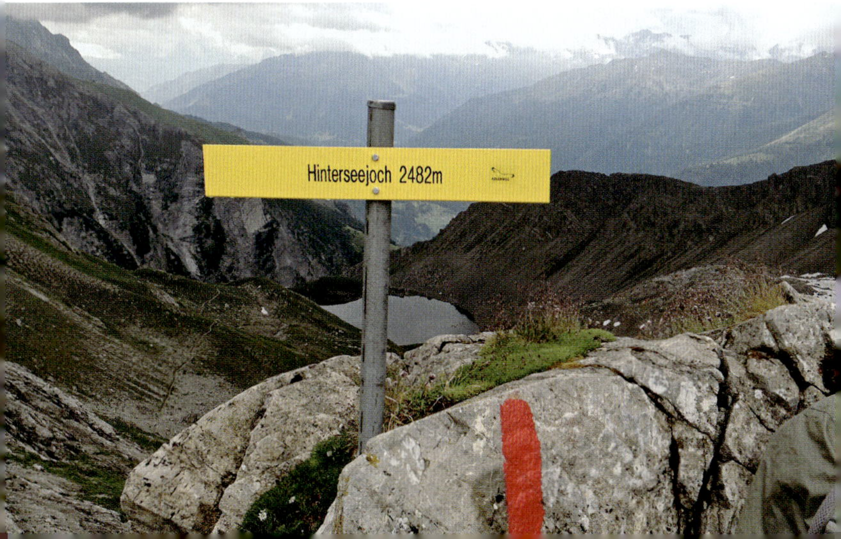

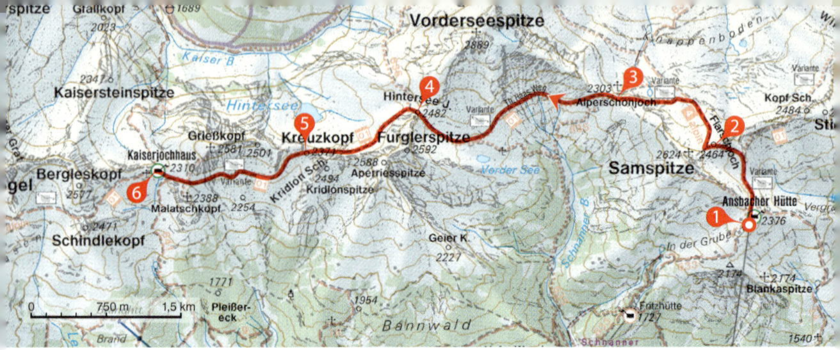

mehlig grauem Untergrund steil hinab. Wir sehen schon weit unten im Schuttkar, dass unser Weg nach links abzweigt. Geradeaus geht es zur beliebten Frederik-Simms-Hütte weiter. Über Steine und Blockwerk gehen wir nun fast eben, oberhalb des blau-grünen Hintersees, auf die Felsen der **Kridlonscharte (5)**, 2371 m, zu, die wir aufwärts in einer kurzen, seilversicherten Kletterei erklimmen. Oben lässt sich wunderbar Rast machen, wenn nicht schon alles besetzt ist. Der Blick zurück zum Hintersee, aber auch über die Schuttreisen, ist atemberaubend. Nun wandern wir nach rechts über die Scharte und gehen dann links und folgen der Bergflanke. Zum Kaiserjochhaus sind es noch ca. zwei Stunden. Wir überwinden dabei ein paar unbenannte Rücken und haben noch einige stahlseilversicherte Stellen vor uns. Die Wegeführung ist zwischen den Felsblöcken nicht immer leicht zu erkennen. Schließlich geht es über lehmigen Boden und eingelassene Holzstufen auf eine grasbewachsene Wand hinauf. Gigantisch ist der Blick hinab. Wir stehen zwischen dem Malatschkopf, 2388 m, (20 Minuten Aufstieg zur Linken) und dem Grießkopf, 2581 m, (30 Minuten Aufstieg zur Rechten) und schauen von oben auf den grünen Teppich des Kaiserjochs hinab. Fünf Minuten sind es noch bis zum **Kaiserjochhaus (6)**, 2310 m, das wir kurz darauf erblicken. Bei schlechtem Wetter bietet die gemütliche Stube mit Kachelofen fast alles, was wir uns wünschen.

i Der Adler

Der Namensgeber unseres Fernwanderweges ist biologisch gesehen nur eine Sammelbezeichnung für große, kräftige Arten der Greifvogelfamilie der Habichtartigen. Der größte Adler mit einer Spannweite von 3 Metern war der um 1400 ausgestorbene neuseeländische Haasadler. Heute ist der Steinadler (Aquila chrysaetos) mit bis zu 2,30 Metern Spannweite der Größte. Er lebt in den Alpen, in Eurasien, Nordafrika und Nordamerika. Adler verfügen über eine außerordentliche Sehschärfe, mit der sie am Boden lebende Säugetiere aus dem Flug entdecken, mit den Fängen niederstoßen und gleichzeitig packen, sodass die Beute erstickt. Alle Adlerarten stehen unter Naturschutz. Sie ziehen meist nur ein Junges im Adlerhorst auf.

Kaiserjochhaus – Arlberg

Durchs Skigebiet zum Arlberg

Oberhalb des Stanzer Tals wandern wir – wie an einer Perlenkette – zunächst zur Leutkircher Hütte. Kaum merklich verlassen wir dahinter die Lechtaler Alpen und wechseln ins Arlbergmassiv. Die Grenze der beiden Bundesländer Vorarlberg und Tirol erreichen wir auf dem Valfagehrjoch, 2543 m. Hier gewinnen wir auch einen Eindruck vom bekannten Arlberger Skigebiet, das uns im Sommer seine nackte Seite zeigt. Unser letzter Tag auf dem Adlerweg bietet noch ein wenig Kletterei, zwei Jochüberquerungen, herrliche Ausblicke und frische Bergluft, ehe wir uns durch Steingarten, Latschen und Wiesen dem Arlberg bei St. Christoph nähern.

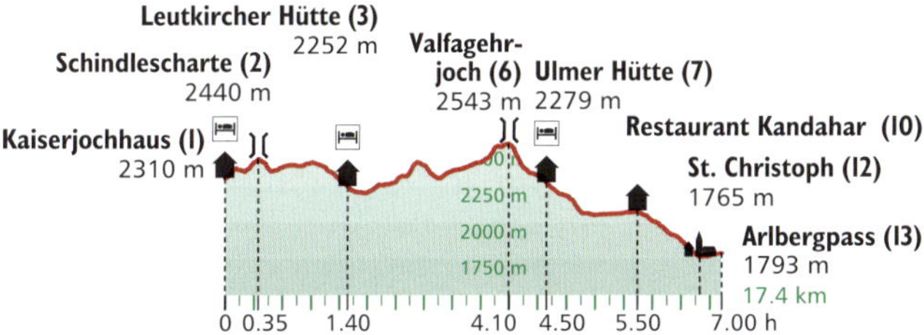

Aufbruch an der Leutkircher Hütte.

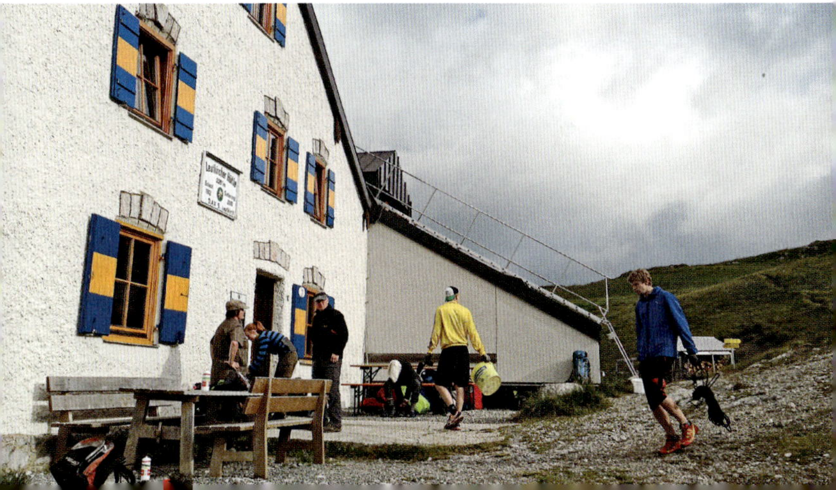

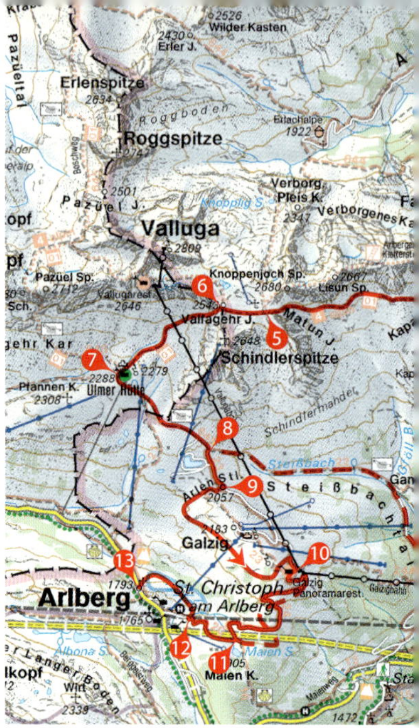

Ausgangspunkt: Kaiserjochhaus, 2310 m.

Anforderungen: Schwierig, schmale Bergpfade über Wiesen und Geröll, seilversicherte Passagen, Trittsicherheit und Schwindelfreiheit erforderlich.

Karten: Freytag & Berndt WK 352 (1:50.000); Kompass 24 (1:50.000).

Stempelstellen: Leutkircher Hütte.

Einkehr: Leutkircher Hütte, Ulmer Hütte, Kandahar-Restaurant-Galzig: Juli bis September, 9–15 Uhr, Tel. +43 5446 2352501; diverse Möglichkeiten in St. Anton, wenige in St. Christoph.

Unterkunft: Leutkircher Hütte: DAV, 2252 m, Mitte Juni bis Mitte September, Tel. +43 664 9857849, info@leutkircher-huette.at, www.leutkircher-huette.at; **Ulmer Hütte:** DAV, 2279 m, 2. Samstag im Juli bis 2. Samstag im September, Tel. +43 5446 30200, www.ulmerhuette.at; diverse Möglichkeiten in St. Anton, wenige in St. Christoph.

Einkauf: Unterwegs keine Möglichkeit.

Zustieg: Auf- und Abstieg Kaiserjochhaus: Bus über Steeg/Lechtal nach Kaisers, 1530 m, vom Edelweisshaus (DAV) oder vom Gasthaus Vallugablick durch das Kaisertal über die Kaiseralm zum Kaiserjochhaus in 2,5–3 Std. oder per Bus oder Bahn nach Pettneu im Stanzer Tal, 1222 m, und vom Nordrand des Ortes auf Weg 641 zur Kaiserjochhütte (3–3,5 Std.); **Auf- und Abstieg Leutkircher Hütte:** Weg 642 über Bodenalpe und Kaisers nach Steeg ins Lechtal (ca. 4,5 Std.), stündliche Busverbindung nach Reutte oder Weg 644 über Nessleralpe nach Pettneu oder ins Stanzer Tal Weg 644 zum Almajurjoch, dann Weg 601 zur Bergstation der Kapall-Bahn (1,5 Std.) plus Abfahrt nach St. Anton, 1284 m.

Information: Tourismusverband St. Anton am Arlberg, Tel. +43 5446 22690, in St. Anton: Dorfstraße 8, Mo–Fr, 9–12/13–17 Uhr, info@stantonamarlberg.com, www.stantonamarlberg.com.

Tipp: Wer sich am letzten Tag der Wanderung noch nicht so schnell von der Höhe trennen mag, kann auf der Ulmer Hütte übernachten und am nächsten Morgen weiterwandern.

Auf der anderen Seite des **Kaiserjochhauses (1)**, 2310 m, steigen wir auf das grasbewachsene Haupt des Kaiserkopfes, 2396 m. Wir wandern unter dem Bergleskopf, 2577 m, entlang und erreichen nach ca. 45 Minuten die **Schindlescharte (2)**, 2440 m, von der wir auf den Schindlekopf, 2471 m, klettern können. Dann steigen wir zum Fluss ab, dahinter wieder aufwärts und wandern durch Wiesen und kleine Schneeflecken unterhalb des Stanskogels, 2757 m. Unterwegs genießen wir die Ausblicke ins Stanzer Tal, wo uns St. Anton immer näher kommt. Oberhalb der Leutkircher Hütte genießen wir den gigantischen

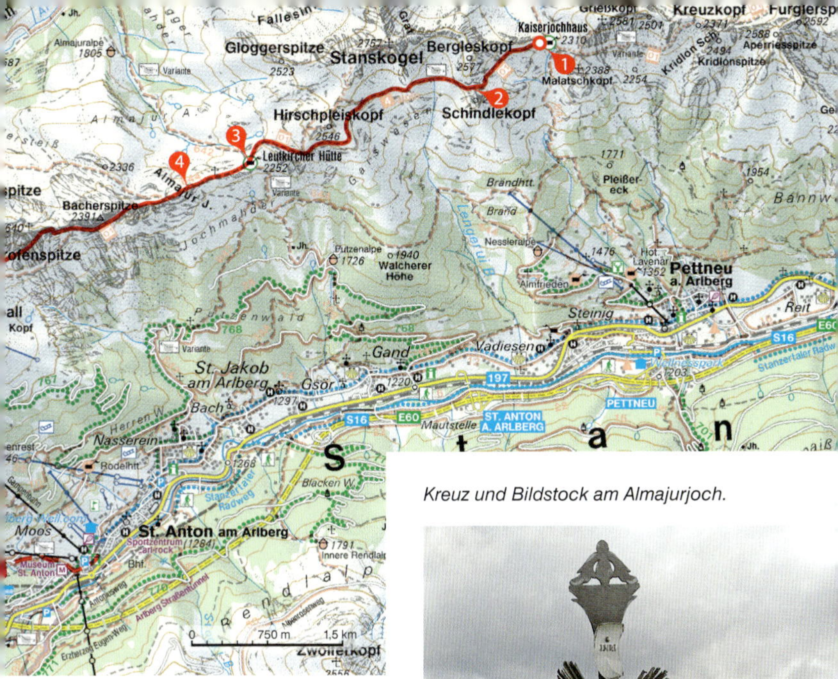

Blick über die westlichsten, höchsten Spitzen der Lechtaler Alpen und Tirols. Jenseits der Leutkircher Hütte sehen wir die Weißschrofenspitze, 2752 m, mit der Lisunspitze, 2667 m, dahinter. Weiter rechts liegt die markante Valluga, 2809 m. 15 Minuten sind es nun noch bis zur gastfreundlichen **Leutkircher Hütte (3)**, 2252 m. Von hier folgen wir dem Weg 601 nach Westen. Wir genießen den herrlichen Ausblick sowohl ins Tal als auch zu den Gipfeln. Über Felsbrocken geht es leicht bergan zum **Almajurjoch (4)**, 2225 m, das wir an dem kleinen Kreuz erkennen. Kurz darauf teilt sich unser Weg. Wir bleiben auf dem Weg 601 geradeaus.

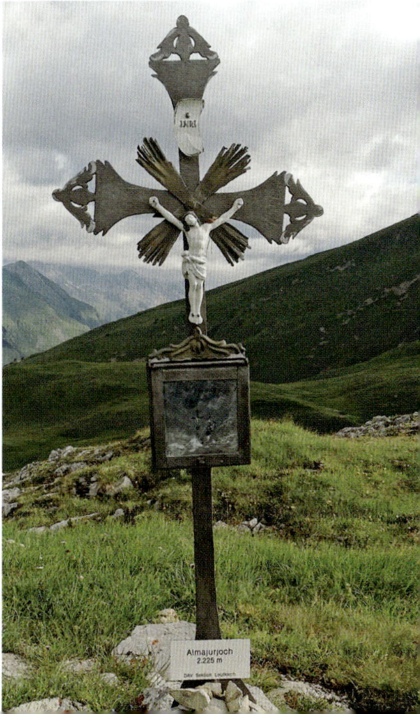

Kreuz und Bildstock am Almajurjoch.

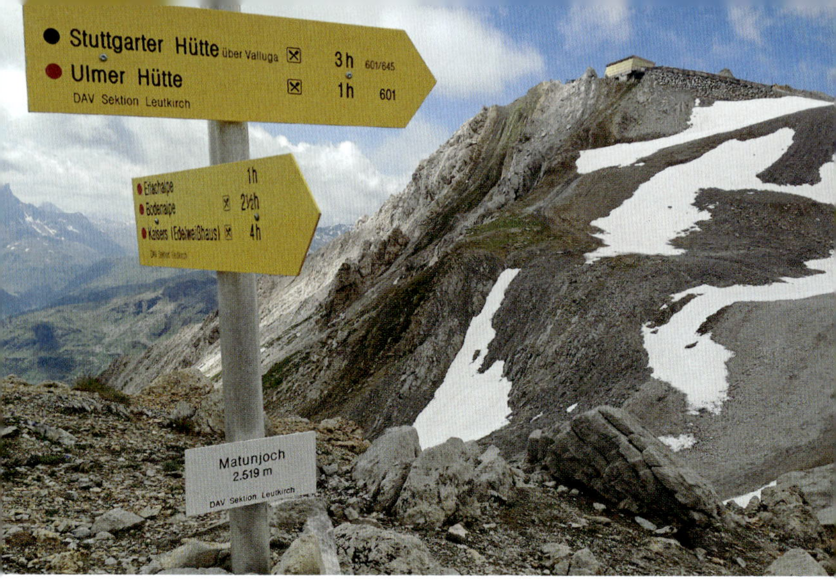

Blick vom Matunjoch auf Skiliftgebäude.

Auch an der nächsten Kreuzung gehen wir geradeaus auf dem schwarzen Weg zur Ulmer Hütte. Wer sich aber die bald folgende Kletterei ersparen möchte, kann hier den mittelschweren Weg links über das Kapall zur Ulmer Hütte nehmen und am Kapall zu unserem Weg wieder aufsteigen. Für uns geht es nun auf dem schwarzen Weg über Felsen und in Serpentinen bergauf, wozu uns unsere Hände nützlich sein können. Dann folgt eine sportliche Strecke mit fröhlichem Auf- und Abwärtsklettern über Felsen und ausgesetzte Stellen, die mit Seilen gesichert sind. Bleiben wir stehen, können wir das Treiben im Stanzer Tal beobachten. St. Anton, 1284 m, liegt schon sehr nah unter uns. Über dem Kapallsattel treffen wir auf den Weg, der von unten hinauf kommt und nach rechts zum anspruchsvollen Arlberger Klettersteig führt. Wir wandern geradeaus und schreiten nun wieder stärker aus – der Weg wird einfacher. Rechter Hand liegen über uns die Lisunspitze, 2667 m, und die Knoppenjochspitze, 2680 m. Dann münden wir ins Schuttkar des Mattunjochs ein und steigen mühelos hinauf. Auf dem **Mattunjoch (5)**, 2519 m, bietet sich uns ein einzigartiges Panorama, denn wir befinden uns nun im Arlberger Skigebiet. Auf der linken Seite erhebt sich vor uns die Schindlerspitze, 2648 m, mit einem grotesk anmutenden Gebäude darauf. Rechts sehen wir verschiedene Bauten und Anlagen des winterlichen Skiparadieses, die im Sommer je nach Wetter etwas furchteinflößend wirken. Weiter hinten erkennen wir das Vallugarestaurant und die Sendemasten auf der Vallugaspitze, 2809 m. Unser Weg führt geradeaus weiter, eben über die Höhe, bis wir auf dem **Valfagehrjoch (6)**, 2543 m, stehen, an dem bisher leider ein Wegweiser fehlte. Werfen wir einen Blick nach links übers Joch, sehen wir auf die Ulmer Hütte sowie einige Lifte und einen Speichersee hinunter. Auf der linken Jochseite führt der rotmarkierte Weg in Serpentinen zur Ulmer Hütte hinab. Unten erreichen wir einen Fahrweg, dem wir bis zur **Ulmer Hütte (7)**, 2279 m, folgen. Gehen wir weiter, nehmen wir rechts neben der Hütte den Pfad zu deren Vorderseite und steigen über einen kleinen Steig zum Fahrweg hin ab, dem wir nach links folgen. Wir bleiben auf der Schotterstraße und bewundern am (über-)nächsten Wegweiser, dem Beginn des **Steißbachtals (8)**, 2072 m, die zahlreichen Adlerwegzeichen und St.-Christoph-Richtungen. Wollen wir direkt nach St. Anton wandern, empfehlen wir als Variante den Wiesenweg 645/22 durch das Steißbachtal (Wegebeschreibung siehe unten).

In Richtung Arlberg gehen wir aber weiter geradeaus über den Arlensattel bis zum Fuß des gegenüberliegenden Berges mit der Seilbahnstation **(9)**, 2057 m. Wir steigen nicht hinauf, sondern folgen den Wanderwegzeichen am Bergfuß nach rechts auf den Panoramaweg 23a und wandern nun durch Latschen und an kleinen Seen vorbei durch den idyllischsten Steingarten Tirols. Unser Weg führt um den Berg herum und endet nach ca. 70 Minuten am **Restaurant Kandahar (10)**, 2084 m, auf der anderen Seite. Die Seilbahnstation erreichen wir

Blick vom Valfagehrjoch auf die Ulmer Hütte und den Speichersee dahinter.

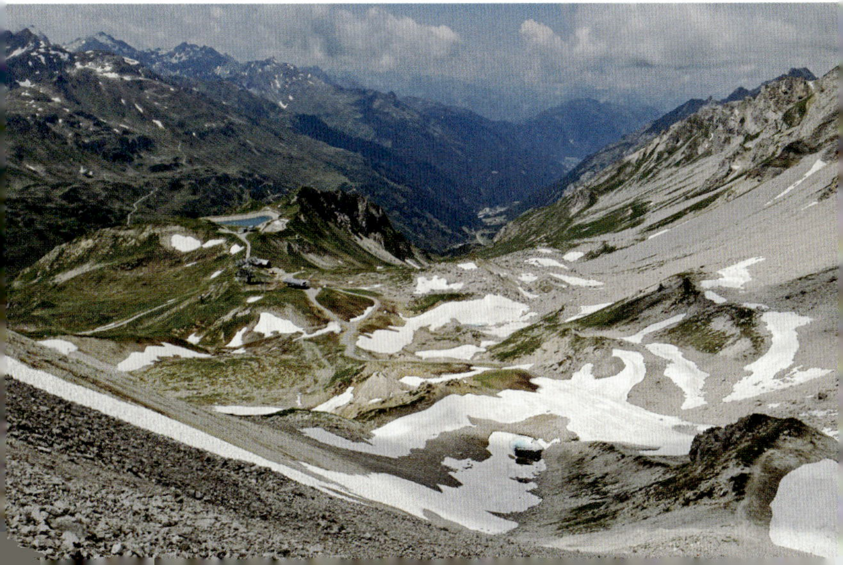

St. Christoph am Arlberg

1386 baute der Kemptener Hirte Heinrich Findelkind die kleine, bis heute bestehende St. Christoph-Kirche auf dem Arlbergpass. Einen Berg namens Arlberg suchen wir hier allerdings vergebens. Dennoch beweisen Scherbenfunde, dass seit 5000 Jahren dieser Weg zwischen Vorarlberg und Tirol begangen und befahren wird, dessen Passhöhe auf 1793 Metern Arlberg bzw. Arlbergpass genannt wird. 1789 wurde die erste befestigte Straße gebaut, 1884 folgte eine Eisenbahnuntertunnelung. Im Gedenken an Findelkind, der zur damaligen Zeit auch das Hospiz St. Christoph gründete, wurde 1961 die St. Christoph-Bruderschaft im Arlberger Hospiz (heute ein 5-Sterne-Hotel) neu belebt.

nicht. Weiter geht es über das Restaurantgelände und um das Haus nach links herum. Ab hier geht es nun auf dem Fahrweg immer hinab (oder wir nehmen die Variante siehe unten) bis wir kurz vor St. Christoph rechts **(11)**, 1855 m, auf einen schönen Weg abbiegen und über Holzplanken durch die Wiesen nach **St. Christoph (12)**, 1765 m, wandern. Dort, wo wir die Wiese verlassen, gehen wir auf dem Adlerweg nach rechts und vor dem Haus wieder durch die Wiesen leicht ansteigend um St. Christoph herum. Bisher war dieses letzte Adlerwegstück noch nicht ausreichend beschildert und begangen, dennoch werden wir unseren Weg zum **Arlbergpass (13)**, 1793 m, finden. Hier haben wir unser Ziel erreicht. Auf ca. 330 km haben wir ganz Tirol zu Fuß durchquert. Herzlichen Glückwunsch! Eine erlebnisreiche Zeit liegt hinter uns. Das sollten wir gebührend feiern.

Vor uns die Ulmer Hütte mit den Vorarlberger Spitzen jenseits des Flexenpasses.

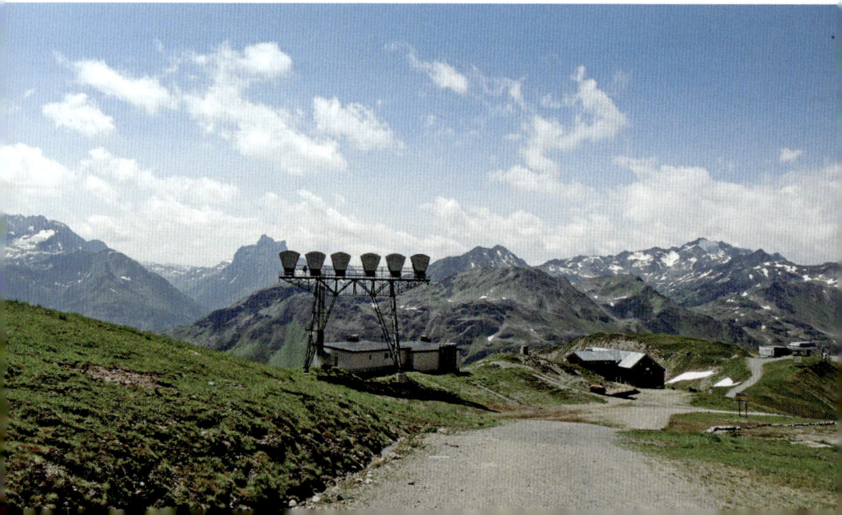

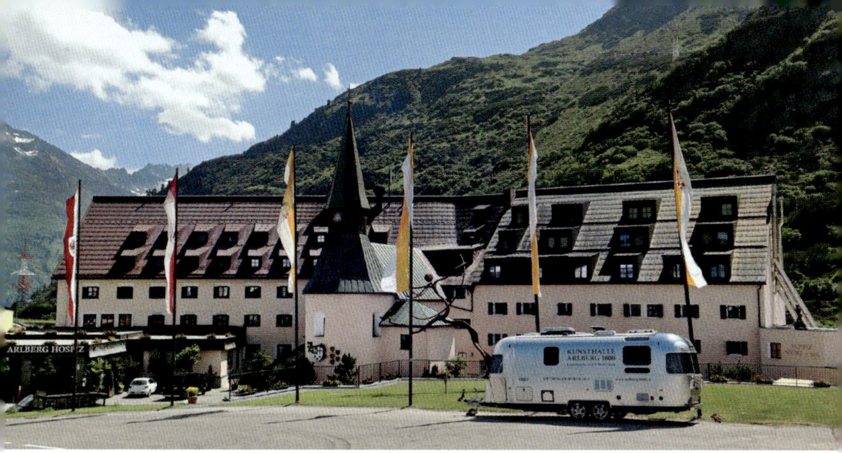

Arlberg Hospiz. An der Rezeption können sich Adlerwegwanderer in das Tourenbuch eintragen.

Variante vom Restaurant Kandahar nach St. Christoph:
Als Alternative zur Fahrstraße bietet sich ab dem Restaurant Kandahar der neu gemachte und ausgeschilderte Wanderpfad Nr. 24 an. Hinter dem Restaurant verläuft der Pfad abwärts und quert mehrfach die Straße. Er führt in einem Bogen durch Latschen- und Baumaufwuchs erst scheinbar in die falsche Richtung, wendet sich dann aber zurück und am herrlich gelegenen Maiensee vorbei. Am See geradeaus auf Weg 20, Richtung St. Christoph kommen wir schließlich auf den schönen Holzbohlen- und Wiesensteig, dem wir weiter (siehe oben) folgen.

Variante durchs Steißbachtal nach St. Anton:
Wollen wir direkt nach St. Anton, biegen wir auf den Wiesenweg Nr. 645/ 22 durch das Steißbachtal ab und steigen bis zum Ende der Wiese ab. Wo es an einem Wegweiser links zur Galzigbahn hinauf geht, gehen wir rechts auf dem breiten Fahrweg weiter hinunter. Der nächste markierte Abzweig führt uns nach links über die Wiese unter der Vallugabahn hindurch auf einem Pfad zur Fritz-Senn-Hütte. Wer hier einkehrt, tritt in eine Erlebniswelt ein, zu der sogar ein Wunderwanderweg gehört. Man bekommt aber auch einfach etwas Kühles zu trinken. Nach St. Anton geht es nun den Fahrweg weiter hinunter, den wir noch einmal über einen Fußweg nach links abkürzen können. Dann wandern wir in die Untere Moosergasse hinein. An ihrem Ende führt unser Weg über die Wiese geradeaus und in Serpentinen hinab. Wir genießen dabei den herrlichen Blick auf St. Anton. Im Ort halten wir uns erst geradeaus bis zur Straße, wenden uns dann nach links und kommen so direkt in die Ortsmitte zum Kreisverkehr.

Stichwortverzeichnis

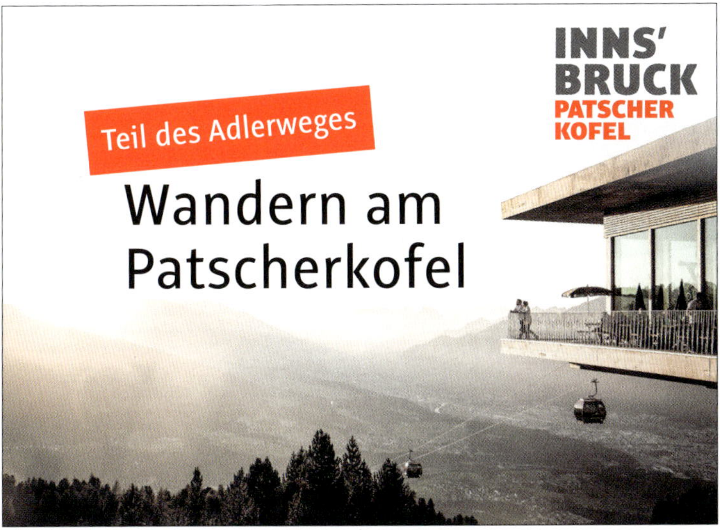
INNS'
BRUCK
PATSCHER
KOFEL
Teil des Adlerweges
Wandern am
Patscherkofel

Liebe Leserinnen und Leser,

infolge der Corona-Krise können sich Änderungen ergeben haben, die bei Redaktionsschluss noch nicht absehbar waren. Soweit möglich werden wir aktuelle Hinweise unter www.rother.de (beim Buch) zur Verfügung stellen. Bitte informieren Sie sich vor der Wanderung zusätzlich über die derzeitigen Gegebenheiten.
Sollten Sie geänderte Gegebenheiten vor Ort feststellen, freuen wir uns über Korrekturhinweise per E-Mail an leserzuschrift@rother.de.

Umschlagbild:
Blick von der Seescharte auf den Oberen Seewisee (Etappe 21).

Bild im Innentitel:
Sonnenuntergang am Hallerangerhaus (Etappe 11).

Alle 135 Fotos, bis auf das Bild auf Seite 11 (Tirol Werbung GmbH), stammen von der Autorin.

Kartografie:
32 Wanderkarten im Maßstab 1:75.000
und 2 Übersichtskarten im Maßstab 1:800.000 und 1:1.200.000

Die Ausarbeitung aller in diesem Führer beschriebenen Wanderungen erfolgte nach bestem Wissen und Gewissen der Autorin. Die Benützung dieses Führers geschieht auf eigenes Risiko. Soweit gesetzlich zulässig, wird eine Haftung für etwaige Unfälle und Schäden jeder Art aus keinem Rechtsgrund übernommen.

2., aktualisierte Auflage 2021

ISBN 978-3-7633-4490-1

MIX
Papier aus verantwortungsvollen Quellen
FSC® C021956

Wir freuen uns über jeden Korrekturhinweis zu diesem Wanderführer!
Bitte per E-Mail an: leserzuschrift@rother.de

ROTHER BERGVERLAG · München
D-82041 Oberhaching · Keltenring 17 · Tel. +49 89 608669-0 · www.rother.de